그리스도교를 다시 묻다

부정 신학의 눈으로 바라본 그리스도교

이 도서의 국립중앙도서관 출판시도서목록(CIP)은
서지정보유통지원시스템 홈페이지(http://seoji.nl.go.kr)와
국가자료공동목록시스템(http://www.nl.go.kr/kolisnet)에서
이용하실 수 있습니다. (CIP제어번호: CIP2020030314)

What Christianity is Not

그리스도교를 다시 묻다

부정 신학의 눈으로 바라본 그리스도교

더글라스 존 홀 지음 · 이민희 옮김

비아
VIA

| 차례 |

일러두기

· 역자 주석의 경우 *표시를 해 두었습니다.
· 성서 표기와 인용은 원칙적으로 『공동번역개정판』(1999)을 따르되 원문
  과 지나치게 차이가 날 경우에는 대한성서공회판 『새번역』(2001)을 따
  랐으며 한국어 성서가 모두 원문과 차이가 날 경우에는 옮긴이가 임의
  로 옮겼음을 밝힙니다.
· 단행본 서적의 경우 『 』표기를, 논문이나 글의 경우 「 」 음악 작품이나
  미술 작품의 경우 《 》표기를 사용했습니다.
· 본문의 인용문은 국역본이 있는 경우 제목 및 출판사를 해당 각주에 병
  기하고, 기존 국역본 번역을 존중하여 따르는 것을 원칙으로 하였습니
  다. 또한 인용 맥락에 따라 필요한 경우 약간의 수정을 거쳐 옮겼음을
  밝힙니다.

모든 신앙 체계는
궁극자란 우리의 언어와 개념을 초월하기에
아무리 대단한 이론 체계로도
궁극자를 제대로 표현할 수 없음을
보여주고자 노력해왔다.
그러나 오늘날 많은 이는
이러한 부정의 침묵을 불편해한다.

- 카렌 암스트롱

본회퍼는 서구 그리스도교가
"심각하게 종교적 의식에 물들어 있다"고 확신하면서
"그리스도교란 진정 무엇인가"라는 물음에는
수년간 치열한 신학적 분투를 거쳐야만
답을 찾을 수 있을 것이라고 보았다.

-래리 라스무센

바치는 글

나의 손주들에게

사랑하는 아이들아.

이 책은 아마도 내 마지막 책이 되겠지. 이 책을 너희에게 바친다. 할아버지는 어느새 노인이 되었다(이 당연한 사실에 새삼 놀라워한단다). 그리고 여느 할아버지, 할머니가 그러하듯 너희가 맞이할 미래가 어떨지를 생각하며 많은 시간을 보내고 있어. 하지만 그 미래를 할아버지가 직접 보게 될 일은 없을 거야. 미래 세계가 과거 세계보다 나을지, 나쁠지 장담할 수 있는 이는 아무도 없다. 그러나 적어도 할아버지가 살아온 지난 84년과는 사뭇 다르겠지. 그것만큼은 분명해. 오늘날 인류는 환경 문제, 과거에는 교류하지 않던 국가와 민족, 개인이 교류하게 되면서 생긴 문제들, 과도하고 적절하지 못할 정도로 벌어진 부유층과 빈곤층의 격차 문제, 제한된 자원의 사용과 남용의 문제를 마주하고 있어. 이 문제들은 점점 더 심각해지거나 더 복잡해질 거야. 하지만 할아버지는 너희 세대가 이를 해결할 수 있는 능력과 지혜를 갖게 되리라고 믿어. 인간이라는 종은 언제나 더 나은 미래를, 그리고 그 미래를 실현하기 위해 분투해왔으니 말이야. 할아버지는 너희가 용기를 내서 너희가 일굴 수 있는 가장 좋은 미래를 일구기를 소망한다.

너희에게는 그리스도교 신앙이 그저 과거의 유물과 같을 수도 있겠지만, 할아버지는 성인이 된 이후 대부분의 시간을 그리스도교 신앙을 가지고 살았단다. 너희도 할아버지가 신학자라는 것, 그리스도교에 관한 수많은 책을 쓰고, 수많은 학생을 가르치고, 수많은 강연을 했다는 사실 정도는 알고 있겠지. 하지만 너희는 그리스도교 신앙이 할아버지와 할머니에게, 그리고 할아버지와 할머니의 가까운 친구들에게 어떤 의미인지는 잘 알지 못할 거야. 이러한 주제에 대해 진지하게 논하기에 너희는 너무 어렸고, 다 자란 지금은 너무 멀리 떨어져 있으니 말이다. 물론 근본적으로 문제의 책임은 이 할아버지에게 있단다(그게 조금은 두렵기도 해). 이 할아버지는 다른 사람들의 자녀들에게 그리스도교 신앙이 무엇인지를 가르치느라 평생을 보냈고 정작 너희 엄마, 아빠와 너희에게는 이 보고寶庫가 얼마나 진지한 신앙과 소망으로 가득한지 제대로 전해주지 못했다. 물론 이런저런 일들에 치여 기진맥진해 있을 때, 어딘가에 정신이 팔려있을 때 너희 할머니와 엄마, 아빠, 그리고 너희는 할아버지를 붙잡아 주었고 때로는 작은, 때로는 커다란 기쁨을 안겨 주었단다. 하지만 안타깝게도 그리스도교 신앙에 관해서 이 할아버지는 너희에게 전체의 일부만을 힐끗 엿보게 해주었을 뿐이야.

할아버지는 이를 후회한단다. 그리스도교 신앙 전통은 서구 세계를 형성하는 데 커다란 역할을 했어. 그렇기에 미래에 다가올 복잡한 세상에서 살아갈 때 너희에게 필요한 지혜는 이를 사색하고 실천할 때만 얻을 수 있을 거야. 개인적인 고백을 하자면, 우리를 위해 우리와 함께하시는 하느님에 대한 믿음이 없었다면 지난 한 세기 동안 일어난 거대한 역사적 위기를 이 할아버지는 전혀 이해하지 못했을 거다. 그러기는커녕 인생을 살아가다 보면 으레 마주하게 되는 평범한 도전들조차 제대로 감당하지 못했겠지.

안타깝게도 할아버지를 포함한 셀 수 없이 많은 이를 인도한 이 신앙 전통은 오늘날 위기에 봉착하게 되었다(할아버지가 가장 우려하는 부분이지). 너희에게 전달된 그리스도교의 다양한 신앙 형태는 끔찍할 정도로 오도되었어. 일부 형태는 어리석기 그지없지. 영적으로 가볍고 지적으로는 볼품없어. 혹시 몰라 하는 말이다만, 할아버지는 한 세기 넘는 기간 동안 그리스도교 인구가 감소하고 영향력과 권력을 잃었다는 사실을 이야기하는 게 아니야. 언젠가 너희가 할아버지가 쓴 다른 책들을 읽는다면 할아버지가 그러한 양적 손실에는 별다른 신경을 쓰지 않음을 알게 될 거다. 대다수 서구 국가가 더는 그리스도교를 자신들의 공식 종교, 혹은 국교로 삼지 않기 때문에 이러한 현상은 어느 정도는 불가피하다고 할 수 있어. 할아버지가 심각하게 우려하는 것은 그러한 양적 손실이 아니라 질적 손실이란다. 그리스도교가 진부해지는 것, 단순한 사상과 구호로 전락하는 것, 오늘날 인류가 마주한 가장 복잡한 문제들, 그리고 이 문제들에 시달리면서 더 증폭된 불안에 관해 이야기하는 데 실패하는 것 말이지. 오늘날 가장 탁월하고 사려 깊은 이들은 더는 그리스도교 신앙에 아무런 관심을 기울이지 않고, 그리스도교 신앙에서 붙들고 씨름해야 할 심오한 무언가를 찾으려 하지도 않아. 생각하는 그리스도교인들에게 이만큼 고통스러운 일도 없단다. 요즘 그리스도교에 관한 소식을 듣거나 어떤 모습을 볼 때, 사람들이 그리스도교를 향해 비난을 퍼부을 때 그들은 여러모로 부끄러워하면서도 당혹감을 느낀단다. 자신들이 몸과 마음을 다 바쳐 헌신한 그리스도교 신앙은 그런 게 아니기 때문이지.

당연하지만 이러한 비난을 조장하고 부추긴 현대 매체들은 결코 이 문제를 극복하지 못할 거야. 오히려 우리 문화를 잠식하면서 문제를 더 악화하겠지. 어젯밤, 어느 텔레비전 보도에서는 오늘날 세계에서 종교가 퍼져 나가는 데 얼마나 다양한 통신 체계들과 장비들이 쓰이고 있는지를 예찬했단다. 실제로 오늘날 사람들은 손가락 하나 까딱하면 자신의 상황에 걸맞은 기도를 검색할 수 있어. 눈 깜짝할 사이에 성경을 볼 수도 있고 말이야. 로마나 캔터베리의 엄숙한 예식부터 은사주의자들이 방언을 하는 부흥회, 복음주의자들의 시끌벅적한 집회까지 온갖 형태의 집회들과 모임들이 사이버 공간에 퍼져있어. 필요하다면 언제든 이용할 수 있기도 하지. 이제 사람들은 특정 건물을 찾거나 현실에서 다른 사람들과 함께하지 않아도 교회에 갔다고 생각할 수 있어. 그리스도교뿐이겠니. 유대교, 이슬람, 힌두교, 불교… 현대 문화는 이 많은 종교를 즉시, 그리고 효율적으로 이용할 수 있다고 우리에게 외치고 있다.

하지만 사랑하는 아이들아, 이렇게 뷔페에 음식을 늘어놓듯 종교를 전시하는 현실에 속지 말기를 바란다. 이러한 현상이 순전히 나쁘고 잘못된 일이라고 할 수는 없어. 그러나 이는 영적 깊이를 추구하는 인간이 마땅히 해야 할 바를 왜곡한단다. 그리스도교뿐만 아니라 모든 심오한 종교 전통은 사람들에게 충분히 성찰하고, 공부하고, 숙고하고,

경청하고, 말하고, 침묵하기를(때로는 이를 기도라고 부르지) 요구하기 마련이야. 그 사람들이 그 종교 전통을 조금이라도 진지하게 생각한다면 말이지. 이를 위해서는 많은 시간을 고독 속에서 보내야 하고, 많은 이야기를 읽고 숙고해야 하며, 아주 긴 시간 대화를 나누어야 해. 그리고 그러한 와중에 때로는 어떤 것도 확실하지 않다는 생각에 빠져 곤혹스러움을 느낄 때도 찾아오고, 의심이 엄습해 불안에 시달리며 끊임없이 이런저런 질문들을 던지는 순간도 있을 거야. 심지어 그렇게 여든네 해를 보내 놓고도 이해한 것은 거의 없다고, 자신의 신앙은 정말, 정말 작다고 고백하는 이 할아버지 같은 사람도 있단다.

하지만 그러한 가운데 사람들은 의식의 아주 깊은 차원에서부터 자신이 한 사람의 인간ein Mensch임을 깨닫게 될 거야. 언젠가 아리스토텔레스는 인간을 '이성적인 동물'이라고 정의한 바 있지. 여기에 히포의 아우구스티누스Augustine of Hippo는 이렇게 생각하는 동물은 자기 자신보다, 자기 자신이 생각하는 것보다 더 큰 무언가, 더 위대한 무언가를 발견하게 될 때까지는 결코 '안식에 이를 수 없다'고 말했단다. 모든 위대한 종교는 이러한 인간의 참된 특성을 분명하게 보여준단다(그리고 이것이야말로 이 종교들을 위대하다고 부를 수 있는 유일한 이유야). 참된 인간은 언제나 생각한다. 정직하게, 그리고 집요하게 생각할 때 그 생각은 인간이 자기 자신을 넘어 자신이 정직하게 헌신할 수 있는 무언가, 달리 말하면 사랑할 수 있는 무언가에게로 나아가게 해주지.

다른 모든 위대한 종교들처럼 그리스도교 역시 현대 세계에서 사람들의 무수한 비난을 감내해야 했다. 아마 다른 어떤 종교보다도 많은 비난을 받았을 거야. 여기에는 그럴만한 복잡한 이유가 있단다. 그리스도교는 로마에서 미국에 이르기까지 강대국과 제국의 지배 종교였거든. 그렇기에 많은 비서구 사람들의 눈에 그리스도교는 서구 세계가 저지른 제국주의적 문명화와 결부될 수밖에 없었단다. 그리고 실제로 권력을 탐할 때도 있었고 다른 민족을 강제로 그리스도교인으로 만들려 할 때도 있었지. 이런저런 대안들에 대해서는 너무나 쉽게 무시하고 말이야. 그래서 과거에 그리스도교인들이었던 이들뿐만 아니라 적잖은 그리스도교인들도 그리스도교라는 종교에 상당히 많은 비판을 가했어. 이 책이나 할아버지가 쓴 다른 책들을 본다면 역사 속 그리스도교에 대한 이러한 비판적 평가들에 대해 할아버지가 어느 정도 공감하고 있음을 알게 될 거야.

그러나 그리스도교에 있어 가장 커다란 굴욕은 세상 사람들의 의심과 비판이 아니야. 가장 커다란 굴욕은 그리스도교 교회 내부에서 나오지. 자신을 그리스도교인이라고 공언하는 사람 중 너무 많은 사람이, 매우 열정적으로 그리스도교에 헌신하고 있는 이들이 그리스도교 신앙의 일부 측면을 중심으로 오인하고 있어. 이런 이들은 흔히 너희가 그리스도교인이 되려면 "성경을 믿어야 한다"고 말할 거야. 심지어 어떤 이들은 성경의 모든 말을 절대적인 진리로 받아들여야 한다고 말하겠지. 또 어떤 이들은 너희가 교회의 구성원이 될 때만 그리스도교인이 된다고 말할 거야. 그런데 그때 '교회'는 사실상 '특정 교회'나 '특정 교파'를 의미할 뿐이란다.

어떤 이들은 그리스도교인이 되려면 특정 도덕 규범을 엄격히 준수해야 한다고 말할 거야. 꽤 세부적인 규칙을 제시하면서 말이지. 하지만 그때 너희는 혼란스러움을 느끼게 될 거야. 또 다른 '그리스도교인들'이 너희에게 저 규칙들과는 전혀 다른 규칙들을 제시하면서 그리스도교인이 되려면 이 규칙들을 지켜야 한다고 말할 것이기 때문이지. 또 어떤 이들, 아마도 최근에 여러 종교와 마주친 적이 있는 이들은 다른 종교 인구와 영향력이 커지고 있는 상황 속에서 오직 그리스도교만이 진리이기 때문에 이를 단단히 붙잡고 있으라고 말할 거야. 그들은 우리나라, 우리 문명, 정확하게는 서구 세계가 그리스도교 세계이기 때문에 우리가 세계에서 가장 앞설 수 있었던 것이라고 주장하겠지. 할아버지가 한창 활동하던 시대에도 목소리를 냈고 너희 시대에는 좀 더 분명하게 드러날 무신론자들과 불가지론자들의 존재는 지워버린 채 말이야.

그러한 방식으로 그리스도교를 옹호하는 이들 중 많은 이는 실제로 매우 성실하고 또 친절하단다. 하지만 그들은 그리스도교 전통의 일부 측면 혹은 일부 요소를 그리스도교 전통의 핵심이자 중심으로 착각하고 있어. 그들은 성서나 어떤 윤리 강령, 교회, 혹은 특정 교리에 근거한 진리를 신앙생활에서 가장 높은 위치에 놓곤 한다. 이러한 신앙의 요소들은 비교적 구체적이고 이해하기 쉽기 때문이지. 이러한 요소들을 붙드는 것은 그리 어려운 일이 아니야. 그리고 우리는 우리 자신을 위해, 우리의 특정 목적을 위해 그러한 요소들을 사용할 수도 있어. 그런데 많은 경우 그 목적과 실천은 독선적인 데다가 파괴적이지. 그리스도교 신앙의 중심은 살아서 움직이고 그렇기에 우리가 결코 소유할 수도, 온전히 이해할 수도 없는 심오한 신비란다. 우리는 다만 그 아래 서 있을 뿐이지. 하지만 많은 이, 아마도 대다수 사람이 이에 당혹감을 느끼고 이러한 신앙을 받아들이기를 버거워하는 것 같구나.

저 신앙의 중심을 지키는 것을 돕고 싶어서 이 할아버지는 너희를 위해, 그리고 바라기는 너희 세대를 위해 이 책을 썼다. 긴 삶을 통해 내가 배운 것이 있다면 그것은 바로 저것이 이생의 전부라는 것이야. 하느님, 창조, 무수한 생명체들과 삶의 과정들, 그러한 것들로 엮여있는 삶, 그리고 이에 대해 묵상해 볼 기회를 받은 우리 인간까지… 이 모든 것은 형언할 수 없는 신비로 가득하단다. 모든 위대한 철학과 종교, 과학이 감지한 이 신비를 깨닫는 데 그리스도교가 어떠한 기여를 했는지 묻는다면 할아버지는 이렇게 답할 것 같구나. 그리스도교는 이 보편적인 신비의 중심에 사랑이 있음을, 영원하고 용서하며 희망을 품게 하고 고통을 감내하는 사랑이 있음을 고백하고 선언한다고 말이지. 바로 이 때문에 그리스도라고 불리는 예수의 삶, 죽음, 부활이 그리스도교 신앙의 핵심이자 중심 이야기인 것이란다. 그의 이야기는 (모든 부정과 비하에도 불구하고) 사랑이 어떻게 만물의 시작이자 끝이 되는지를 (성서에 나오는 말을 빌리면 어떻게 알파와 오메가가 되는지를) 너무나도 감동적으로, 다시는 잊을 수 없도록 선언하지. 생각하는 동물인 우리가 한 순간이라도, 조금이라도 이 사랑을 맛본다면(우리 대부분은 이를 가리키는 무언가를 우리가 하는 사랑을 통해 발견하지) 이를 온전히 설명할 수는 없음을 철저하게 깨닫게 될 거야. 하지만 동시에 우리는 저 핵심이 아닌 것이 무엇인지도 알게 될 거야. 이러한 깨달음을 통해 우리가 내세우는 모든 것, 혹은 우리가 궁극적이라고 생각하고 내세운 모든 것은 도마 위에 오르게 될 거야. 그리고 그것이 진실로 궁극적인 것인지, 최종적인 말인지 묻게 되겠지. 참된 그리스도교인이라면 모든 말을 의심하기 마련이야. 그리스도교인에게 최종적인 말, 진리로 기리는 유일한 말은 육신이 되셔서 우리 가운데 머문 말씀, 그리고 성령으로서 우리 가운데 여전히 살아계신 말씀뿐이기 때문이지.

사랑하는 아이들아. 인생을 살아가며 마주하게 될 모든 모험, 위기, 거기서 얻게 될 기쁨과 슬픔 가운데 저 말씀, 성령을 점점 더 분명하게 의식하게 되기를 바란다. 이 할아버지가 확신하건대 저 말씀은 결코 우리의 말로 온전히 번역할 수 없고, 성령은 바람과도 같아 눈에 보이지 않는단다. 하지만 저 말씀과 성령이 너희의 삶에 와 닿는다면 너희는 너희 영혼이 머무를 참된 안식처, 그리고 이해를 넘어선 평화를 발견하게 될 거야.

사랑을 담아,

몬트리올, 노틀담 드 그레이스에서, 2012년.

할아버지가.

들어가며

그리스도교 세계는 붕괴했다. 그리고 이로 인해 전 세계에 퍼져있는 진지한 그리스도교인들은 한 가지 물음을 긴급하게, 새롭게 질문할 수밖에 없게 되었다. 진실로, 그리스도교란 무엇인가? 이 신앙-전통faith-tradition에서 '종교'라는 껍질을 제거하면 남는 것은 무엇인가? 그리스도교인으로서 우리는 어떻게 복음의 핵심에 충실하면서도 "이 우리에 속하지 않은" 이들에게 우리 자신을 열고, 겸손하게, 사랑으로 그들을 대할 수 있을까?

애초에 우리에게 신앙을 주는 이는, 우리 안에서 신앙이 솟아나게 하는 이는 초월적 신비다. 그리스도교, 특히 서구 그리스도교는 종교적 확신과 정치적 힘을 추구하는 가운데 너무나도 자주 이 초월적 신비를 무시했고, 가렸다. 그리스도교 공동체에서 '부정'Negative, 혹은 부정 신학apophatic theology은 자신이 궁극적인 것이라고 주장하는 것들을 감지하고 이에 대한 비판적 경계를 설정함으로써 저 초월적 신비를 보존하는 것을 목표로 한다. 그렇기에 이 신학은 어떤 강령이나 체계, 생각이나 말로 환원될 수 없는 '한 분'을 향한 신앙을 지키기 위해 보통 신자들이 성스럽다고 여기는 많은 것(여기에는 관습에 물든 문화가 암묵적으로 전제하는 것, 도덕 규범, 교리 체계, 교회 정치, 심지어는 성서까지 포함된다)들을 비평한다.

이 책에서는 탈그리스도교 세계에서도 그리스도교인의 정체성을 주장하는 이들을 향해 역사적 섭리가 던진 질문에 이 부정신학의 방법론을 적용했다. 진실로, 그리스도교란 무엇인가? 이 책은 불가피하게 북미권에 속한 필자의 정체성을 반영한다. 그러나 그러한 한계에도 불구하고 나는 전 세계가 처한 상황, 좀 더 정확하게는 전 세계를 아우르는 교회 일치의 관점을 대변하려 노력했다. 한때 '그리스도교 세계'에 속해있던 다양한 '지역들', 그 지역들 속에서 살아가는 그리스도교인들은 각기 다른 방식으로 여러 문제와 마주하고 다양한 경험을 하고 있다. 하지만 그럼에도 불구하고 이들이 공통으로 마주하게 되는 커다란 문제가 있다. 어쩌면 그리스도교라는 종교가 붕괴된 이 순간이야말로 우리는 비로소 저 커다란 문제를 의미 있게 다룰 수 있게 된 것일지도 모르겠다. 다시, 그리스도교란 무엇인가? 아니, 적어도 그리스도교가 아닌 것은 무엇인가?

더글라스 존 홀D.J.H.

서론

당신이 그분을 파악한다면, 그분은 하느님이 아니다.

- 아우구스티누스

폭력적인 세계 속 종교

2001년 9월 12일, 영국 「가디언」the guardian에는 다음과 같은 기사가 실렸다.

우리 중 다수는 종교를 헛소리지만 악의는 없다고 생각했다. 종교적 믿음은 근거가 부족한 신념일지언정 사람들에게 위안을 주므로 별다른 해가 될 것은 없어 보였다. 그러나 9.11 사태 이후 모든 것은 바뀌었다. 밖으로 드러난 신앙은 무해한 헛소리가 아니다. 치명적으로 위험한 헛소리다. 종교적 믿음은 위험하다. 이는 무엇을 하든 자신들이 옳다는 흔들리지 않는 확신을 주기 때문이다. 종교적 믿음은 위험하다. 스스로 목숨을 끊게 하는 그릇된 용기를 주기 때문이다. 이는 자연스럽게 다른 사람을 죽여서는 안 된다는 지극히 정상적인 제동 장치까지 제거해 버린다. 종교적 믿음은 위험하다. 물려받은 전통이 다르다는 이유 하나만으로 다른 사람들에게 적개심을 품도록 가르치기 때문이다. 종교적 믿음은 위험하다. 우리는 이상하게 종교에만큼은 모든 영역에서 진행하는 비판을 하지 않고 기이한 존경을 보내기 때문이다. 이제 그런 작태를 멈추어야 한다.[1]

언젠가, 그리고 누군가 몬트리올에 있는 장로교신학교 담벼락에 이와 동일한 메시지를 담은 짧은 글귀를 커다란 글씨로 적어놓았다.

종교는 사람을 죽인다!

맥길대학교 종교학과 교수들은 이 조롱을 보며 장로교신학교와 맥길대학교를 오가야 했다. 이 전에도 수년간 사람들은 이 벽에 종교를 반대하는 선전 문구를 써놓곤 했다. 하지만 저 '종교

---

[1] Richard Dawkins, 위키피디아 도킨스 기사.

는 사람을 죽인다!'는 문구는 맨해튼의 쌍둥이 빌딩이 무너지는 장면, 우리 모두의 마음에 깊은 인상을 남긴 장면의 정점이었다. 그렇기에 저 문구가 특정 종교를 가리키지 않았지만 실제로는 9.11 사태에 영향을 미친, 타락한 형태의 이슬람을 가리킨다는 것을 다들 알고 있었다. 맥길대학교 종교학과는 위대한 세계 종교들을 가르치고 그중 일부는 심화해서 가르칠 수 있도록 교수진을 확보하고 있다. 그렇기에 '종교는 사람을 죽인다'는 비난은 사실상 우리 교수진 모두를 향한 것이었다(적어도 우리 교수진은 그렇게 느꼈다).

일반 대중에게도 저 메시지는 강한 인상을 남겼다. 많은 이가 「가디언」에 기고한 리처드 도킨스Richard Dawkins 교수의 글을 접했고, 그가 '새로운 무신론'new atheism의 대표 주자로 널리 알려져 있음에도 불구하고 무신론자가 아닌 이들마저 그의 발언에 일정 부분 공감했다. 그가 지적하는 문제는 그리스도교인으로서 우리의 문제의식과 겹치는 부분이 있다고 생각했기 때문이다. 9.11 사태 이후로 무신론, 불가지론, 세속인문주의에 대한 대중의 관심이 부쩍 커지긴 했지만, 사실 이 흐름은 근현대 내내 대중의 의식 표면 아래 꾸준히 흐르고 있었다. 이러한 맥락에서 세계무역센터 붕괴라는 끔찍한 사건은 우리 문명이 꾸준히, 활기차게 불러왔던 기술의 승리라는 노래 밑바탕에 흐르고 있던 주제, 종교적 열정에 대한 경멸감을 분명하게 드러낸 사건이라 할 수 있다. 이제 사람들은 9.11 사태뿐만 아니라 모든 재앙(20세기의 비극적인 사건들뿐만 아니라 인류사의 모든 비극적인 사건)의 원인을 종교로 돌린다. 이전에는 대다수 사람, 심지어 회의론자와 불가지론자조차 종교는 기본적으로는 선한 것이라고 가정했다. 하지만 수많은 폭력 사태가 종교와 떼려야 뗄 수 없이 엮여있는 것처럼 보이자 점점 더 많은 사람이 이러한 가정에 의문을 품고 있다. 정말로 종교가 '사람을 죽인다'면, 삶의 가치를 떨어뜨리고 파괴하는 태도를 양산한다면 종교는 갖지 않는 것이 좋을 것이고 종교를 가진 이는 기본적으로 경계하는 것이 온당할 것이다. 그리고 실제로 많은 사람이 이러한 판단을 내리고 교회(특히 이 문제와 관련해 별다른 응답을 제시하지 않은 교회)를 떠났다.

종교와 관련해 새롭게 제기된 질문 앞에서 신앙 전통에 헌신하는 많은 이는 방어적인 태도를 보이기 쉽다. 대체로 이러한 질문을 마주했을 때 (감정적인 반응을 논외로 하면) 그들은 주로 세 가지 방식으로 종교의 가치를 역설한다.

1) 인류 역사를 통틀어 종교는 때때로 해를 끼친 것은 사실이나 전반적으로 인류 문명에 긍정적인 공헌을 했다.
2) 타인에 대한 적개심과 폭력을 조성하거나 조장하는 종교 집단은 (설령 그들이 자신의 신앙을 충실히 따른다고 여길지라도) 자신이 속해있다고 하는 종교의 본래 취지를 왜곡하는 것이다.
3) 많은 폭력 사태의 원인으로 종교가 지목되지만, 실제 원인

은 종교를 대의로 내건 이념 혹은 정치 활동이다. 이를테면 북아일랜드의 내분을 많은 언론에서는 로마 가톨릭 신자들과 개신교 신자들의 충돌로 보도하지만, 실제 내분의 원인이 종교적 신념의 차이에서 나온다고 생각하는 사람은 거의 없다.

이렇게 종교를 옹호하는 것은 (세심하게 진술한다면) 정당하다. 그러나 이러한 방식으로 종교를 옹호하는 것이 오늘날 문제의 핵심을 제대로 지적하고 있다고 할 수는 없다. 여기서 문제는 단순히 사람들이 종교를 잘못 해석하고 악용할 때가 많다는 데 있지 않기 때문이다. 최근 제기된 문제의 핵심은 종교적 믿음 그 자체에 위험하고 취약한 부분이 있다는 것이다. 달리 말해 종교 공동체에서 자신들의 믿음이 삶에 어떠한 영향을 미치는지를 주도면밀하게 감시하지 않을 때 그 믿음은 특정 사회 조건 아래 의심, 편견, 두려움, 혹은 타인에 대한 증오를 표현하는 수단이 될 수 있다는 것이다. 이러한 논의는 생각보다 훨씬 더 미묘하다. 타인에 대한 편견, 두려움, 혹은 증오가 종교라는 체계 자체가 내포하고 있는 위험하고 취약한 면에서 나오는 것인지, 일정한 신념을 가진 개인이 타인을 마주했을 때 나오는 것인지 분명한 경계선을 긋기가 어렵기 때문이다. 물론 특정 종교 전통이 자신에 대한 충성 여부를 기준으로 전통에 속하는 이들과 그렇지 않은 이들을 나눌 때는 분명한 경계선이 나타날 수 있다. 이를테면 자신들의 교리에 동의하지 않는 이는 절대로 구원을 받지 못하고 충만한 삶을 누릴 수 없다고 주장하는 종교 공동체는 자연스럽게 그 공동체에 속하지 않은 이들과 갈등을 낳을 것이다. 하지만 특정 종교가 사랑으로 가득한 신, 정신세계를 풍요롭게 하는 거룩한 경전, 개인의 고유한 가치를 긍정하는 도덕 규범, 개인에게 인류의 상호성과 하나 됨을 내면화할 수 있게 해주는 신앙 공동체에 대한 헌신을 강조한다면 경계선은 매우 모호해진다. 이때 그 종교 전통에 속한 개인의 믿음은 대대로 내려오는 종교의 영적 유산을 받아들인 것일 수도 있고 아닐 수도 있다.

물론 우리는 지난 40~50년 동안 그리스도교를 주요 종교로 삼은 사회에서, 잘 확립되었으며 겉으로 보기에는 유익한 종교적 가르침이 어떻게 갈등과 소외를 낳을 수 있는지, 소수자들을 배제하고 억압할 수 있는지를 목격했다. 19세기 경건주의자들과 자유주의 신학자들은 지극히 온화한 마음으로 그리스도교(혹은 그리스도)를 모든 믿음, 인간을 포괄하는 종교(구세주)로 묘사했지만, 한 세기 후 상당수 그리스도교인과 다른 사람들은 이를 신의 이름을 빌려 누군가를 배제하는 표현으로 받아들였다. 교회는 암묵적으로 (때로는 명시적으로) 하느님과 예수의 모습을 백인 남성으로 가르치거나 묘사했고 많은 여성과 백인이 아닌 이들은 이를 가부장제와 서구의 비서구 지배를 정당화하고 강화하는 것으로 받아들였다. 그리스도교 신앙의 핵심 상징인 예수의 십자가 또한 고통을 정당화하고 소외된 이들의 해방을 방해하는 도구로 쓰였다. 게다가, 지금까지 당연시되고, 심지어 찬사를 받던 성서의 인간에 대한 관심을 두고서도 (생태계의 위기와 서양 기술 문명의 공격으로 인한 자연 질서의 파괴와 마주해) 사람들은 의구심을 품기 시작했다. 그들에게 성서는 인간 중심주의anthropocentrism를 반영하는 본문에 지나지 않는다.

즉, 우리는 우리의 신앙을 집중적으로 조사하는 시기, 그동안 검증하지 않은 전제가 무엇인지, 암묵적인 편견이 있는지, 숨겨진 메시지가 무엇인지를 탐구하는 시기를 보내고 있다. 지난 30년 동안 우리는 성서 구절, 찬송가, 신학, 설교가 어떤 이들(여성, 인종, 민족, 성적 소수자, 경제적 이유나 다른 이유로 선거권을 박탈당한 이들)에게는 우리가 생각하는 것과는 전혀 다른 뜻으로, 다른 방식으로 들릴 수 있음을 배웠다. 물론 이러한 탐구가 온전히 이루어지지는 않았으며 신자들의 삶에 온전히 반영되었다고 볼 수도 없다. 하지만 이와 관련해 적어도 진보적인 그리스도교계와 온건한 그리스도교계에는 이론적인 면에서나 실천적인 면에서 상당한 변화가 있었다.

하지만 누군가 우려하며 말했듯 이는 단지 시작일 뿐이다. 우리의 신념과 선언을 비판적으로 성찰하는 습관을 지닌 그리스도교인들은 여전히 소수에 불과하다. 그리고 여전히 내부에서만 일어나고 있다. 유럽 교회나 우리 북미권 교회들이 자신의 믿음과 증언을 알릴 때 의식의 지평에 여전히 '서구'라는 경계 바깥에 존재하는 이들을 포함하지 않고 있다는 뜻이다. 제2차 세계대전 이후 우리는 유대인의 자리에서 그리스도교의 설교와 신학이 어떻게 들리는지를 배웠다. 홀로코스트라는 참사와 유럽과 북미권에서 지속적으로 이루어진 유대교 공동체들의 증언은 긴 긴 시간 동안 유대인들이 고통을 겪는 데 그리스도교 세계가 능동적으로든 수동적으로든 가담해왔음을 일깨웠다. 이만큼 꾸준히 이루어지지는 않았지만 우리는 그리스도교가 아메리카 원주민들 및 다른 대륙의 민족들에게 오랜 기간 굴욕감을 안겨주었다는 것 또한 깨달았다. 최근에는 그리스도교 교리와 도덕적 가르침(이를테면 결혼이나 성 윤리)이 자신의 성에 따라 달리 들릴 수 있다는 점을 깨닫게 된 이들도 있다. 여러 측면에서, 특히 주요 소수자들과 관련해 개신교 사상은 과거와 견주었을 때 타자에 대한 인식의 폭이 더 넓어졌다고 할 수 있다. 적어도 우리가 생각하는 한도 안에서 우리는 더 포용적이다. 누군가를 교회의 구성원으로 받아들이는 문제를 넘어서 훨씬 더 광범위한 삶의 측면에서도 말이다. 오늘날 그리스도교인들은 교회나 공의회, 협의회를 통해 하는 공적 발언들뿐만 아니라 평소의 발언, 기도, 찬송, 기도를 통해 하는 말들이 미치는 영향, 더 나아가 특정 사안에 대한 침묵이 미치는 영향까지도 숙고하게 되었다.

그럼에도 불구하고, 여전히 우리 시야에 들어오지 못하는 사람들이 무수히 많이 있다. 그러므로 타인에 대한 우리의 의식은 아직 초기 단계에 있다고 보아야 한다. 현대 세계는 무수한 연결망으로 이어져 있으며 그만큼 다채로운 사람들로 가득하기에,

타인을 모두 온전히 파악한다는 것은 불가능하다. 그러나 타인들은 무수히 다양함에도 불구하고 저 멀리 있는 것이 아니라 우리를 둘러싼 환경의 일부로 이미 자리 잡고 있다(단 5분 동안만 인터넷을 검색해 보아도 이를 쉽게 알 수 있다). 이른바 '세계화'라고 불리는, 거대하고 열린 세계와 마주한 그리스도교인들에게는 지금까지의 그리스도교인들보다 더 타인의 존재를 의식해야 하며, 더 그들을 사랑하는 법을 익혀야 할 의무가 있다. 이를 의식하지 못한다면 우리는 우리의 증언이 타인들에게 어떠한 영향을 미치는지 갈피를 잡지 못할 것이며 (선을 고취하는 방식이든 악에 맞서는 방식이든) 우리의 증언을 구체화하지도 못할 것이다. 이는 결국 우리 신앙의 핵심(어떠한 인종이든, 어떠한 국가에 소속되어 있든, 어떠한 신조를 갖고 있든 모든 이는 하느님께서 사랑하시는 자녀들이라는 믿음)에 위배되는 일이다.

달리 말해 이제 그리스도교 운동은 세계 모든 이가 교회를 이룬다는 생각을 이전보다 훨씬 더 넓고 깊게 확장해야 한다. 교회 일치 운동ecumenism의 뿌리가 되는 말인 오이쿠메네Οικουμενή는 세계라는 뜻을 지니고 있다. 초대 교회에서 오이쿠메네, 즉 세계는 지중해 주변의 영토, 지중해 주변에 있는 부족과 민족을 뜻했다. 16세기 유럽이 새로운 땅, 대륙을 발견하면서 오이쿠메네는 확대되었고 이는 수 세기 동안 이어졌다. 지구라는 행성과 그 행성의 거대한 공간, 그리고 그 공간을 수놓은 무수한 문화에 대한 지식이 증가했기 때문이다. 물론 오이쿠메네의 확장은 쉽게, 절로 이루어지지 않았다. 교회가 이를 지적으로, 정서적으로 받아들이기 위해서는 지난한 과정이 필요했다. 세계에 관한 새로운 사실을 알게 되는 것(이를테면 지금까지 알지 못했던 문화에 대해 알게 되는 것)과 이러한 사실을 우리 사고방식(신학도 여기에 포함된다)에 반영할 정도로 흡수하는 것은 또 다른 일이다. 흡수에는 시간이 걸린다. 잘 확립된, 상대적으로 단일한 문화의 틀 안에서 형성된 종교 공동체(로마 제국, 이후 유럽 국가 및 그들의 식민지, 19세기 아메리카 등)는 자연스럽게 지정학적으로 형성된 사고방식을 반영한다. 이 종교 공동체들이 기존의 문화라는 굴레를 넘어서는 데는, 정신적으로나 영적으로 현재에 걸맞은 새롭게 확대된 세계를 받아들이는 데는 상당히 오랜 시간이 걸리기 마련이다. 유럽, 북미권 신학 및 교회 정책은 오늘날 라틴 아메리카에서 전개되고 있는 교회 현실과 신학의 의미를 받아들이는 데 상당한 어려움을 겪고 있다. 그리고 대다수 서구인에게, 남반구 전체와 동아시아 지역은 여전히 '미지의 땅'terra incognita으로 남아있다.

거짓 걸림돌 피하기

오늘날 세계는 새로운 통신 매체들이 촉진하고 과학과 기술이 결합되어 확장한 결과인 '세계화'를 그 특징으로 한다. 그리고 이로 인해 그리스도교 운동은 전례 없는 거대한 영적, 지적 도전들과 마주하게 되었다. 이제 우리는 조상들은 알지 못했던 땅, 민족, 창조물, 과정을 포함한 '세계'라는 맥락을 염두에 두고 인식의 지평을 확장하며 활동해야 한다.

우리가 인식의 지평을 넓혀야 하는 이유는 단순히 이러한 외부의 자극 때문만은 아니다. 그리스도교인은 성육신한 하느님의 사절ambassador이다. 우리는 이 하느님의 사절로서 세계에 헌신해야 한다. 그렇기에 우리는 우리의 신학, 설교, 전례, 찬송, 윤리적 조언에 대해 유대교의 관점에서 생각해 볼 뿐만 아니라 이슬람의 관점에서도 생각해 보아야 한다(여기서 이슬람은 '세계화'된 지구라는 맥락에서 가장 많은 수를 차지하는 타 종교인을 대표하는 하나의 이름이다).

또한 우리는 하느님께서 지으신 '선한' 창조세계 전체에 헌신할 의무가 있다. 이러한 맥락에서 우리는 지금까지 교회와 공의회에서 상대적으로 간과해 온 것들, 즉 인간 아닌 피조물들, 그리고 자연 과정이 지니는 의미에 대해 숙고해 보아야 한다.

서방 그리스도교 세계 대부분 지역에서 그리스도교 인구는 감소한 반면, 모두가 때와 장소에 상관없이 자유롭게 인터넷에 접속할 수 있는 통신 환경이 조성된 덕분에 그리스도교의 메시지를 접할 수 있는 인구는 경이로울 만큼 증가했다. 어떻게 하면 우리는 우연히 마주하는 대중과 공감대를 형성하면서 복음을 전할 수 있을까? 어떻게 하면 우리는 그리스도교인으로서 우리의 근본이 되는 신앙 고백에 충실하면서도 동시에 우리와 마주하는 모든 이에게 열린 태도를 가질 수 있을까? 어떻게 하면 십자가의 복음에 신실하게 헌신하면서, 복음과 마주하게 되었을 때 갖게 되는 고유한 '거리낌'(스칸달론σκάνδαλον, 1고린 1:23)*을 유지하면서, 복음이 우리 모두에게 가하는 고유한 공격성을 유지하면서 잘못된 공격성을 피하고 타인들에게 관심을 기울일 수 있을까?

이 질문은 오늘날 전 지구적 맥락에서 그리스도교 선교를 어떻게 해야 하느냐는 문제와 관련해 반드시 염두에 두어야 하는 질문이다. 그리스도교 신앙의 참된 걸림돌과 '거리낌'을 사람들이 회피하게 해서는 안 된다. 이는 십자가에 못 박힌 그리스도와 불가분의 관계를 맺고 있기 때문이다. 이 걸림돌과 '거리낌'에서 도망치는 것, 회피하는 것은 사실상 그리스도교 신앙 전통에서 완전히 벗어나는 것과 다름없다. 19세기 말 극단적인 자유주의ultraliberalism와 근대주의modernism를 표방한 이들은 "십자가에 못 박힌 예수 그리스도" 대신 부차적인 요소들을 그리스도교 신앙의 중심에 둘 때 '그리스도교적인'이라는 형용사와 '그리스도교'라는 명사가 얼마나 공허하고 유치해질 수 있는지를 분명하게 보여주었다. 그리스도교의 중심에 자리한 예수 그리스도라는 매우 독특한 사건, 거기서 나오는 독특한 메시지는 (이를 깊이 숙고한다면) 극단적 자유주의와 근대주의가 그리스도교의 중심으로 제안한 '보편적인' 종교적 메시지(실은 그들의 편견과 우월감을 반영한 메시지)보다 훨씬 더 많은 것을, 좀 더 정확히 말하면 무한하게

---

* "우리는 십자가에 달리신 그리스도를 전합니다. 그리스도가 십자가에 달리셨다는 것은 유대 사람에게는 거리낌이고, 이방 사람에게는 어리석은 일입니다." (1고린 1:23)

모든 것을 아우른다. 그러므로 우리의 과제는 "십자가에 달리신 하느님"(루터Luther, 몰트만Moltmann)이 자아내는 '거리낌', '걸림돌'을 지우는 것이 아니라 그리스도교 역사 내내 전염병과 같은 역할을 했으며 오늘날에도 여전히 위험한 방식으로 작동하고 있는 거짓 걸림돌들을 피하는 것이다. 중요한 것은 그리스도교인으로서 어떻게 하면 우리가 대중이 아무런 고통도 느끼지 않는 방식으로 다가가느냐, 그들에게 어떠한 불편함도 주지 않고 그리스도교의 메시지를 전하느냐에 있지 않다. 오히려 중요한 것은 우리가 복음을 흐리는 일이 없게끔, 잘못된 방식으로 사람들을 불쾌하게 만들거나 불필요하게 소외시키는 일이 없도록, 복음이 문화적으로 편향된 종교적 교리나 세속적인 이념이 아님을 보여주기 위해 최선을 다하는 것이다. 우리의 과제는 사람들이 참된 복음에 불쾌함을 느끼지 않도록 무엇이든 확고하게 말할 가능성을 제거하고 정치적인 올바름을 따르는 것이 아니다. 우리가 해야 할 일은 손쉽게 대립과 갈등, 폭력을 유발하는 부차적인 요소들, 근본적으로 그리스도교 신앙에서 우발적이고 주변적인 요소들이 중심의 자리로 격상하는 것을 막는 것이다.

이러한 맥락에서 이 책의 목적은 그리스도교에 관한 오해들을 규명하는 데 있다. 지금부터 다룰 요소들은 분명 역사적으로나 교리적으로나 그리스도교 신앙과 밀접한 연관을 맺고 있다. 그러나 이 요소들이 그리스도교의 중심 자리에 오를 때, 그리스도교의 핵심 신앙 고백의 자리에 오를 때 이 요소들은 잘못된 걸림돌이 된다. 실제로 이 요소들은 그리스도교 바깥에 있는 이들은 물론 그리스도교 안에 있는 이들 사이에서도 갈등과 소외를 낳는 지점으로 기능하고 있다(이를 우리는 인정해야 한다). 이 책에서는 그러한 취약 지점들을 파악하여 그리스도교 신앙이 진정으로 무엇인지, 진정으로 주장하는 바가 무엇인지, 우리에게 무엇을 요구하는지, 우리에게 무엇을 가져다주는지를 분명히 드러내고자 한다. 그리스도교에 관한 무수한 주장들이 만들어내는 짙은 안개와 어둠을 뚫고 참된 신앙 고백 혹은 복음의 선포(케리그마 Κήρυγμα)가 그 빛을 발할 수 있도록 말이다.

진실로 그리스도교란 무엇인가? 반세기가 넘게 이 질문에 대한 긍정적인 답을 얻기 위해 노력한 사람으로서 나는 이 질문에 모두가 만족할 만한 답을 내리기란 사실상 불가능한 일임을 안다. 하지만 그리스도교가 무엇이 아닌지는 말할 수 있을 것 같다. 대상을 무엇이라고 정의하는 것은 무엇이 아니라고 정의하는 것보다 늘 더 어려운 법이다. 그 대상이 유기적이고 움직이며 변화하고 역사적인 실재일 경우는 더더욱 그러하다. 물론 우리는 그 대상이 무엇이 아닌지를 명시하기 위해서라도 잠정적으로나마 (그리고 직관을 발휘하여) 그 대상이 어느 정도 통합되어 있다고 가정해야 한다.[2] 그러한 방식으로나마 대상이 아닌 것을 대상의 중심부에서 제거해낸다면, 그렇게 해서 공간을 남겨둔다면

---

[2] 이 책의 결론과 '나가며'를 참고하라.

대상은 자신의 중심, 물자체Ding in sich가 있는 곳에서 자신을 스스로 입증하거나 혹은 (같은 말을 달리 표현하면) 그 형언할 수 없는 신비 가운데 우리에게 다가올지도 모른다. 하느님의 말씀에 겸손하게 다가가고, 그 말씀에 대한 우리의 증언에 세심한 관심을 기울인다면, "진리의 말씀을 올바르게 분별"(2디모 2:15)한다면, 그리하여 중심의 공간을 비운다면 우리가 정확하고 명확하게 정의할 수 없는 그 거룩한 여백을 성령께서 채워주실 것이다. 이것이야말로 이 책의 목적이다.

부정의 방법으로 신학하기

그리스도교는 무엇이 아닌가? 세상 사람들이 알고 있는 그리스도교의 모습, 역사 속에서 그리스도교가 지향했던 모습, 여기저기서 실제로 존재하는 그리스도교의 모습 중 우리가 배제해야 하는 것은 무엇인가? 우리가 그리스도교 신앙 전통에서 핵심 혹은 정수라고 여기는 것 중 제거해야 하는 것은 무엇인가? 이 물음에 답하기 위해 이 책에서 채택한 방법론이 새로운 방법론은 아니다. 그러나 서방 그리스도교 세계에서 이 방법을 일관되게 사용한 적은 없다. 이 방법은 부정 신학 혹은 부정의 방법 via negativa으로 접근한 신학이라고 불린다. 동방 교회 전통에서는 이 부정 신학을 주요 방법론으로 채택했다. 그러나 서방 교회 전통에서는 몇몇 신비주의자들(마이스터 에크하르트Meister Eckhart, 니콜라우스 쿠사누스Nicholas of Cusa, 십자가의 요한John of the Cross 등)이 부정의 방법을 적극적으로 활용하기는 했으나 대체로 긍정의 방법via affirmativa으로 접근하는 신학, 이른바 긍정 신학kataphatic theology을 선호했다. 달리 말하면 서방 신학은 무언가를 긍정하는 신학적 진술과 체계를 발전시켰다. 서방 교회가 이를 선호한 이유는 부분적으로 서방 그리스도교 세계에 강력한 위계질서를 구축하는 데 긍정 신학이 도움이 되었기 때문이다. 로마 교회를 중심으로 한 가톨릭 교회가 교황제를 확립하려 할 때, (이보다는 위계가 상대적으로 덜 공고하다 할지라도) 유럽의 몇몇 개신교 국가들이 국가교회를 수립하려 할 때 해당 교회들에게는 분명한 긍정 신학이 필요했다. 동방의 몇몇 세심한 그리스도교 사상가들에게 이러한 서방 교회의 신학들은 하느님과 하느님께서 창조하신 피조물이 지닌 신비를 감소하거나 왜곡하는 것처럼 보였다. 위僞 디오니시우스Pseudo-Dionysius, 카파도키아 교부들the Cappadocian fathers, 요한 크리소스토무스John Chrysostom, 다마스쿠스의 요한John of Damascus과 같은 신학자들은 모두 하느님이 근본적으로 형언할 수 없는 분임을 강조했다. 그리고 그들은 하느님을 정의하려는 인간의 시도가 겸손을 결여한 우상숭배일 가능성이 매우 큼을 지적했다. 하지만 로마 가톨릭 신학이든, 개신교 신학이든 서방 교회의 신학은 이러한 가능성을 별달리 염려하지 않았다는 인상을 준다. 그리고 결과적으로 이는 반성해야 할 일이다. 그리스도교를 만능인 것처럼 여기는 근본주의와 같은 근대적 흐름은 물론이고 서방 그리스도교 세계에서 발달한 거대하고 완고한 신학 체계

중 일부는 오늘날에는 당혹감을 일으키는 경우가 많다. 서방 교회의 신학은 하느님에 관해 실제로 알아야 하는 것, 알 수 있는 것보다 더 많은 것을 알고 있는 것처럼 보인다. 유한한 피조물이 무한에 관해 성찰할 때 반드시 가져야 할 겸손이 결여된 것이다. 앞서 이야기했듯 이제 종교에서 겸손은 더는 부르주아적 덕목이 아니라 생존을 위해서 반드시 갖추어야 할 삶의 필수 조건이다. 신학이 모든 것을 아는 것처럼 해온 서방 그리스도교 세계의 흐름은 이제 멈춰야 한다. 그리스도교인이 잘못된 걸림돌, 불필요한 공격성을 조장하지 않기 위해서는 먼저 그리스도교인이 하느님과 하느님께서 창조하신 피조물에 대한 우리의 앎이 지닌 한계를 정직하게 받아들여야 한다. 그리고 마찬가지 맥락에서 우리가 진리를 '소유'하고 있는 것처럼, 우리가 마치 진리에 대한 절대적인 권위를 지닌 것처럼 내세우기를 멈추어야 한다. 궁극적으로, 하느님에 대한 앎에 전문가란 존재하지 않는다. 동방 그리스도교 전통에서 가장 탁월한 부정 신학은 바로 그러한 깨달음에 바탕을 두고 있다.

분명, 참되고 탁월한 신학은 하느님의 계시 경험에 바탕을 두고 있다. 그러나 이 땅에 우리와 함께하시는 하느님께서 우리의 믿음에 전하는 계시는 비범하고 강렬한 지식('스키엔티아'scientia)이 아니며 단순한 정보도 아니다. 거룩한 분과 마주하여 우리가 갖게 된 것은 순전한 경이와 겸손이며 그러한 경이와 겸손의 결실은 지혜('사피엔티아'sapientia)다. 이는 어떤 면에서 궁극적인 것 자체를 우리는 결코 알 수 없다는 데서 나오는 일종의 신비주의라고도 할 수 있다. 참된 그리스도교 신비주의는 그리스도를 통해 드러난 계시에 대한 경이, 하느님께서 이 세상을 (그리고 우리를) 극진히 사랑하신다는 것(요한 3:16)에 대한 깨달음과 감사에서 시작된다.

물론 서방 교회에서 긍정 신학을 선호하고, 동방 교회에서는 부정 신학을 선호했다고 일반화하기에는 몇 가지 예외들이 있다. 서구 비주류문화, 대항문화의 원천이라 할 만한 신비주의자들은 그 대표적인 예다. 서방 신학자의 전형으로 분류되는, 서방 교회 신학을 축조한 대표적인 인물인 히포의 아우구스티누스조차 일부 저작들에서 매우 신비주의적인 면모를 보여준다. 이를테면 그가 진술한 다음 문장처럼 부정 신학 전통의 핵심을 잘 보여주는 문장도 없다.

당신이 그분을 파악한다면, 그분은 하느님이 아니다

Si comprehendis, non est Deus.[3]

---

[3] *Sermo* 52, 16: PL 38, 360. 교황 베네딕토 16세가 2005년 성탄절에 반포한 회칙에서 이 구절을 인용한 것을 보고 나는 매우 기뻤다. *Deus caritas est* (Boston: Pauline Books&Media, 2006), 53. 설교 전문은 R. G. 맥멀렌 R. G. MacMullen이 번역한 것을 참고하라. 관련 구절은 다음과 같다. "그렇다면 형제여, 우리는 하느님에 관해 말해야만 합니까? 당신이 하는 말을 이해할 수 있다면 그 말은 하느님에 관한 말이 아닐 것입니다. 당신이 이해할 수 있다면 당신은 하느님이 아닌 다른 무언가를 이해했을 것입니다. 하느님이 당신이 생각했던 그대로였다면, 당신은 스스로를 속인 것입니다. 당신이 그분을 파악한다면, 그분은 하느님이 아닙니다. 무

물론 아우구스티누스의 신학은 대체로 긍정 신학이었고, 서구 중세를 특징짓는 가톨릭 신학의 바탕이 된 후기 저술들은 특히 그러한 성향이 강하다. 중세 전성기, 긍정 신학이 할 수 있는 최대한의 성취를 스콜라 신학이 낼 때 그리스도교 신비주의는 사실상 지하운동이 됐다. 그러나 신비주의자들이 제시한 대안까지 완전히 수면 아래로 가라앉지는 않았다. 스콜라 신학자들이 쓴 신앙 저술들을 보면 이따금 신비주의적인 면모가 보인다. 심지어 가장 탁월한 스콜라 신학자라고 할 수 있는 토마스 아퀴나스Thomas Aquinas도 영적인 위기, 영혼의 어두운 밤을 겪는 중에 빛이 다가오는 것을 경험하고 신비주의에 이끌렸다. 이 신비로운 경험의 여파로 그는 자신의 비서 레기날드Reginald에게 자신의 거대한 과업인 『신학대전』Summa theologiae 저술을 더는 이어갈 수 없다고 하며 다음과 같은 말을 남겼다.

내가 쓴 모든 것이 이제는 한낱 지푸라기처럼 보인다네.

좀 더 중요한 것은 15세기 중반 중세 스콜라 신학의 기획이 사실상 중단되었을 때 그 공백을 메우기 위해 신앙의 대상에 대한 이해를 신비주의적인 방식으로 접근하는 흐름이 나타났다는

___

언가 하느님이시라면 당신은 이를 결코 이해하지 못할 것입니다. 그렇다면 당신이 이해할 수 없는 무언가에 대해 말하기 위해서는 어떻게 해야 할까요?"

것이다. 이 흐름은 서방 그리스도교 세계가 이른 시기에 몰락하는 것을 막았다.

개신교 정통주의자들도 신비주의를 완전히 멀리하지는 않았다. 마르틴 루터가 중세 후기 신비주의 사상가들, 특히 독일 신비주의자들과 마이스터 에크하르트에게 깊은 영향을 받았다는 것은 주지의 사실이다. 그러므로 누군가가 루터의 저술들에서 그가 부정의 방식을 자주, 적극적으로 활용하고 있음을 발견한다고 해도 그리 놀라운 일은 아니다. 이후 루터교와 칼뱅파 정통주의가 확립되면서 종교개혁의 신비주의적인 차원은 밀려났지만 그렇다고 완전히 사라지지는 않았다. 루터의 십자가 신학theologia crucis은 근본적으로 부정 신학이라고 할 수 있다. 이 신학은 종교적 승리주의(영광의 신학theologia gloriae), 종말이 결정되어 있다는 생각을 거부하고 눈에 보이는 것으로 신앙을 판단할 수 없다는 생각, 소망을 일종의 소모품으로 오인해서는 안 된다는 생각을 받아들였다.[4] 십자가 신학은 (신앙을 바탕으로) 자신감 있게 이를 주장했을지언정 결코 (자신만이 옳다고) 확신하지 않았다. 그러한 점에서 이 신학은 영적인 측면에서 보나 지적인 측면에서 보나 겸손한 신학이었다. 그렇기에 누군가 19세기 비범한 사상가, 루터의 영적 후손이라 할 수 있는 쇠얀 키에르케고어Søren

---

[4] 루터에게 영광의 신학은 긍정 신학을 한껏 드높인 신학을 가리킨다. 그에 따르면 이 신학은 모든 질문에 답하고 모든 것을 설명하되 신비와 이후 펼쳐질 미래에 어떠한 자리도 내어주지 않는다.

Kierkegaard를 서방의 부정 신학자로 간주해야 한다고 주장할지라도 이는 그다지 놀라운 일이 아니다.

실존주의의 아버지로 평가받는 키에르케고어는 언젠가 부정 신학 전통의 핵심에는 살아 있는 실재들과 관련해 인간은 이를 온전히 이해할 수 없고 그렇기에 온전히 정의할 수도 없다는 강력한 직관이 자리 잡고 있다고 이야기한 바 있다. (아우구스티누스의 탁월한 표현이 보여주듯) 부정 신학 전통은 이러한 통찰을 하느님에게 적용한다. 부정 신학의 관점에서 하느님은 인간이 만들어낸 틀에 갇히기를, 체계화되기를 거부하는 분이다. 성서에서도 이러한 부정 신학의 통찰이 담긴 부분들이 적잖게 등장한다. 사도행전에서 바울이 "알지 못하는 신"(사도 17:23)이라는 개념을 활용해 아레오파고 법정에서 아테네 시민들에게 연설하는 장면은 그 대표적인 예다. 성서에서 하느님은 다른 무엇보다도 살아계신 분이다. 달리 말해 성서에서 결정적으로 중요한 요소는 하느님이라는 존재에 대한 생각이 아니라 하느님의 현존에 대한 (인간의) 구체적인 체험이다. 모든 예루살렘 전통이 증언하는 하느님은 다른 모든 것을 초월하는, 독특하며, 그 무엇과도 비교할 수 없는 분이다. 이 같은 맥락에서 캔터베리의 안셀무스Anselm of Canterbury는 유명한 구절을 남겼다.

하느님은 어떤 종種에 속하는 분이 아니다.

그렇기에 우리는 하느님을 온전히 알 수 없다. 심지어 하느님이 당신을 드러내실 때도, 아니 그럴 때 특히나 그분은 우리에게 알 수 없는 분으로 남아계신다. 루터는 하느님께서 당신을 감추시고, 또 숨어계신 당신을 드러내시는 가운데 당신을 보여주시고 당신을 내어주신다고, 그렇기에 우리는 그분을 소유할 수 없다고 이야기한 바 있다. 성서에 바탕을 둔 신앙이 전하는 살아 있는, 자기를 드러내시는 하느님은 그분에 대한 우리의 모든 선입견을 넘어서신다. 그리고 그분과 관련해 우리가 만들어내는 우상과 모습들을 철저하게 파괴하신다. 설사 고도로 세련되고 철학적으로 정교하다 할지라도 말이다. 그분은 단순히 '당신'Thou으로 존재하심으로써 대상화objectification, 즉 그분을 정의하고 기술하고 구체화하려는 모든 시도, (마르틴 부버Martin Buber의 널리 알려진 표현을 빌려 쓰자면) '당신'Thou을 '그것'It으로 만들려는 모든 시도를 거부하신다. 우리는 히브리 신앙에서 하느님을 가리키는 가장 성스러운 이름은 사실상 이름이라고도 할 수 없는, 수수께끼 같은 신명사문자τετραγράμματον, יהוה(야훼)임을 잊어서는 안 된다. 이는 "나는 곧 나다" 혹은 "나는 곧 나일 것이다"를 뜻한다. 엄밀히 말해 하느님에 대한 가르침, 즉 신학은 불가능하다는 것이다.

잠시 자전적인 이야기를 하자면 처음으로 위와 같은 깨달음이 강하게 나를 사로잡았던 때가 기억난다. 하느님이 진실로 하느님이라면, 하느님이 어떤 종에도 속하지 않으며 절대적으로 독특하고, 이름 붙일 수 없으며, 우리를 넘어서는 분이라면, 어느 정도의 우상화 없이는 배우자와 자녀들조차 묘사할 수 없는 우리가 궁극적으로 신성모독을 피할 수는 없는 것 아닌가? 당시 막 신학교에 자리를 잡은 나는 이러한 생각에 사로잡힌 나머지 교수 생활을 접어야겠다는 결심을 하기도 했다. 잘못된 직업을 택했다는 생각이 뇌리에서 벗어나지 않았다. 그러던 중 우르술라 니버Ursula Niebuhr*가 내게 진지하게 조언해 주었다. "신학이란 언제나 신성모독에 가까운 영역까지 나아가기 마련이에요." 다행스럽게도, 또 다른 깨달음이 나를 스쳤다. 나는 이를 색인 카드에 적었고 카드들을 가득 모아 놓은 상자에 그 카드를 꽂아 넣었다. 지금도 상자에는 그 카드가 있다. 이후 단 한 번도 그 카드를 본 적은 없지만, 나는 그 카드가 상자에 있다는 것을 안다. 이후 수십 년에 걸쳐 수백 개의 색인 카드를 만들고 보관했지만, 그 카드에 적힌 문구만큼 내 뇌리에 깊게 박힌 문구는 없다. 나는 카드에 다음과 같이 적었다.

하느님은 신학을 허락하신다.

원리로서, 학문으로서 신학은 불가능하다. 신학의 대상은 고정된 객체가 아니라 살아 있는 주체이기 때문이다. 그러나 하느님

---

* 우르술라 니버는 영국 출신 여성 신학자로 라인홀드 니버Reinhold Niebuhr 의 아내로도 알려져 있다. 옥스퍼드대학교에서 역사와 신학을 공부했고 뉴욕에 있는 유니온 신학교의 교수를 지냈으며 이후 뉴욕에 있는 버나드 칼리지의 종교학과 학장을 역임했다.

께서는 지극한 겸손과 관대함으로 우리가 신학을 할 수 있도록 허락하신다. 적어도 우리가 근본적으로 신학이 불가능함을 아는 한, 그럼에도 하느님께서 이를 허락하신 한 우리는 이를 시도해 볼 수 있다. 마찬가지 차원에서 우리가 신학에 익숙해졌다는 생각이 들 때 우리는 우리 자신을 경계해야 한다.

구태여 자전적인 이야기를 들면서까지 내가 강조하고 싶은 말은 하느님에 관해 이야기할 때는 언제나 겸손하게, 인내를 가지고 이야기해야 한다는 것이다. 하느님에 관한 지식을 전할 때는 망설임과 주저함이 있어야 한다. 우리는 (어떤 그리스도교 신조든) 신조를 부르짖어서는 안 되며 나직이 고백해야 한다. 물론 실제로는 불가지론, 유신론적 상대주의theistic relativism에 빠져 있는 상태에서 겸손이라는 탈을 쓸 수도 있다. 하지만 진실로 하느님께서 우리와 함께하심을, 우리가 이미 그분께 사로잡혀 있음을 감지하고 그분을 신뢰하고 서서히 알아간다면 우리는 거짓 신들, 우상들, 악령들, 하느님에 대한 우리 자신의 왜곡된 이해들을 확인할 수 있을 것이다. 우리는 망설이며, 어느 정도는 주저하며 온전히 이해할 수 없는 그분, 우리 위에 계신 그분을 어색하게 가리킬 수 있을 뿐이다. 그 이상으로 우리가 그분을 긍정할 수는 없다. 하지만 동시에 우리는 가끔이기는 하나 오만에 빠지지 않고, 우리 자신을 정당화하지 않고, 어느 정도 확신과 함께 "하느님은 이것이 아니며, 저것도 아니다"라고 말할 수 있다. 우리가 전해 받은 하느님에 관한 친숙한 모습들, 소망을 담은 사상과 생각들을 겸손한 자세로 꾸준히 숙고한다면 말이다. 그리고 이것이 실제로 이루어진다면 이는 아마도 성령 하느님께서 지금 우리에게 오셔서 우리의 불안을 달래주고 우리 귀에 당신의 말씀을 속삭이고 계시기 때문일 것이다.

그러므로 우리는 하느님에 대해 말해야 하기 때문에(우리는 "어쩔 수 없이 그것을 해야만"(1고린 9:16) 한다) 부정의 길을 통한 신학이 필요하다. 하느님은 (모세에게 자신의 등을 보도록 허락하셨듯) 우리에게 성령으로 변모된 말들을 추구하도록 허락하셨다. 그렇기에 우리는 하느님께서 우리에게 다가오심으로써 일어난 위대하고 거룩한 침묵을 (어쩌면) 증언할 수 있다. 하느님에 대해 말한다는 것은 말씀을 보존하고 지키는 것이자 저 위대하고 거룩한 침묵에 이름을 붙이는 것이다. 그렇기에 신학을 하는 이들은 어쩔 수 없이 우리가 하는 말들에 지극히 주의를 기울일 수밖에 없다. 입이 음식의 맛을 가릴 줄 알 듯 우리는 말을 분별할 수 있는 귀를 지니기 위해 애써야 한다(욥기 34:3).

부정의 방법을 통한 신학이 하느님에 대한 이러한 특별한 감각을 바탕으로 이루어진다면, 이는 신학의 다른 모든 분야까지 확장될 수 있다. 신학 탐구는 말, 공식, 설명, 혹은 교리로 환원될 수 없는 경이를 특징으로 하는 실재 전체를 이해하는 활동이기 때문이다. 과정 사상process thought의 아버지인 알프레드 노스 화이트헤드Alfred North Whitehead는 "사물들의 살아있음"에 대해 언급한 바 있는데 이는 부정 신학 전통에 잘 들어맞는다. 인간이 세계를 경험할 때 가장 커다란 영향을 받는 것이 세계의 생명력(세계의 살아있음, 세계의 유기적이고 언제나 움직이는 속성)이라면 세계에 대한 인간의 서술과 묘사는 결코 절대적일 수 없다. 이러한 맥락에서 "사물들의 살아있음"을 공정하게 다루기가 얼마나 어려운지를 깨닫는 이는 부정의 방법이 얼마나 적절한지를 안다.

현대 사회가 이룬 (상대적으로 몇 안 되는) 중요한 진전 중 하나는 (자연계뿐 아니라 인간의 삶까지 아우르는) 세계를 순전히 물질로, 대상으로 보는 사고방식에서 벗어나 보다 유기적이고, 유동적이며, 보다 생동감 넘치는 무언가로 보고 있다는 것이다. 물론 기술을 중시하고 인간이 이 세계를 마음대로 통제할 수 있다는 사고가 완전히 사라지지는 않았지만 말이다. 하지만 2~30년 전보다 오늘날 좀 더 많은 사람이 우리 자신을 포함한 자연 질서를 일종의 경이로 바라보는 세계관을 받아들인 것만큼은 분명하다.

부분적으로나마 자연과 모든 생명체를 향한 크고 지속적인 위협을 경험했기에 우리는 다른 눈으로 세상을 바라보는 법을 익혔다. 이제 많은 이가 나무가 단순히 목재가 아님을 안다. 북극곰이 단순히 동물원에 있는 크고 하얗고 귀여운 털북숭이 동물이 아님을 안다. 바다는 단순히 물고기를 잡는 곳이 아니며 인간의 삶은 단순한 통계 수치로만 환원될 수 없다는 것을 안다. 가이아 이론Gaia theory을 주창한 제임스 러브록James Lovelock은 지구가 그저 우리가 원하는 대로 쓸 수 있는 물질과 이해할 수 있는 과정으로 이루어진, 다소 놀라운 덩어리가 아니라 그 자체로 살

아 있는 유기체라고 생각한다.[5]

---

[5] 다음을 보라. *Reintegrating God's Creation: A Paper for Discussion.* Church and Society Document 3 (Geneva: World Council of Churches, 1987) 이 소책자(총 62쪽)는 내가 참여했던 교회 일치 회의 중 가장 흥미로운 회의의 산물이다. 이 회의는 (1983년 밴쿠버에서 열린) 제6차 세계교회협의회의 연장선에 있는 7년 과정의 일부로 '정의, 평화, 그리고 창조의 온전함'이라는 구호로 널리 알려져 있다. 1987년 5월 세계교회협의회는 과학자, 신학자, 언론인 등 10~12명으로 이루어진 소규모 모임을 만들었는데 이 모임은 암스테르담에 있는 작은 프란치스코회 수녀원에서 며칠 동안 진행되었다. 신학자로 참석한 나는 한 과학자를 처음 만났는데 그의 이름은 제임스 러브록James Lovelock으로 친구인 영국 소설가 윌리엄 골딩William Golding의 제안을 따라 자신의 이론에 '가이아 이론'Gaia Theory이라는 이름을 붙이고 막 공개한 터였다. 이 이론에 따르면 지구는 단순한 물질들과 과정들의 집합체가 아니라 살아 있는 실재다. 따라서 우리가 지구를 바라보는 태도, 지구와 맺어야 할 관계는 근대 과학이 자연에 접근하듯 지구를 대상화하고 '물화'하는 방식이어서는 안 된다. 참석자 중 가장 나이가 많은 축에 속했던 러브록과 나는 금세 친해졌고 세계에 대한 우리의 접근 방식에 어떤 공통점이 있음을 알았다(물론 그는 과학자고 나는 신학자이기는 했지만 말이다). 우리는 우리가 나눈 대화를 어떻게 기록으로 남길지를 고민했다. 하지만 당시 모임에 아는 사람이 없어 우리가 어떠한 행동을 취해야 할지 알기 어려웠다. 하지만 모임이 시작될 때부터 나는 러브록의 생각이 신학과 과학 양쪽에 일정한 통찰과 자극을 줄 수 있음을 알았다. 이후 로즈메리 래드포드 류터Rosemary Radford Ruether의 연구가 그랬듯 말이다(이를 위해서는 다음을 참조하라. *Gaia & God: An Ecofeminist Theology of Earth Healing* (San Francisco: HarperSanFrancisco, 1992) 『가이아와 하느님』(이화여자대학교 출판문화원)). 지구를 살아 있는 생명체로 이해하는 것은, 다소 은유를 사용할 수밖에 없다 하더라도 세계와 우리 자신을 이해하는 더 나은 방법이 되어줄 수 있을 것 같았다. 당시 나는 이러한 대담한 논문이 보다 객관적이고 딱딱한 과학 분야에서 어떻게 받아들여질지 궁금해했다. 당시 우리 모임과 같은 시기에 암스테르담 자유대학교 환경연구소가 개최한 대규모 과학자 대회가 열리고 있었는데 우리 모임은 그 대회에 참석했다. 나는 그곳에서 러브록이 세계적인 과학자들에게 존경과 관심을 받는 모습을 보고 무척 놀랐다. 오늘날에도 적지 않은 과학자가 가이아 이론에 회의적인 시선을 보내고 있기는 하지만, 이를 넘어 지구의 미래에 대해 깊이 고민하는 사람들과 과학계 내부의 적잖은 이들에게도 여러모로 자극을 주었고, 주고 있다고 믿는다. 앞서 언급한 소책자는 널리 보급되지는 않았다. 하지만 적어도 과학자와 신학자가 주고받은 유익한 대화의 본보기로 연구할 가치는 있다.

이러한 사고가 현실에 대한 물질주의적, 기술중심주의적인 접근을 극복할 수 있다면, 혹은 적어도 이에 맞설 수 있다면 종교적인 믿음 또한 전환되어야 한다. (설사 특정 신론이나 특정 종교에서 나오지 않았다 할지라도) 종교적 믿음(특히 그리스도교 신앙)은 이러한 사고방식과 전지전능한 하느님의 선한 창조물로서 모든 현실이 거대한 신비로 가득 차 있다는 감각을 공유하기 때문이다. 어디든 이러한 신비에 대한 감각을 공유하는 곳이라면 우리는 신앙을 가지고 이야기를 나눌 수 있다.

이러한 맥락 아래서 그리스도교인은 그리스도교 신앙이 고백하는 신비의 깊은 차원에 헌신해야 한다. 신앙은 특정 시각으로, 종교적 선언으로, 명제와 가르침, 교리, 철칙으로 대체되어서는 안 된다. 그렇게 될 때 신앙은 진실로 증언해야 할 자신의 원천, 경이의 원천을 거스르게 되기 때문이다. 오늘날 신학이 겸손해야 한다는 것도 바로 이 때문이다. (협소한 차원에서) 하느님에 관해 진술할 때뿐만 아니라, 만물에 관심을 기울일 때도 우리는 겸손해야 한다. 그러한 차원에서 부정의 방식은 근본적으로 하느님의 신비와, 그분께서 창조하신 피조물들 즉 하늘과 땅과 (인류라는 기이하고 불가사의한 종을 포함해) "모든 크고 작은 생명체들"을 합당하게 기리는 방식이라 할 수 있다.

연구 목적

뒤의 장들에서 나는 그리스도교에 관한 질문들에 부정의 방식을 적용해보려 한다. (어떤 종교든) 종교에 관한 일정한 정의를 담은 진술들을 제시하면 즉시 논쟁과 반론이 야기되는 오늘날, 그럼에도 불구하고 그리스도교가 아닌 것은 무엇인지를 입증함으로써 참된 그리스도교 신앙이 무엇인지, 우리가 보존해야 할 것은 무엇인지를 살피려 한다.

최근 나는 내가 속한 대학교에서 구술시험(박사학위 과정의 최종 관문)의 심사자로 참석했다. 시험은 흥미로웠다. 심사대상에 오른 학위 논문은 아우구스티누스가 자신의 대작인 『신국론』The City of God에서 제시한 종말론과 여성주의 신학이 어떠한 관련이 있는지를 논하고 있었다. 흥미로운 발상이나 매우 어려운 주제라 생각했다. 일반적으로 생각하는 것보다 훨씬 더 말이다. 심사위원들조차 당황하고 곤혹스러워하는 눈빛이 역력했다. 4세기 로마(이미 멸망했다)라는 맥락에서 누군가가 전개한 신학과 천년하고도 500년이 지난 시점에 현대 서구 사회에서 갓 부상한 신학을 과연 정당하게 비교할 수 있을까? 그러한 비교가 가능하기는 한가? 긴 시간에 걸쳐 심사가 마무리될 때 즈음 무슬림이었던 심사위원회 위원장이 질문을 던졌다. "그런데 세상에는 사실상 수많은 '그리스도교들'이 있는 것 아닙니까?"

통찰력 있는 질문이었다. 나는 누군가 그 질문을 던지기를 바랐다. 그리고 이 질문은 박사 후보생뿐만 아니라 지금, 여기를 살아가는 그리스도교인들이라면 누구나 한 번쯤 묻고 답해야 하는 질문이기도 하다. 교회사에 아주 조금만 관심을 기울여도 2

천 년이 넘는 시간 동안 그리스도교가 매우 다양한 형태로 나타났음을 알 수 있다. 그리고 세계 각지에서 그리스도교인을 만날 때 사람들은 신앙의 유사성보다는 차이점(도덕적 관심의 차이, 성서에 대한 태도의 차이, 교회의 권위에 대한 이해의 차이, 전통에 대한 생각의 차이, 정치나 성에 대한 입장의 차이)을 발견하는 경우가 더 많다. 그리고 실제로 그러한 차이 때문에 그리스도교는 수많은 교파로 분열되어 있다. 교회 일치를 위한 모임들이 때때로 이에 반대하는 교파들로 인해 무산될 때도 있다. 게다가 세계화는 그리스도교 공동체가 혼란스러울 정도로 다양함을, 그리스도교 신앙에는 무수한 유형이 있음을 알려주었다. 이러한 맥락에서 어떤 이는 오늘날 북반구와 남반구로 대표되는 그리스도교인들의 분열이 1054년 동·서방 교회의 분열보다 더 비극적인 일이라고 말하기도 한다.[6] 게다가 한 대륙에서조차 그리스도교 신앙에 대한 다양한, 심지어는 서로 충돌하는 표현들이 있다. 각 표현에 속한 이들은 모두 자신들이 참된 그리스도교 신앙을 믿고 있다고 주장한다. 이러한 상황에서 이 세상에는 (하나의 그리스도교가 아니라) 수많은 '그리스도교들'이 있다는 심사위원장의 주장은 매우 그럴듯해 보인다.

그러나 이는 난처한 상황에서 손쉽게 벗어나는 것일지도 모른다. 그리고 어떤 측면에서는 문제를 회피하는 것이다. 이는 피

---

[6] 다음을 보라. Philip Jenkins, *The Next Christendom: The Coming of Global Christianity* (Oxford: Oxford University Press, 2002) 『신의 미래』(도마의 길)

곤함이나 무관심의 표현이 아니라면 (앞서 언급한 논문 심사 때처럼) 무감각한 상대주의적 표현으로 진지한 그리스도교인들을 혼란에 빠뜨린다. 세상에는 다양한 그리스도교들이 있으니, 그리고 각자 나름대로 정당성을 지니고 있으니 그중 하나를 '선택'해도 되는 것일까? 성서에 바탕을 둔, 전통적으로 그리스도교인들의 일치를 표현하는 수단들은 포기해야 하는 것일까? 니케아 신경을 포함한 교회의 여러 공통적인 표지들에서 '일치'라는 말을 제거한 뒤 여러 그리스도교의 요소들을 뷔페에서 음식을 차리듯 차려놓은 다음 사람들이 각자의 취향대로 선택하도록 인도해야 하는 것일까?

물론 교회들이 획일화되는 방식으로 일치를 이루어야 한다는 이야기가 아니다. 역사상 그런 일은 일어나지 않았으며 앞으로도 그럴 것이다. 그리고 그래서도 안 된다. 또한 참된 그리스도교가 무엇인지 불변하고 영원하며 참된 정의를 내려야 한다는 이야기도 아니다. 이를 제안하고 싶지도 않다. 오늘날 참된 그리스도교를 구성한다는 이유로 어떤 구속력 있는 정의를 내리기란 불가능하며 그렇게 할 필요도 없다. 물론 많은 사람은 자기 나름대로 그리스도교를 정의하고 이를 다른 사람들이 받아들이기를 바라지만 말이다. 그러나 역사는 우리에게 그러한 정의 내리기가 일종의 규제로 작동할 뿐 아무것도 해결하지 못했으며 오히려 그리스도교인과 교회 사이의 괴리를 키우고, 의심과 폭력을 키울 뿐임을 알려주었다. 오늘날에도 자신이 내린 정의를 다른 이들에게도 관철하기 위해서 파문, 비난, 저주를 일삼는 이들이 있다(이들은 허용되기만 한다면 화형도 불사할 것이다).

그러나 그렇다고 해서 수많은 교회, 교파, 조직, 신조, 도덕이 모두 그리스도교의 표현들이라고 이야기하는 현실에 안주해서도 안 된다. 좀 더 정확하게는, 현재 상황을 마냥 긍정하지 않은 채, 이 상황을 유심히 지켜보아야 한다. 오늘날 그리스도교의 이름으로 제기되는 주장 중 일부는 실제로 파괴적이기 때문이다. 이러한 주장들은 실제로 혼란과 폭력을 일으킬 ("종교는 사람을 죽인다"는 무신론자들의 표어에 부합하는) 잠재력을 지니고 있다. 과거 어느 시기에는 그리스도교의 이름을 달고 등장하는 여러 표현의 타당성이나 진실성, 진정성이 역사를 통해 자연스럽게 드러나도록 내버려 두는, 일종의 자유방임주의가 유효했을지도 모르겠다. 하지만 지금 우리는 그러한 자유방임주의가 현재 상황(9.11 사태 이후의 세계)에 적절치 않음을 안다. 오늘날 세계에서 그리스도교인들이 생각하고 생각하지 않는 것, 실천하고 실천하지 않는 것은 동료 그리스도교인뿐만 아니라 인류 전체, 지구의 미래에 영향을 미친다. 그리스도교 세계가 지나갔다는 이유로, 그리스도교인들이 모든 것을 통제할 수 있다고 생각하던 시절이 지나갔다고 해서 생명 보존과 관련해 그리스도교인들이 자신이 져야 할 책임을 과소평가해서는 안 된다.

많은 그리스도교인은 이슬람 신앙을 지닌 적잖은 이들이 극단주의에 빠져 지구의 미래를 위협한다고, 과연 온건한 무슬림이 있기는 하냐고 묻는다. 하지만 무슬림 역시 똑같은 질문을 던질 수 있다. '온건하고 책임감 있는 그리스도교인이 있기는 한가?' 이슬람 세계의 많은 지역에서 그리스도교인들은 단순히 그리스도교의 메시지만을 전하는 사람이 아니다. 무슬림에게 그리스도교인들은 자신들을 포함한 아시아 지역의 여러 민족의 선천적 권리를 앗아가려 하는 서구 제국주의를 대변하고 적대감을 조장하는 세력이다.

물론, 그리스도교가 무엇이고 어떠해야 하는지에 대해 어떠한 시도도 하지 않을 수도 있다. 그러나 그렇게 한다면 이미 혼란스럽고 위험한 가능성을 품고 있는 종교적 현실을 더 악화할 뿐이다. 누군가에게는 그러한 시도가 실행 불가능한 일이고 심지어 터무니없어 보이는 일로 보일 수도 있다. 그러나 오늘날 너무나도 많은 사람이 그리스도교 신앙의 부분, 일정 요소들, 특정 집단을 부풀려 그리스도교 신앙과 동일시하는, 또한 특정 그리스도교 집단과 운동이 이를 조장하는 현실에 맞서 그리스도교가 구원을 제시하는 길이 아니라 세계의 문제 거리로 오해되는 일을 막아야 한다. 그리스도교인으로서 우리는 이를 할 수 있고 또 해야 한다.

이제 아돌프 폰 하르낙Adolf von Harnack 같은 19세기의 신학자, 역사학자처럼 그리스도교의 '본질'이 무엇인지 분명하게 말할 수 없을지도 모른다. 그러나 과거보다 더 겸손하게, 그리고 주저하면서, 그럼에도 불구하고 신앙에서 피어나고 역사의 필요에 따라 일어나는 어떤 확신을 가지고 우리는 여전히 그리스도교 신앙이 선포하는 핵심, 또는 그리스도교 신앙의 심장, 신앙의 내면Innerlichkeit에 대한 일정한 감각을 충분히 공유할 수 있다. 달리 말하면, 우리는 그리스도교 신앙에 대한 위험한 오해들과 마주해 무엇이 참된 신앙이 아닌지를 말할 수 있다.[7]

---

[7] 내 동료이자 오랜 친구인 가톨릭 신학자 그레고리 바움Gregory Baum은 최근 이 주제에 관해 다음과 같이 썼다.

"우선 종교 전통에서 내적 다원주의에 대해 몇 마디 적겠다. 한때 학자들은 특정 종교에 대해 깊이 탐구하면 그 종교의 본질이 무엇인지를 규정하는 일이 가능하다고 믿었다. 이 같은 맥락에서 20세기 초 저명한 개신교 신학자 겸 역사학자인 아돌프 폰 하르낙은 『그리스도교의 본질』The Essence of Christianity을 출간했고 독일인 랍비 레오 벡Leo Beck은 『유대교의 본질』The Essence of Judaism을 출판했다. 오늘날 학자들은 더는 종교가 본질을 갖고 있다고 생각하지 않는다. 그들은 성스러운 본문, 성스러운 인물들에 바탕을 둔 해석 공동체가 종교를 만든다고 본다. 이들은 저 본문, 인물들을 바탕으로 예배를 드리며 일상을 돌이켜 보는 거울로 삼는다. 달리 말해 종교는 끊임없이 변화하는 역사 흐름에서 자신들의 신성한 본문을 읽고, 또 다시 읽는 신앙 공동체에 의해 구성된다. 그러므로 종교에 영구적인 본질이란 존재하지 않는다. 종교 공동체의 정체성은 성스러운 본문의 가르침을 충실히 따르려는 구성원들의 노력으로 만들어진다. 그러므로 하나의 종교는 반드시 내부에 다수의 집단을 지니고 있기 마련이며 이들이 따로 또 같이 나아가며 해당 종교의 특징을 만든다." Gregory Baum, *Signs of the Times: Religious Pluralism and Economic Injustice*(Toronto: Novalis, 2007), 20~21.

안타깝지만 나는 이 부분에서 그와 견해를 달리한다. 바움의 설명은 오늘날 종교 상황에 관한 설명으로는 적절할 수 있으나 종교의 진위성과 관련된 어려운 문제에 대해서는 어떠한 언급도 하지 않으며 각 종교 전통이 크게 왜곡될 수 있다는 점, 그리고 이를 판별할 수 있는 기준에 대해서도 별다른 말을 하지 않는다. 물론 종교의 본질이라는 표현을 오늘날 쓰는 것은 적절치 못하다는 판단에는 어느 정도 동의할 수 있다. 그럼에도 불구하고, 당시 하르낙이나 벡과 같은 학자들이 진지하게 참여한 기초 연구를 섣불리 버려서는 안 된다. 우리가 이를 신앙의 핵심, 알맹이 혹은 내면에 대한 지속적인 탐구라고 부르든 우리 공통 유산의 현대적 표현이라 부르든, 우리는 사도로부터 전통적으로 내려오는 것이 무엇인지를, 그리스도교 신앙 중심부에 속해 있는 것이 무엇인지, 지엽적인 것, 단순히 잘못 생각하고 오해의 소지가 있는 것은 무엇인지 끊임없이 밝히려고 노력해야 한다. 그리스도교 신학의 전체 과제는 결국 이것이다. 그렇지 않다면 그리스도교에서 이루어지는 지적 담론은 역사와 사회학 담론 그 이상도 그 이하도 아닐 것이다.

제1장

문화-종교가 아니다

카이사르의 것은 카이사르에게 돌리고

하느님의 것은 하느님께 돌려라. (마르 12:17)

그리스도교는 문화-종교culture-religion가 아니다. 종교란 특정 민족의 역사, 예술, 생활 방식, 공유 가치와 같은 문화와 너무나 긴밀하게 얽혀 있으므로 다른 문화와 만날 때 한 묶음(이를테면 '그리스도교와 서구 문화')으로 다루어질 수밖에 없다는 견해를 부정하는 것이다.[1] 이는 그리스도교가 무엇이 아닌지를 말할 때 가

---

[1] '문화'란 혼란스러운 용어다. 특히 18세기 이후 이 용어는 적어도 세 가지 다른 의미로 쓰였다. 1) 예술 및 인문학과 관련해 세련된 앎을 지니고 있는 것을 의미한다(그들은 문화적인 가족이다). 2) 믿음과 행동을 포괄하고 통합하는 체계를 의미한다(아테네 문화). 3) 기억, 습관, 종교적 가정

장 먼저 생각해 보아야 할 주제다. 유럽-아메리카라는 '맥락에서 서구 그리스도교인들은 그리스도교와 서구적 삶의 방식, 서양 문화를 동일시하려는 유혹을 강하게 느낀다. 미국의 수많은 그리스도교 단체와 사람들은 미국의 관습, 미국이 중시하는 가치를 그리스도교와 분리될 수 없는 것으로 여기고 목소리를 낸다. 그들이 말하길, 위험할 정도로 갈라져 있으며 어두운 이 세계에서 미국은 그리스도교를 알리는 위대한 등불이다. 그리스도교와 특정 문화의 관계를 좀 더 섬세한 시각으로 보려는 이들조차 자신이 속한 사회를 기준으로, 자신이 속한 교회의 상황에 비추어 통계를 세우고 수치를 계산해 세계 그리스도교의 진로를 가늠하려는 유혹에 너무도 쉽게 휘말린다.

이 같은 맥락에서 북미 그리스도교인들은 그리스도교와 자신들의 문화를 융합하려는 경향을 보인다. 미국 교회사학자들의 수장으로 평가받는 시드니 미드Sidney Mead는 그리스도교의 미국화, 특히 프로테스탄티즘의 미국화와 관련한 여러 저술을 남겼다. 그는 19세기 중반부터 북미권에서는 프로테스탄티즘이라는 용어와 아메리카니즘이라는 용어를 동의어로 쓰는 관행이 보편화되었다고 주장했다.[2] 오늘날 이러한 관행이 더 뚜렷하

과 실천, 사회적 관습, 언어, 예술 등 국가, 조직, 대가족과 같은 집단이 공유하는 삶의 형식을 뜻한다. 이 장에서 사용하는 용례는 세 번째 의미다. 그러므로 이 장에서 그리스도교는 첫 번째와 두 번째 의미의 문화에 반대한다고 해석하는 것은 잘못된 이해다.

[2] Sidney Mead, *The Lively Experiment: The Shaping of Christianity in America*

게 나타나거나 좀 더 공격적으로 확장되고 있다고 주장하는 이도 있다. 9.11 사태 이후 호전적인 무슬림에 대한 우려만큼 광범위한 다문화주의와 종교적 다원주의가 미국 사회에 퍼져 나가면서, 그리스도교와 미국 사이에는 절대 제거할 수 없는 연관성이 있다고 주장하는 미국 그리스도교인들이 늘어나고 있다. 적잖은 이가 미국이라는 국가가 다양한 종교적 흐름(유니테리언주의Unitarianism, 이신론Deism, 세속적 인본주의secular humanism)의 영향을 받아 수립되었다는 사실을 망각하고, 복음주의evangelicalism와 성서주의biblicism라는 서사 위에 수립되었다고 여긴다. 토머스 제퍼슨Thomas jefferson, 벤저민 프랭클린Benjamin Franklin, 존 A. 맥도널드John A. Macdonald(캐나다 초대 총리)와 같은 건국의 아버지들이 이러한 모습을 보았다면 상당히 곤혹스러워할 것이다.

분명 오늘날 그리스도교는 그것이 속한 사회와 역사라는 맥락과 완전히 분리될 수 없다. 그리고 종교가 양적으로 성공하고 정치적인 영향력을 갖게 될수록, 그 종교가 속한 사회는 해당 종교를 더 투명하게, 적어도 해당 종교의 공적인 측면을 좀 더 뚜렷하게 반영하기 마련이다. 그러나 고도로 그리스도교화된 사회, 심지어 그리스도교가 유일한 종교인 사회에서도 사려 깊은 그리스도교인들이라면 자신들의 신앙과 문화적 환경, 달리 말하면 알맹이와 껍질을 구별할 수 있지 않을까? 고대 이스라엘 백

(New York: Harper & Row, 1963), 134.

성은 자신들이 어떠한 상황에서도 모세가 그랬듯 유일신 신앙을 변치 않고 고수한다는 사실을 늘 자랑스럽게 여겼다. 이후 바리사이파를 포함한 이스라엘인들은 말했다. "아브라함은 우리의 조상이다"(루가 3:8). 그러나 세례자 요한뿐만 아니라, 예언자들, 그리고 예수는 이러한 믿음을 앞세우면서 한편으로는 교만하고 한편으로는 실질적인 배교를 저지르는 이스라엘 백성을 가차 없이, 때로는 잔인하다 싶을 정도로 날카롭게 비판했다. 이 장, 더 나아가 이 책 전체에서 궁극적으로 의도하는 바는 종교와 예언자적 신앙을 구별했던 저 고대 패러다임을 되살리는 것이다. 하지만 이 이야기를 하기 전에 먼저 우리는 그리스도교가 문화-종교가 아니라는 주장보다 훨씬 더 급진적인 주장(이 주장은 성서에 바탕을 둔 주장임에도 불구하고 충분한 주목을 받지 못하고 있다), 그리스도교는 종교가 아니라는 주장에 대해 숙고해 보아야 한다.

종교가 아니다!

그리스도교 신앙의 핵심, 혹은 중심의 주요 증인으로 성서를 택한다면(고전적인 프로테스탄티즘 전통에 따르면 우리는 그렇게 해야만 한다) 우리는 천 년에 걸쳐 축적된 이 글 모음집을 일관되게 관통하는 흐름이 있음을 깨달아야만 한다. 성서에서는 자주 종교와 격렬한 다투는 장면을 그리고 있다. 이를테면 구약에서 예언자들은 자신들이 속한 종교 공동체 바깥에 있는 이들뿐만 아니라 안에 있는 이들과 (심지어 더 격렬하게) 끊임없이 투쟁을 벌인다.

나는, 너희가 벌이는 절기 행사들이 싫다. 역겹다.

너희가 성회로 모여도 도무지 기쁘지 않다. …

시끄러운 너의 노랫소리를 나의 앞에서 집어치워라!

너의 거문고 소리도 나는 듣지 않겠다.

너희는, 다만 공의가 물처럼 흐르게 하고,

정의가 마르지 않는 강처럼 흐르게 하여라. (아모 5:21, 23, 24)

예수를 반대했던 이들 중 가장 비열한 이들, 그리고 예수를 가장 자주 검열했던 이들은 그 사회에서 가장 경건한, 달리 말하면 종교적인 이들이었다. 예수가 서기관들, 바리사이파 사람들과 다투었던 이유는 그들이 유대인이었기 때문이 아니다. 예수가 유대교 자체를 반대한 것으로 몰아가는 것(물론 신약성서에는 어느 정도 이러한 징후가 있다)은 후대 해석자들이 만들어낸 악랄한 허구다. 예수도 유대인이었다(그리스도교인들은 너무나도 자주 이 사실을 간과한다). 극단적인 경건주의자, 극단적인 종교주의자들에 대한 예수의 비판(이는 이스라엘의 예언자적 전통을 충실히 따르는 비판이었다)은 종교에 몸담은 이들이 손쉽게 빠질 수 있는 어떤 경향, 자신들의 신조, 의례, 도덕 규범을 고수하며 이를 기준으로 삼아 한 인간의 가치와 소속됨을 판단하려는 경향에 대한 비판으로 보아야 한다.

젊은 시절 칼 바르트Karl Barth는 "성서가 전하는 메시지는 하느님께서 종교를 싫어하신다는 것이다"라고 말했다(그는 스위스에서 자신들을 흠잡을 데 없이 경건하고 종교적이라고 여기던 이들을 상대로 사목했다. 그는 개신교 신자들의 교만에 대해 너무나도 잘 알고 있었다). 또한 그는 이러한 말도 남겼다.

종교는 불신앙이다. …

종교는 하느님 없는 인간이 하는 일이다.[3]

바르트는 이 문제를 방대한 저작 『교회교의학』Kirchliche Dogmatik '불신앙으로서의 종교'라는 장에서(작은 글씨로 30쪽에 달한다) 구체적으로 다루는데, 여기서 그가 선보이는 신학적 성찰은 키에르케고어의 『그리스도교 세계 공격』Attack upon Christendom에 견줄 만하다.[4]

종교란 좋고 나쁨과 무관하게 … 계시에 저항하는 행위다. 저항한다고 말하는 것은 진리가 오직 진리 자체를 통해서만 인간에게 도달할 수 있기 때문이다. 인간이 스스로 진리를 붙잡으려 한다면 … 계시보다 미리 앞서서 이를 붙잡으려 하는 셈이 된다. 그러한 인간은 진리가 그에게 다가왔을 때 자신이 마땅히 행해야 할 것을 하지 않는다. 달리 말하면 그는 믿지 않는

---

[3] Karl Barth, *Church Dogmatics* I/2 (Edinburgh: T. & T. Clark, 1956), 300. 『교회교의학 I/2』(대한기독교서회)

[4] 위의 책, 297~325.

다. 그가 믿었더라면, 그는 들었을 것이다. 그러나 종교 안에서는 진리가 아니라고 그는 말한다. 그가 믿었더라면, 그는 어떤 것을 내놓았을 것이다. 그러나 종교 안에서 그는 어떤 것을 취한다. 그가 믿었더라면, 그는 하느님께서 자기 자신을 위하여 스스로 등장하시게 했을 것이다. 그러나 그는 종교 안에서 하느님을 붙잡으려는 시도를 감행한다. 종교란 바로 이러한 붙잡음이기 때문에 계시에 대한 저항이며, 불신앙의 집중된 표현이며, 믿음에 정면으로 대립하는 태도이자 행위다. … 종교 안에서 인간은 계시에 대한 대용물을 만듦으로써, 계시 안에서 하느님으로부터 그에게 주어져야 하는 것을 자기 스스로 선취하려 함으로써 자신을 닫고 계시에 저항한다.[5]

폴 틸리히Paul Tillich는 많은 부분 바르트와 견해를 달리했지만, 종교의 술책에 관해 경고할 때만큼은 바르트와 뜻을 같이했다. '종교의 멍에'The Yoke of Religion라는 제목의 설교에서 틸리히는 성서 본문("수고하며 무거운 짐을 진 사람은 모두 내게로 오너라. 내가 너희를 쉬게 하겠다"(마태 11:28))을 근거로, 예수가 덜어주려 한 짐은 바로 종교라고 이야기했다.

우리는 모두 예수를 새로운 종교의 창시자, 즉 더 정교하게 사

---

5 위의 책, 302.

람들을 속박하는 또 다른 율법을 가져온 이로 여김으로써 그를 영원히 매도할 수 있습니다. 이는 분명 위험한 일입니다. 또한 우리는 교회에서 신실한 신자라고 불리는 이들이 자신들이 결코 이행할 수 없는 수많은 율법 아래서 고생하며 애쓰는 모습(그래서 거기서 도망쳤다가 되돌아가거나 다른 율법으로 그것들을 대체하는 모습)을 봅니다. 예수는 바로 이러한 '멍에'에서 우리를 해방시켜 주려 했습니다. 그는 사제나 예언자나 종교적인 천재를 넘어선 이입니다. 저들은 우리를 종교에 얽매이게 만듭니다. 그러나 예수는 우리를 종교에서 해방시킵니다. 저들은 모두 새로운 종교적 율법을 만듭니다. 그러나 예수는 종교적 율법을 극복합니다. … 우리가 예수를 그리스도라고 부르는 이유는 그가 우리에게 새로운 종교를 가져다주었기 때문이 아닙니다. 그는 종교에 종지부를 찍고, 종교와 비종교를 넘어서고 그리스도교와 비그리스도교를 넘어섭니다. 우리가 예수의 부름을 전하는 이유는 그의 부름이 모든 시대 모든 사람에게 새로운 존재, 즉 우리에게서 수고와 짐을 벗겨주고 우리 영혼에 안식을 주는, 우리 실존 안에 있는 숨겨진 구원의 능력을 받아들이라는 부름이기 때문입니다.[6]

물론 다른 곳에서 틸리히는 종교라는 용어를 좀 더 중립적으

Paul Tillich, *The Shaking of the Foundations* (London: SCM, 1949), 93. 『흔들리는 터전』(뉴라이프)

로 쓰며 때로는 (심지어) 긍정적인 의미로 쓸 때도 있다. 이때 종교는 그리스도를 통한 계시가 답으로 제시되는 의미를 추구하기 위한, 구원받기 위한 인간의 분투를 가리킨다. 그러나 그때에도 답, (그가 더 자주 쓰는 표현을 들자면) "그리스도교의 메시지"the Christian messages는 종교라는 인간의 추구에 대한 답임과 동시에 그러한 추구에 대한 비판으로 기능한다. 이른바 신정통주의neo-orthodoxy(그리 적절한 표현은 아니다)라고 불리는, 20세기 전반기에 일어난 개신교 신학의 거대한 갱신을 주도한 바르트 및 다른 신학자들과 마찬가지로 틸리히는 종교를 최선의 경우라 할지라도 모호한, 최악의 경우에는 (위의 설교에서 보여주듯) 인류가 짊어져야 할 끔찍한 '짐'으로 보았다.[7]

신앙과 종교를 구별한 것은 20세기 개신교 신학의 가장 중요한 통찰이다(물론 오늘날 무수한 대학의 종교학과에 속해 있는 이라면 이에 관해 할 말은 너무나도 많을 것이다. 모든 현상을 이러한 식으로 비판하는 것이 가능한지 묻는 이들도 있을 것이다). 신앙과 종교를 구별할 필요성을 역설하고, 종교로서의 그리스도교에 대해 비판한 또 다른 신학자로 디트리히 본회퍼Dietrich Bonhoeffer를 들 수 있다. 그는 바르트를 "종교 비판을 시작한 최초의 신학자"로 평가했으며 "이는 그의 커다란 공로"로 남아있다고 말했다.[8] 본회퍼 또한 그

---

[7]   다음을 보라. Douglas John Hall, *Remembered Voices: Reclaiming the Legacy of "Neo-Orthodoxy"* (Louisville: Westminster John Knox, 1998)

[8]   Dietrich Bonhoeffer, *Letters and Papers from Prison* (London: SCM, 1953), 126.

리스도교가 선포하는 복음의 핵심과 종교는 전혀 관련이 없다고 생각했다. 그는 말했다.

예수는 사람들을 새로운 종교로 부르신 것이 아니다.
그분은 사람들을 삶으로 부르셨다.[9]

초대 교회까지 거슬러 올라가는 주석 전통을 따라 본회퍼는 사도행전 2장에 나오는 성령 강림과 창세기 11장에 나오는 바벨탑 신화를 대비한다. 바벨탑은 종교적 충동, 바르트의 표현을 빌리면 궁극적인 것을 "붙잡으려는" 인간의 충동, 소유와 안정을 위한 인간의 분투를 가리키는 성서의 상징 중에서도 가장 극적인 상징이다. 성서는 바벨탑 신화를 통해 인간이 자신의 유한한 피조성으로 인해 두려워하는 모습(인간이 불안한 피조물이라는 사실을 성서는 결코 가볍게 여기지 않는다), 미래의 안정을 확보하려 초월적인 신성에 닿기 위해 헛된 수고를 들이는 모습을 기억한다. 인간이 세운 우스꽝스러운 탑(이 탑은 수많은 탑의 원형이다)은 통제하는 이를 붙잡아 통제하려는 모습을 가리킨다. 하지만 그들은 이를 통해 자신들의 유한성과 연약함을 더 뼈저리게 느끼게 될 뿐이다. 신성을 소유하기 위해 몰두하면 몰두할수록 인간은 더 커다란 실패를 맛보고 더 커다란 손실을 본다. 가장 대표적인 결과

─────────────

『저항과 복종』(대한기독교서회)
[9] 위의 책, 167.

는 공동체성의 상실이다. 그들은 더는 친교를 나눌 수 없게 된다. 본회퍼는 그리스도교 운동의 시작을 알리는 성령 강림은 절대자를 붙잡으려는 인간이 아니라 그 반대 모습, 인간을 붙잡아 변모시키는 하느님의 영을 그리고 있다고 이야기한다. 종교 추구인 바벨탑 사건으로 인해 사람들이 더 큰 소외에 빠졌다면, 신앙의 탄생인 성령 강림으로 인해 사람들은 화해를 이루게 된다 (심지어 사람들이 서로를 온전히 이해하지 못했을지라도 말이다).[10]

누군가는 오늘날 문화-종교에 대한 비판뿐만 아니라 종교에 대한 신정통주의의 비판, 즉 종교 자체에 대한 비판도 다시 살펴야 하는지, 그러한 일이 그렇게 중요한지 의문이 들지도 모른다. 그러나 종교 비판은 20세기 신학자들이 새롭게 고안한 발명품이라기보다는 회피해서는 안 될 성서의 중요한 주제, 문제의식을 회복하려는 용기 있는 시도다. 그리스도교가 제도 종교가 되자마자 이러한 주제, 문제의식은 주변으로 밀려났고 사람들의 시야에서 사라졌다. 모든 이를 아우르려 하고, 모든 이에게 인정받으려 애쓰는 종교에는 자기비판을 할 시간이 없다. 그러한 종교

---

[10] 일례로 1943년 6월 4일 예수승천일에 본회퍼가 부모에게 쓴 편지를 보라. 이 순교자의 다양한 글에서 이에 대한 암시를 발견할 수 있다. 종교에 대한 본회퍼의 비판은 그의 마지막 저술에서 훨씬 더 멀리 나아가는데, '종교적 의식'에 젖어있던 인간을 해방하는 "종교 없는 그리스도교" 또는 '비종교적 그리스도교' 신앙에 대한 전망을 말한다. 1944년 5월과 6월에 작성한 본회퍼의 글을 보라. 그리고 이 주제에 관해 좀 더 깊이 살펴보고자 하는 이는 다음을 보라. Larry Rasmussen, Renate Bethge, *Dietrich Bonhoeffer: His Significance for North Americans* (Minneapolis: Fortress, 1992), 특히 60.

는 자기를 홍보하려 애쓰고 인간을 낙관하고 긍정해야만 한다. 그리스도교 세계 시기에 그리스도교인들은 종교에 비판적인 성서 본문(하느님께서 의례를 몹시 싫어하신다는 아모스서의 구절)을 다루며 그러한 맹렬한 비판은 교회가 아닌 유대교 회당을 향한 것이라고, 그리스도교가 대체하게 될, 실패한 유대교에 적용되는 것이라고 이해했다. 그러나 이러한 비판이 다른 누구보다 자신에게 적용되는 것임을 받아들일 때, "하느님의 집에서부터 심판이 시작"(1베드 4:17)됨을 받아들일 때 비로소 종교 비판은 진정성을 갖는다.

그러나 종교에 대한 신정통주의의 비판, 성서의 비판을 오늘날 새겨야 할 좀 더 중요한 이유는 종교적으로 다원화된 오늘날 문명에서 책임감 있게 살아가는 길을 모색할 때 숙고할 만한 가치가 있기 때문이다. 바르트가 주장한 대로 종교에 "붙잡으려는" 속성이 있다면 종교적 충동은 필연적으로 경쟁과 갈등을 낳을 수밖에 없다. 영속성, 확신, 궁극적인 힘을 소유하고자 하는 갈망이 동기가 되어 이루어지는 영적 분투는 진리에 대한 다른 주장과 마주했을 때 결코 열린 태도를 가질 수 없다. 반대로 이러한 분투는 현재 자신이 소유하고 있는 영적 재화를 보호하기 위해 일종의 배타성을 드러낼 것이다. 그리고 자신들이 이에 대한 독점권을 지니고 있다고 (그리고 영원하신 분이 이를 허락하셨다고) 주장할 것이다. 최근 자기 자신을 독실한 그리스도교인으로 여기는 한 사람이 내게 말했다. "내가 옳다면 그들(무슬림)은 틀

렸습니다." 이는 저 배타성을 일상에서 드러낸 경우라 할 수 있다. 하지만 과연 누가 아무런 망설임 없이 확고하게 "내가 옳다"고 말할 수 있을까? 코람데오coram Deo, 즉 살아계신 하느님 앞에서 누가 감히 자신의 종교적 주장이 궁극적으로 옳다고 말할 수 있을까?

앞에서 모든 종교는 특정 사회, 역사적 조건들 아래 갈등의 불씨를 낳을 수 있는 (사상, 태도, 강조점과 같은) 취약한 지점들이 있다고 이야기한 바 있다. 그리고 신정통주의 신학자들의 종교 비판을 받아들여 추가로 염두에 두어야 할 것은 종교 그 자체가 가장 거대한, 그리고 영구적인 마찰 지점을 만들어낸다는 것이다. 종교란 궁극적인 것에 대한 생각을 공유하는 집단이기 때문에 한 문화에 속한 종교는 다른 문화에 속한 종교를 의심과 불신의 시선으로 대할 수밖에 없다. 이제 종교 갈등은 더는 그리스도교 세계 안에서 이루어지는 교파들의 분쟁 정도가 아니다. 세계화는 세계 종교들이 점점 더 가까워지게 하고 있고, 그렇게 될수록 서로의 존재를 점점 더 크게 의식하고 있으며 종교 간 갈등의 위험은 더 커지고 있다. 그리고 이는 종교 자체가 지닌 근본적인 충동과 불가분의 관계가 있다. 안정에 대한 집착, 절대자를 소유하기 위한 쟁탈전, 타자와 대화를 나눌 줄 모르는 무능함, 자기 비판 능력의 상실 등으로 인해 오늘날 지구촌에서 종교는 폭력의 역사로 치달을 운명을 지닌 것처럼 보인다. 오늘날 새롭게 대중에게 인기를 얻고 있는 무신론은 이러한 상황을 이해하고 이를 이용한다. 새로운 무신론자들은 집요하게 인간이 이러한 상황에서 벗어날 수 있는 유일한 길, 재앙을 피할 수 있는 유일한 방법은 "신이라는 망상"the God delusion을 모두가 떨쳐내는 것뿐이라고 말한다. 그러나 그리스도교인들은 새로운 무신론자들보다 더 커다란 현실을 볼 줄 알아야 한다. 우쭐대는 무신론 지식인들을 포함해, 누구도 호모 사피엔스homo spaiens가 갖고 있는 종교적 충동 자체를 없애지는 못한다. 본회퍼는 생애 마지막 시점에 종교적 인간 즉 호모 렐리기오수스homo religiosus가 사라지는 현실에 대해 숙고했지만, 그의 생각과는 달리 인류는 오늘날에도 끊임없이 바벨탑을 만들고 있고 또 만들 것으로 보인다.[11] 현실이 불안정해지는 시기에 종교적 탐구는 다시금 유행처럼 번져나갈 수 있다. 그러다가 조금 안정된다 싶으면 그러한 유행은 사그라들고 종교가 주변부에 자리할 수도 있다. 때로는 전통적인 종교가 세를 확장할 수도 있다. 때로는 세속 이념이 전통적인 종교를 대체하고 종교와 같은 궁극적인 위상을 지닐 수도 있다. 어떠한 상황에 놓이든 종교에 대한 성서의 비판, 그리고 종교와 관련해 그리스도께서 하셨던 바를 기억한다면 그리스도교인들은 그 모든 상황에 대해(특히 그리스도교와 관련해서) 비판적 시각을 견지할 수 있을 것이다.

그리고 그러한 비판적 시각은 틸리히가 이야기했듯 종교라는

---

[11] 호모 렐리기오수스는 인간이 본래 종교적이라는 믿음을 담고 있는 말이다.

'짐'에서, 하늘나라를 폭풍으로 **빼앗으려** 하고, 자신을 유한한 피조물 이상으로 상상하며, 궁극적인 자리에 스스로 오르려는 종교적 인간이 휘말리는 영원한 유혹이라는 짐에서 조금씩 그리스도교인들이 벗어나게 해줄 것이다. 이러한 비판적 관점, 종교와 진실한 믿음 사이에 거리를 두는 것은 신앙 간 대화가 이루어지기 위한 조건일 뿐만 아니라 세계의 평화를 유지하기 위해 반드시 필요한 조건이다. 온갖 세계 종교들이 모여 있는, 거대하고도 새로운 의회에서 우리는 한 사람의 신앙인으로서 다른 사람과 만나야 한다. 이때 신앙은 종교와 동의어가 아니다. 물론 신앙은 종교와 완전히 분리될 수 없으며 특정 종교의 옷을 입을 수밖에 없다. 그럼에도 성서의 정신을 따르고 신학적인 성찰을 할수 있는 그리스도교인이라면 신앙에서 나오는 것과 종교에서 나오는 것을 구별할 수 있다. 종교인과 달리 신앙인은 자신의 불완전성을 인정하고, 그 불완전성을 고백할 줄 안다. 성서의 정의를 따른다면 신앙은 자신이 결핍되어 있음을, 희미하게 봄을, 불완전한 앎을 지니고 있음을 인정하는 것이며(1고린 13:12), 조심스럽게, 주저하면서, 그럼에도 기대를 담아 궁극적인 것과 접촉하기를 점점 더 갈망하는 것이다. 신앙인은 결코 현재의 자신에 만족하지 않는다. 현재 자신의 삶에 대한 근본적인 반대, 의심을 소멸시키지도 않는다. 그는 결코 자신이 목적지에 이르렀다고, 서로의 얼굴을 있는 그대로 보게 되었다고, "거울에 비추어보듯이 희미하게" 보는 단계를 넘어섰다고 확신하지 않는다.

위대한 그리스도교 운동가이자 평신도 신학자였던 한 사람, 레지스탕스에 가담한 프랑스 개신교 신자였으며 하느님의 통치 가능성에 헌신하고자 보르도의 부시장이 되어 '참된 믿음은 변화를 위해 일할 (겸손과) 용기를 낳는다'는 종교개혁의 주장을 실현한 한 사람이 있다. 그의 이름은 자끄 엘륄Jacques Ellul이다. 언젠가 그는 신앙에 대해 말했다.

신앙은 알코올처럼 모든 불순한 것을 소독하는 효과를 갖고 있다. 신앙은 나의 삶과 나의 사회를 구성하는 모든 것을 시험대에 올려놓는다. 어떤 것도 안식처에 보존되고, 따로 분리될 수 없다. 신앙은 반드시 온갖 확실성, 도덕, 신념, 정치에 대해 질문을 던지게 한다. 신앙은 어떠한 인간 활동에도 궁극적인 의미를 부여하지 못하게 한다. 신앙은 우리를 모든 것에서, 돈에서, 가족에서, 그리고 직업에서, 자식에게서 떼어놓는다. "내가 아는 것은, 오직 내가 아무것도 모른다는 것뿐이다." 이를 가장 확실하게 우리에게 인식시켜 주는 길이 바로 신앙이다.[12]

(종교가 아닌) 이러한 신앙은 오늘날 종교 간 대화의 전제조건이다. 그리고 종교 간 대화는 문명의 생존을 위한 전제조건이다.

---

[12] Jacques Ellul, *Living Faith: Belief and Doubt in a Perilous World* (San Francisco: Harper & Row, 1983), 111. 『의심을 거친 믿음』(대장간)

문화-종교와 예언자적 신앙

신정통주의자들이 우리에게 준 가장 중요한 통찰인 신앙과 종교의 구별을 받아들인다면 통상 사람들이 말하듯 그리스도교는 곧바로 종교라고 말할 수 없게 된다. 본질적으로 그리스도교의 핵심, 그리스도교가 선포하는 복음은 종교가 아니다. 바르트, 틸리히, 본회퍼 그리고 수많은 신학자가 주장했듯 예수가 이 세상에 온 것은 인간을 소외시켰으며 또 소외시키는 새로운 종교를 제시하기 위함이 아니었다.

물론 역사의 과정에서 그리스도교는 대개 종교로 기술되어 왔으며 오늘날에도 '종교'로 간주된다. 종교로서의 그리스도교는 다른 종교와 비교할 수 있으며 성서와 신실한 신학이 문제시하는 모든 요소를 갖고 있다. 역사적 그리스도교는 성령 강림과 바벨탑 사건, 신앙과 종교가 언제나 미묘하게 섞여 있다. 더 나아가 사람들이 그리스도교라 부르는 '종교'는 십중팔구 성령 강림 사건보다는 바벨탑 사건의 요소를 더 많이 지니고 있다. 그러므로 진지한 그리스도교인들은 신앙과 종교를 구별하면서, 이를 일상적인 교회 생활에 구체적이고 실용적으로 적용해야 한다. 어떻게 보면 그리스도교는 절대자를 붙잡으려 안간힘을 쓰는 인간과 절대자에 의해 사로잡히는 인간 영혼, 이 두 가지 상반된 운동의 결합이라고도 할 수 있다. 그러므로 저 두 가지 운동을 사상과 언어를 통해 구별할 수 있는 지적이고 영적인 능력을 잃어버린 그리스도교 공동체는 영혼을 잃을 위험에 처할 수

밖에 없다.

지난 세기에 신학자들은 둘을 구별하기 위해 두 가지 종교(문화-종교와 예언자적 종교prophetic religion)를 대조하곤 했다. 그리스도교 신앙을 묘사할 때 종교라는 용어를 조금이라도 써야 한다면 이 둘의 대비가 유지되어야 한다. 그리스도교가 종교가 아니라고 단도직입적으로 말하는 것은 너무 대담한 시도일 수 있을뿐더러 혼란만 가중할 수도 있다. 그러나 적어도 신학자들이 그리스도교는 근본적으로 문화-종교가 아니며 그렇게 되어서도 안 된다고 이야기할 때 현대 그리스도교인들은 그 말이 무엇을 의미하는지를 이해하려 노력해야 한다.

문화-종교라는 용어는 1960년대부터 본격적으로 북미권에서 쓰이기 시작했지만 독일 신학자들은 훨씬 이른 시기부터 이 용어를 썼다. (이 장을 시작하며 주장했듯) 이 용어는 (리처드 니버Richard Niebuhr의 널리 알려진 범주를 쓰자면) 그리스도교와 문화를 병합하려는 움직임이 이어진 북미권을 설명할 때 특히 유용하다.[13]

미국과 캐나다에서 그리스도교는 유럽 국가들처럼 제도적으로 국교가 된 적은 없다(국교화하려는 시도가 있기는 했다). 대신 북미권에서 사람들은 그리스도교 신앙과 자신들의 문화, 생활 방식을 동일시하게 되었다(이는 국가의 계획으로 일어난 일이라기보다는 사람들의 습관 및 유대 관계를 통해 일어났다). 이는 점진적으로, 그

---

[13] H. Richard Niebuhr, *Christ and Culture* (New York: Harper, 1951), 28. 『그리스도와 문화』(IVP)

러나 그만큼 효과적으로 진행되었다. 북미권 사람들은 자신들이 일구고 있는 사회를 그리스도교 사회로, 자신들이 이룩한 국가를 그리스도교 국가로 생각하도록 자신들이 북미 대륙에 건설한 것(통제 방식, 도덕 규범, 가치관)을 그리스도교와 동일시하도록 배웠다. 그리고 여전히 많은 이가 그리스도교에 비추어 자신의 삶을 읽어내려고 애쓰고 있다. 종교와 문화를 동일시하는 이러한 경향은 (북미권 나라 중) 캐나다보다 미국에서 더 분명하게 나타난다. 대다수 북유럽 사람들(이를테면 스칸디나비아반도나 스코틀랜드 사람들)이 그렇듯 캐나다인들의 정신에는 언제나 강력한 회의주의가 흐르고 있다(춥고 바위로 가득 찬 지역에 산다면 '신'이든 뭐든 믿기 어렵다). 반면 캐나다와 견주어 훨씬 쾌적한 지대를 보유한 미국은 훨씬 더 낙관주의적인 성향을 보이며 그리스도교 또한 이러한 방식으로 진화했다. 캐나다인들과 유럽인들은 미국 교회들의 (다소) 단순한 신학과 엄격한 도덕의식, 열정적이면서 그만큼 과장되어 보이는 행복감의 표현이 결합된 모습을 보며 상당히 놀라워한다(때로 그들은 이에 매료되고, 때로는 과하다고 생각하기도 한다). 대다수 미국 교회에서 드리는 예배는 캐나다 교회나 유럽 교회에서는 도저히 흉내 낼 수 없는 쾌활한 분위기가 있다. 캐나다와 유럽 교회는 이를 따라 하려야 할 수 없고 설사 그렇게 하더라도 우스꽝스러운 모습만 보일 뿐이다. 그러한 분위기는 미국 특유의 종교적 경건함과 문화적 안정감이 결합됨으로써 나오는 것이기 때문이다. 경제적 성공, 정치적 우월을 포함한 자신들의 문화에 대한 자부심, 그리고 그러한 문화의 형성에 그리스도교가 많은 기여를 했다는 자긍심이 미국 교회의 예배에 전반적으로 흐르고 있다.

문화-종교라는 용어가 북미권에서 쓰이는 데 결정적인 역할을 한 저작인 『엄숙한 집회의 소음』Noise of Solemn Assemblies에서 저자 피터 버거Peter L. Berger는 말했다.

미국 사회는 막연한 방식으로 유대-그리스도교 전통에 뿌리를 둔 문화-종교를 소유하고 있다. 대다수 미국인이 덕목으로 여기는 것들은 바로 이 문화-종교에 담겨있다. 문화-종교들은 엄숙하게 이러한 덕목들이 가치 있다고 승인한다. 문화-종교는 국가로부터 도덕적, 경제적 지원을 받는다. 그리고 어떠한 정부가 들어서든 문화-종교는 이미 그 안에 주요한 목소리로 작동하고 있다. 믿음과 실천에 일정한 차이가 있다 하더라도 각 교파는 전체적으로 이 문화-종교의 전달자들이다. 그러므로 각 교파의 구성원이 된다는 것은 사실상 공동의 정치적 신조에 충성을 다짐하는 것을 뜻한다. 그리고 마찬가지 차원에서 교파에서 탈퇴하는 이는 종교적으로만 아니라 정치적으로도 의심을 받는다.[14]

---

[14] Peter L. Berger, *The Noise of Solemn Assemblies: Christian Commitment and the Religious Establishment in America* (Garden City, NY: Doubleday, 1961), 63.

80 | 그리스도교를 다시 묻다

그렇다면 그리스도교와 문화를 동일시하는 경향은 신학적으로 어떤 문제가 있을까? 그리스도교 운동이 한 사회를 지배하는 문화와 가까이하게 되었을 때 그리스도교 운동은 어떤 대가를 치르게 될까? 이와 관련해 1935년 저작 『그리스도교 윤리에 대한 해석』An Interpretation of Christian Ethics에서 라인홀드 니버Reinhold Niebuhr는 말했다(이 책의 첫 문장이다).

> 불행히도, 미국 개신교는 현대 문화에 지나치게 의존하고 있다. 현대 문화가 붕괴되면 그보다 더 독립적인 종교가 고유한 기회를 얻게 될 것이다.[15]

여기서 니버는 그리스도교가 문화-종교가 됨으로써 일어난 결과를 정확하게 예측했다. 그리스도교는 발전하는 문화에 흡수됨으로써 해당 문화의 사회적 상황에서 (성서의 표현을 빌리면) 소금, 누룩, 빛으로 존재할 가능성, 문화 안에서, 문화를 위해, 문화에 대한 책임을 질 잠재력을 상실했다. 그리고 사회를 지배하는 정신에 순응함으로써 인기를 얻고 양적 성장을 이룬 반면 예언자로서의 소명은 상실했다. 문화-종교가 된 그리스도교는 사회가 암묵적으로 전제하는 것들, 사회에서 경험할 수 있는 것들, 사회에서 판단하는 것들을 넘어서는 것을 가져다주지 못한다. 남은

---

[15] Reinhold Niebuhr, *An Interpretation of Christian Ethics* (New York: Harper, 1935), 3. 『기독교 윤리의 해석』(종문화사)

것은 미사여구뿐이다. 사회가 예언자의 소리를 필요로 할 때, 특히 위기에 내몰려 자신의 자원을 넘어선 빛(탈진되고 실패한 야망, 혼란스러운 바벨을 반영하지 않는 목소리)을 필요로 할 때 그리스도교가 아무런 기능도 하지 못한다는 점에서 이는 불행한 일이다. 탈근대라는 말이 나오기 수십 년 전에 라인홀드 니버는 이러한 통찰을 보여주었다. 좀 더 주목할 만한 점은 그가 근대 사회가 위기에 처할 때, 종말에 다다를 때 신앙 공동체가 이전에는 거의 가질 수 없었던, 예언자적 신앙을 발할 기회를 얻게 된다고 보았다는 점이다. (니버를 대신해 말하자면) 이는 구성원의 역할과 사회적 지위를 향상시킬 기회가 아니라 진실을 말할 기회, 사회적 낙관주의가 아닌 참된 희망을 가지고 행동할 기회, 교회가 아닌, 교회가 파송된 세계의 삶을 향상시키고 보존할 기회다. 미국 대다수 개신교 교회가 근대 사회가 제시하는 전망에 너무나 발 빠르게 순응했기 때문에 그 전망이 얼마나 천박하고 기만적이며 위험한지가 드러나는 시점에 대안을 제시할 위치에 있지 않다고 니버는 생각했다.

달리 표현하면, 문화-종교는 사회를 위해 진정으로 책임을 질 수 있을 정도로 사회와 거리를 두고 있지 않다. 그리스도교 세계이던 시기 그리스도교는 세계의 일부가 되어 세계에 어떠한 새로운 것도 가져다주지 못했다. 기껏해야 스테인드글라스를 어떻게 표현할지를 고민했을 뿐이다. 일정한 사목 활동을 하고 전례를 주도한 면도 있지만, 문화-종교로서의 그리스도교는 궁극적으로 사회를 이끌어가는 주도적인 세력들, 현재 상황을 유지할 때 이득을 얻는 세력들, 그리고 현재 상황을 유지하는 데 도움을 주는 종교를 후원하는 세력들에 봉사한다.

문화-종교는 오늘날 미국 그리스도교를 묘사하는 데 적절한 표현이기는 하나 이러한 현상이 결코 새로운 현상은 아니다. 아주 오래전부터 종교가 체제에 녹아 들어갈 때면 이러한 일이 일어났으며 오늘날 미국 그리스도교는 그 근대적인 표현에 불과하다. 콘스탄티누스Constantine 이후 유럽 사회가 그랬듯 위에서 아래로 종교를 강제할 수 없는, 다소 민주적인 사회에 걸맞게 문화-종교는 각색되었다. 신대륙에 도착한 서구인(이들은 대부분 구유럽 세계의 기득권에서 밀려났거나 도망친 이들이었다)은 국가를 설립하면서 그리스도교를 국교로 확립하기를 강력하게 거부했다. 그러나 동시에 그들은 종교로서 그리스도교가 붕괴해야 한다고는 생각하지 않았다. 몇 가지 중요한 예외를 논외로 한다면 오늘날에도 대다수 사람은 종교로서 그리스도교가 붕괴하고 있음을 반기지는 않는 것 같다.

이러한 맥락에서 정교분리는 꽤나 긍정적인 모습처럼 보인다. 하지만 이는 일종의 기만이다. 북미권에서 그리스도교는 국가와의 합의와 같은 법적인, 혹은 공식적인 방식이 아니라 더 넓은 문화와 맺은 비공식적인 계약을 통해 확립되었기 때문이다. 그리고 실제로 정교분리는 그리스도교와 문화의 구별에 별다른 영향을 미치지 않았다. 이러한 상황 속에서 그리스도교와 문화는 교회의 신학, 설교, 공적 증언 정도에서만 구별할 수 있다.

그렇다면 왜 그토록 많은 그리스도교인은 그리스도교가 주류가 되어야 한다고, 제도로 정착해야 한다고 여기는 것일까? 최초로 신대륙에 그리스도교 신앙을 갖고 온 신앙의 선조들이 그리스도교를 국교로 수립하기를 거부했다는 사실은 충분히 반길 만한 일이다. 하지만 그런 뒤에 왜 또다시 사람들은 그리스도교를 어떠한 방식으로든 사회 속에 확립하려 애썼던 것일까? 그리스도교가 전하는 복음에 그러한 방향으로 사람들을 인도하는 무언가가 있는 것일까? 아니면 키에르케고어가 주장했듯 세상과 편안한 관계 맺기를 거부하는 십자가의 복음을 그리스도'교' 인들이 망각하거나 받아들이지 못하는 것일까? 성서는 그리스도교가 정책을 결정하는 계층과 통치기관들과의 특별한 관계를 포함해 어떠한 형태로든 제도화, 문화-종교화, 주류화를 추구하는 경향에 대해 엄중히 경고한다. 그럼에도 불구하고 주류가 되는 것, 대중의 지지를 얻는 것을 중시하는 민주주의 사회에서 종교가 문화, 혹은 사회와 거리를 두어야 한다는 이야기는 너무나 낯선 이야기다. 그리스도교가 사회의 승인을 받고 다수의 지지를 받아야 한다는 생각은 교회 역사와 대중의 그리스도교적 상상력에 너무나 뿌리 깊게 박혀 있어서 이를 다른 무언가로 대체하거나 비판하기란 매우 어렵다. 그렇기에 적어도 2천 년쯤 되는 그리스도교 역사에서 그리스도교가 문화-종교로 기능한 것이 1,500년~1,600년 정도 된다는 것은 그리 놀랄 일이 아니다.

오늘날 대다수 북미권 그리스도교인 중 상당수는 여전히 교회의 주된 사명이 다른 권력 집단보다 더 많은 구성원을 보유하고 더 많은 권력을 얻는 것이라고 여긴다. 또한 이를 목적으로 하지 않거나 이러한 경향에 대해 매우 비판적인 교회 혹은 그리스도교인들을 실패한 선교 공동체로 여긴다. 마태오 복음서에 나오는, 그리스도께서 우리에게 주신 지상명령은 그리스도교가 다수의 위치를 점해야 한다는 신념, 교회가 양적으로 줄어들고 대중의 지지를 받지 못하면 무엇인가 근본적으로 잘못되었다는 신념을 정당화하는 본문으로 활용된다.[16]

그러나 지난 수십 년간, 특히 1950년대에 주요 교회들이 많은 이의 기대에 어긋나는, 더 나아가 환멸감을 불러일으키는 행보를 보임으로써 북미권의 많은 신자가 점점 기성 종교의 결함을 알아차리기 시작했다. 오늘날 미국과 캐나다에서 오래된 교파에 속한 주요 소수자들은 문화-종교로서의 그리스도교의 역할에 의문을 던질 뿐 아니라 지배 문화와도 거리를 둔다. 그래서 이른바 보수 그리스도교인들은 그들이 그리스도교와 국가 모두를 배신했다고 비난한다. 최근 북미권에서 일어난 가장 놀라운 변화는 1960년경까지 모든 부분에서 입지를 다진 교파에 소속된 그리스도교인 중 적잖은 이가 그리스도교 신앙이 근본적으로 오늘날

---

[16] 부활한 그리스도는 그의 제자들에게 명령했다. "그러므로 너희는 가서 이 세상 모든 사람을 내 제자로 삼아 아버지와 아들과 성령의 이름으로 그들에게 세례를 베풀고, 내가 너희에게 명한 모든 것을 지키도록 가르쳐라. 내가 세상 끝날까지 항상 너희와 있겠다."(마태 28:19~20)

생활 방식과 충돌한다는 점을 발견했다는 것이다. 이라크와 아프가니스탄 전쟁에 대해 미국과 캐나다의 거의 모든 주류 교단이 반대했다는 점은 이러한 변화를 보여주는 한 예다. 내가 속한 교단, 캐나다 문화 속에 가장 잘 자리 잡은 주류 개신교회인 캐나다 연합 교회the United Church of Canada도 역사적인 규범과 관습에서 벗어나 급진주의와 다양성을 수용하는 모습을 보이고 있다. 그리스도교가 과거의 사회적 위신과 존경을 잃었다고 한탄하는 이들조차 그리스도교의 핵심과 그리스도교의 역사적 모습은 다를 수 있다고 생각한다. 샐리 맥페이그Sallie Mcfague의 말을 빌리면 "애써 외면하고 싶지만 북미권의 부유한 주류 그리스도교에 속해 있는 우리는 대항문화적 태도가 결여된 그리스도교 신앙이 무언가 잘못되었음을 알게 되었다".[17]

하지만 이 시점에서 우리는 좀 더 숙고해 보아야 한다. 그리스도교 신앙과 사명이 대항문화적 성격을 지녀야 한다는 이야기는 또 다른 질문을 낳기 때문이다(진보적인 그리스도교 비평가들은 이 문제에 관해 침묵하는 경향이 있다). 그리스도교가 대항문화적 성격을 지녀야 한다는 명목 아래 어떤 그리스도교인들은 특정 대항문화 이념, 정체성, 명분에 무비판적으로 호응하고 있지는 않은가? 그러한 움직임에는 아무런 위험도 없는 것일까? 지배 문

---

[17] Sallie Mcfague, *Life Abundant: Rethinking Theology and Economy for a Planet in Peril* (Minneapolis: Fortress, 2001), 34. 『풍성한 생명』(이화여자대학교출판문화원)

화에 비판적인 그리스도교인들은 대안으로 제시되는 문화에는 기이할 정도로 무비판적으로 반응하고 있지 않은가? 이러한 경향은 예언자적 신앙의 관점으로 볼 때, 그 전의 접근 방식만큼이나 의심을 던져야 마땅하지 않을까? 교회가 기득권과의 결탁에서 벗어나 반기득권 세력 및 파벌들과 연대할 때, 기득권에 저항한다는 이유, 소수와 연합한다는 이유만으로 자신의 정당성을 주장할 위험은 없는가? 오직 신앙으로 서야 한다는 그리스도교 신앙에 충실하지 못한 모습을 드러낼 위험은 없는가?

이러한 물음들을 회피해서는 안 된다. 기득권, 주류의 문제라고 부르는 것은 다수 문화, 지배 문화에 환멸을 느낀 그리스도교인들이 함께하는 소수, 기득권 및 주류에 저항하는 소수에게서도 마찬가지로 발견될 수 있다. 기성 권력을 관습적으로 받아들이는 것에서 벗어나 그 권력에 대한 저항 운동을 손쉽게 지지하는 것은 결코 기성 권력에 대한 대안이 될 수 없다. 어떤 이들은 그리스도교인들의 저항이 다른 사회적 저항과 일치하면 일치할수록 정당하다고 여긴다. 하지만 그리스도교인들의 저항은 언제나 고유한 이유를 분명히 지니고 있어야 한다. 달리 말하면 교회는 언제나, 어떠한 상황에서나 신학적으로 성찰해야 한다. 정의, 평화, 온전한 창조라는 표어를 내건 운동을 단순히 받아들이고 동참하는 것만으로는 충분하지 않다.

극단적인 진보주의 혹은 자신을 정치적으로 급진적이라고 여기는 교회들은 아무런 신학적 성찰도 하지 않은 채 일련의 사회적 저항들과 함께하는 대항문화 연대를 무비판적으로 받아들일 위험, 그것을 옳고 선하다고 여길 위험이 있다. 이러한 집단들의 저항은 순전히 자신을 정당화하기 위한 행동일 수도 있다. 그리고 무언가에 저항한다는 것 자체에 흥분을 느끼기 때문에 (그것이 무엇이든 간에) 저항을 하는 것일 수도 있다. 이러한 저항에 참여하는 이들은 자신들이 내건 기치가 대중의 지지를 받는다는 것만으로, 또 다른 운동들의 지지를 받는다는 것만으로 자신들이 그리스도교적인 행동을 한다고 착각한다. 우리가 그리스도교인으로서 생태 운동, 인종차별 반대 운동, 성차별에 반대하는 운동에 참여할 때는 사회의 변화를 의식하고, 비판적인 관점을 유지한 채 고유한 이유를 갖고 있어야 한다. 그리스도교인들은 환경을 보호하고 소외된 집단에 관심을 가지며 국제 경제 정의 및 세계 평화를 부르짖기 위해 다른 곳에서 명분과 이유를 찾을 필요가 없다. 우리에게는 오래된, 심오하며 신뢰할 수 있는 존재론적이고 윤리적인 지혜의 전통이 있다. 그리스도교 공동체들이 상상력을 발휘해, 그리고 충실하게 저 지혜를 끌어올린다면 이는 단순히 이 지상에서 인간의 존엄성을 위해 투쟁하는 이들이 내는 합창에 또 다른 목소리 하나를 추가하는 것이 아닐 것이다. 그리스도교 신앙은 그들에게 없는, 혹은 놓치고 있는 통찰과 관점을 제공할 수 있다. 우리는 예언자적인 저항을 가능케 하는 우리의 전통을 부끄러워해서는 안 된다. 우리에게는 우리의 행동을 인정받기 위한 다른 무언가가 필요치 않다.

그렇다고 해서 그리스도교가 오늘날 대항문화적인 요소들과 관계를 맺을 때 비판적인 태도를 유지해야 한다는 점을 지나치게 과장하고 싶지는 않다. 이 혼란스러운 세계에 희망이 있다면, 그리스도교인으로서 우리가 지구와 인류 문명을 염려하는 다른 이들과 함께, 그리고 정당하게 공동의 명분을 만들 수 있다는 것이다. 현대는 실험의 시대다. 오래된 관계는 더는 신뢰를 받지 못하고 있다. 새로운 관계는 가능하고 생산적일 수 있다. 이러한 맥락에서 조지 A. 린드벡George A. Lindbeck은 우리가 그리스도교 역사에서 "어색한 중간 단계"를 지나고 있다고 말한 바 있다. 또한 그는 그리스도교인이 "문화적으로 기득권"이었던 자리에서 "아직까지 분명해지지 않은 자리"로 이동하고 있다고 보았다.[18] 이러한 가운데 진지한 그리스도교인, 그리스도교 공동체가 다양한 동맹들과 함께 행동하고, 또 그러한 와중에 새로운 협의를 거치는 실험에 참여하는 것은 불가피한 일이다. 이러한 실험에서 우리는 기존의 배경, 이른바 그리스도교 문화의 문제점이 무엇인지를 체계화하고 여러 시대를 통틀어 그리스도교에서 가장 중요한 부분으로 남은 것이 무엇인지를 물으며 개신교 개혁의 정수를 이어가려 노력해야 한다. 1948년 틸리히는 말했다.

과거와 현재와 미래에 프로테스탄티즘이 세계에 미쳤고 또 미

---

[18] George A. Lindbeck, *The Nature of Doctrine: Religion and Theology in a Post-Liberal Age* (Philadelphia: Westminster, 1984), 134.

칠 수 있는 가장 커다란 공헌은 스스로 신적인 성격을 지녔다고 주장하는 모든 세력(교회든 국가든 정당이든 지도자든 간에)에 맞서는 예언자적 원리다.

그리고 또 그는 말했다.

종교개혁 이래 그 어느 때보다 바로 오늘날 그러한 예언자적 저항이 필요하다.[19]

틸리히는 결코 이 저항의 원리가 개신교에만 있다고 보지 않았으며 우리 역시 그럴 수 없다. 그 어느 때보다 이 세계는 이 저항의 원리가 필요하다. 이 타락한 세계에서 일어나고 있는 종교 간 갈등은 다양한 적개심과 전쟁을 불러일으키는 가장 위험한 영적, 정신적 불씨이기 때문이다.

세계 대다수 사람이 서구 그리스도교 세계, 서구 및 서구화된 문명, 혹은 북반구의 그리스도교 국가들 저변에 흐르고 있는 제국주의와 그리스도교를 계속 동일시한다면 그리스도교는 세계에 희망이 아니라 절망이 될 것이다. 통찰력과 선의를 지닌 모든 그리스도교인이 가장 먼저 해야 할 일은 오랜 기간 순례를 하며 짊어지게 된 모든 제국주의적 짐을 내려놓는 것이다. 그리스도

---

[19] Paul Tillich, *The Protestant Era* (Chicago: University of Chicago Press, 1948), 230. 『프로테스탄트 시대』(대한기독교서회)

교가 역사적으로 어떠한 일을 겪었든, 하였든 간에 그리스도교가 선포하는 핵심은 결코 문화-종교가 아니다. 문화-종교로서 그리스도교의 명성이 우리의 정신과 마음에 얼마나 깊이 새겨졌든 간에 우리는 신앙인으로서 진지하게 결단하고 과거의 명성에서 벗어나야 한다. 과거 그리스도교 세계를 형성했던 인종, 성, 경제, 정치에 대한 특수한 관점을 넘어서서 새롭게 세계를 의식하고 자신을 열어야 한다.

그리스도교와 문화, 종교적 다원성

오늘날 서구 전역에서 그리스도교인들은 그리스도교라는 "우리 안에 들어있지 않은" 이들을 마주하고 있다.[20] 이러한 상황은 특히 서유럽(영국, 프랑스, 독일 등)에서 두드러지게 나타난다. 공적으로, 그리고 법적으로 다문화주의를 채택한 캐나다를 비롯해 교회가 쇠퇴하고 있는 (대다수) 지역들에서 그리스도교인들은 다문화적 풍경이 기존의 풍경을 압도하고 있다고 여길 것이다.[21]

---

[20] 흥미롭게도, 요한이 목자와 그의 목자를 아는 양들이란 비유를 빌어 예수를 소개한 꽤 긴 담화에서, 예수는 "이 우리 안에 들어있지 않은 다른 양들도 있다"(요한 10:16)고 말한다. 이는 인정된 믿음의 공동체의 한계들을 넘어서길 거부한 일종의 배타성을 직설적으로 비판하는 말이다.

[21] 여러 면에서 미국보다는 캐나다의 그리스도교 상황이 그리스도교의 미래를 보여주는 더 나은 기준일 것이다. 미국에서 무수한 형태의 보수 그리스도교는 (특히 우파) 정치인들이 끊임없이 그려낸 계획을 따르는 정치적 역할을 했다. 오늘날 북부에 있는 주들만 아니라, 미국의 대도시들에서 그리스도교의 위상을 살펴보면 복음주의적, 근본주의적 그리스도교는 수명이 다했음을 보여준다. 시간이 흐를수록 세속성과 종교적 다원성이 미국 정세를 점차 물들일 것임에는 의문의 여지가 없다.

유럽처럼 대다수 캐나다인도 그리스도교가 국가와 사회의 토대를 이룬다는 가정에 암묵적인 영향을 받으며 성장했다. 그러다 갑자기, 순식간에 그리스도교가 다문화 속 하나의 요소, 다종교 상황 속 하나의 종교에 불과하다는 사실을 발견하게 되었다. 오랜 역사를 지닌 유럽 그리스도교 국가들이 그렇듯 많은 캐나다 그리스도교인은 자신들이 중심부에서 점차 밀려나고 있다고 느낀다. 이러한 느낌에 서구 그리스도교 사회가 야심에 부풀어 혁신과 효율을 중시했고 그 결과 물질적인 성공을 거두었지만 그러한 과정(자본주의-기술 문명의 발전)에서 다른 사회들을 이용하거나 무시했으며 그 결과 다른 사회들에 속한 이들의 분노와 불신을 낳았다는 사실은 별다른 영향을 미치지 못한다. 그들의 분노와 불신의 깊이를 알아챈 이들은 서구 국가에서 극소수에 불과했다. 하지만 이제 '그들은' 우리 가운데 살고 있다. 바로 옆집에, 저개발 국가와 사회에서 온 사람들이 살고 있다. 이들은 그리스도교 문화의 역사적, 수적 지배를 칭송하지 않는다. 그리고 이들은 캐나다가 이제 공식적으로 다문화 사회임을, 하나의 문화, 하나의 인종, 하나의 민족, 하나의 종교가 이 나라를 지배할 수 없음을 다시 한번 일깨운다. 특정 집단과 종교가 개너디 해안을 얼마나 오래 지배해왔든 말이다. 이들은 결국 우리 모두가 이민자임을 상기시킨다. "모든 사람은 태양 아래서 각자가 선 자리에 대한 권리를 갖고 있다."

이로써 어떤 긴장이 조성되었다는 점을 애써 강조할 필요는 없다. 그렇다면 우리는 다른 집단들이 이 해안에 옴으로써 일어난 내분을 어떻게 대해야 하는가? 애초에 많은 이가 이 나라에 온 것은 이 나라의 민주주의 제도 때문이었다. 그리고 이들은 그나름대로 이 나라에 일정한 기여를 하고 있다. 그렇다면 수 세기에 걸쳐 만들어진 특권과 권리를 모두에게 허용해야 하는가? 오늘날 사회를 탈그리스도교 사회라고 부르기는 하나 이 나라의 가치관을 포함한 많은 요소, 그리고 제도는 역사적 그리스도교의 영향을 받은 것이 사실이다. 그렇다면 기존의 공통 생활 양식이나 문화에서 나온 결실을 거스르는, 다른 종교 전통에서 탄생한 생활 양식과 윤리적 실천들을 어느 정도까지 공적 삶으로 받아들일 수 있을까? 우리는 과연 어느 정도까지 다문화주의를 수용해야 하는가? 타 종교의 '낯선' 실천들, 낯선 윤리적 규율들, 특이한 복장을 어느 정도까지 허용해야 할까? 최근 캐나다 동부에서 한 가족이 긴 법정 공방을 벌이는 것을 우리는 목도한 바 있다. 이른바 '명예 살인'honor killing이라는 명목 아래 가족 중 세 사람이 다른 네 사람(이들이 여성일 것이라는 것을 예상하기란 그리 어렵지 않다)을 살해한 것이다. 결코 용인할 수 없는, 게다가 극악무도하기까지 한 이러한 풍습들은 어떻게 대해야 하는가?

이러한 상황에서 나이든 기성 시민들이 방어적인 모습을 보이는 것은 어떤 면에서는 충분히 이해할 만하다. 그들은 자신들이 더는 고국에서 자신들이 받아야 할 대우를 받지 못한다고 느끼곤 한다. 그렇다고 목소리를 크게 낼 수도 없다. 새로운 이민자들이 명백한 불법 행위를 저지르지 않는 한, 이들에 대한 불편함을 토로하면 자신들이 인종차별주의자, 혹은 편견이 심한 사람, 적어도 낯선 이를 홀대하는 이라는 말을 들을 것이기 때문이다(그리고 이는 캐나다인이 아니라는 말과 사실상 같은 말이다).

기성 집단을 수호하려는 이들은 자신들의 종교적 유산을 활용한다. 심지어 그들이 더는 그 종교의 가르침을 따르지 않는다고 할지라도 말이다(고도로 세속화된 나라에서 이는 흔한 일이다). 그리스도교인이거나 그리스도교를 진지하게 대하는 사람들은 자신들이 보기에 낯설고, 기괴하거나 심지어 충격적으로 보이는 행동을 접했을 때 그러한 행동은 '우리' 삶의 방식, '우리 그리스도교 신앙'과 절대 양립할 수 없다고 이야기하려는 유혹에 빠지기 쉽다.

이렇듯 그리스도교인인 우리는 지금까지 단 한 번도 맞이한 적이 없는 커다란 변화와 마주하고 있다. 결국 우리에게는 지금까지 논의한 내용을 바탕으로 살펴야 할 한 가지 질문이 있다. 이 질문은 매우 실질적이면서도 어렵다. 그리스도교가 문화종교가 아니라면 참된 그리스도교 신앙과 (겉보기에는 거의 구분이 안되는) 그 문화적 형태를 어떻게 구별할 수 있을까?

이 질문에 답하기 위해서는 두 단계를 거쳐야 한다. 매우 중요한 첫 번째 단계는 질문을 제기할 때 밑에 깔린 관점 및 태도와 관련이 있다. 그리고 대안은 이 장의 중심 주제인 종교와 신앙의 구별에서 찾을 수 있다. 그리스도교라는 '종교'의 보존, 그리스도교라는 '종교'의 올바름, 그리스도교라는 '종교'의 지배 및 이와 연결된 문화에 관심을 갖는 한, 다문화 상황은 불편할 수밖에, 적어도 받아들이기 어려울 수밖에 없다. 그리스도교 세계는 쉬이, 기꺼이 대안을 받아들이지 않는다. 반면 신앙의 관점에서 다문화 상황과 맞닥뜨린다는 것은 무엇보다도 겸손한 정신으로 이 상황과 마주한다는 것을 뜻한다. 신앙인은 자신이 신앙하는 무언가가 보이지 않는다는 것을 안다. 신앙인은 믿음에 관한 모든 실체와 하느님의 영광glorie Dei이라는 빛 사이에는 무한한 거리가 있음을, 여기저기서 힐끗 엿볼 수 있을 뿐임을 안다. 다문화 상황에 있다고 해서 그리스도교 신앙을 버릴 필요도 없고, 이를 중산층 특유의 온화한 '가면' 뒤에 숨길 필요도 없다. 그러나 신념과 신학이 신앙의 문제임을 기억하는 이는 자신과 다른 신앙을 지닌 이와 만났을 때 겸손한 태도로 그와 대화를 나누며 그의 생각을 존중한다.

복음을 전하는 이라면 담대해야 한다고 생각하는 그리스도교인들에게 이러한 태도는 낯설 뿐만 아니라 비겁해 보일 수도 있다. 그러나 이러한 생각은 15~16세기 그리스도교 안에서 일어난 패권주의의 산물이다. 초대 교회와 콘스탄티누스 이전의 교회가 자신의 사명을 수행했던 방식을 살펴보면 우리는 "그리스도의 사절"(2고린 5:20)이 되는 또 다른 길을 알 수 있다.

탈그리스도교 세계라는 미지의 땅으로 가는 우리는 초대 교회가 우리와 매우 유사한 조건 아래서 살았다는 사실을 되새겨야 한다. 신약성서의 복음서와 서신에서 만나는 교회는 오늘날 북미권 교회보다 훨씬 더 다문화적이고 다종교적인 사회 속에 있었다. 콘스탄티누스 시기 공인을 받은 뒤 테오도시우스 Theodosius 시기에 이르러 국교로 확립되기 전까지 로마 제국에서 그리스도교인의 수는 10%를 넘은 적이 없었다. 복음서와 서신은 그리스도교 세계라는 상황이 아닌, 바로 이러한 사회 상황 가운데 기록되었다. 초대 그리스도교인들은 용기 있었지만 동시에 겸손했다(그리스도교인들끼리만 알아볼 수 있는 물고기 표지를 사용했을 정도로 말이다).[22] 대다수 그리스도교인은 유대인들 사이에서, 그리스와 로마의 옛 신들을 숭배하는 사람들 사이에서, 점쟁이와 마술 신봉자들 사이에서, 회의주의자들 사이에서 활동했다. 오늘날 우리가 그러하듯 말이다. 그들은 바꿀 수 있는 것은 바꾸면서, 신학을 이야기할 때와 복음을 전할 때 갖추어야 할 태도를 익혔다(어떤 사람은 다른 사람보다 더 많이 익혀야 했다). 누군가 자신에게 질문을 던지거나 이에 대한 답을 해야 할 때, 그들은 신앙의 근거와 그에 관한 세부적인 내용을 이야기했다(1베드 3:15).[23]

---

[22] 물고기는 그리스어로 익투스ΙΧΘΥΣ인데, 초대 그리스도교인들은 자신들을 가리킬 때 이 그리스어 문자 '예수스 크리스토스, 테우 휘오스, 소테르'(예수 그리스도, 하느님의 아들, 구원자)Ἰησοῦς Χριστός, Θεοῦ Υἱός, Σωτήρ를 주로 사용했다. 물고기를 표현한 단순한 그림(물고기의 꼬리에서 교차하는 두 굴곡선)은 그리스도교인끼리 서로를 식별하는 비밀 표시였다.

[23] "다만 여러분의 마음속에 그리스도를 주님으로 모시고 거룩하게 대하십시오. 여러분이 가진 희망을 설명하여 주기를 바라는 사람에게는, 언제나 답변할 수 있게 준비를 해 두십시오."(1베드 3:16)

그리스도교인들이 겸손하며 서로를 사랑하고 사회의 혜택을 누리지 못하는 이들을 보살피는 모습을 보며, 비그리스도교인들은 그 이유를 물었다(물론 묻지 않을 때가 더 많았다). 몇몇 용감하고 열정적인 그리스도교인(바울, 스테파노, 베드로)은 공개적으로 그리스도교 복음을 전하곤 했다. 대다수는 그렇지 않았지만, 이들의 말을 듣고 신앙을 갖게 된 이들도 있었다. 어쨌든 당시 기본적으로 예수 그리스도를 믿는 이들은 대다수로부터 경멸받고, 의심을 받는 소수였다. 그리스도 신앙을 갖는다는 것은 순교를 포함한 여러 고통에 노출된다는 것을 뜻했다. 당시 사도들은 신자들에게 경고했다.

> 사랑하는 여러분, 여러분을 시험하려고 시련의 불길이 여러분 가운데 일어나더라도, 무슨 이상한 일이나 생긴 것처럼 놀라지 마십시오. (1베드 4:12)

사도행전은 그리스도교인이 되는 모든 방식을 충분히 상세하게 증언한다. 하지만 우리는 이를 순전히 그리스도교의 초기 모습으로 여기고 나중에 이루어야 할 또 다른 모습이 있는 것처럼 생각한다. 결과적으로 사도행전에서 기술한 그리스도교인이 되는 방식은 더는 유효하지 못한, 사소한 방식처럼 보이게 되었다. 그러나 이것이야말로 그리스도교인이 되는 진정한 길이고 이는 지금도 마찬가지다.

종교개혁의 '오직 성서'sola scriptura라는 원칙을 그리스도교인들이 진지하게 받아들인다면 복음서, 서신들을 통해 접하게 되는 다문화, 다종교 상황이 그리스도교인들에게 지극히 정상적인 상황임을 받아들일 수 있을 것이다. 초대 교회에서 이러한 상황은 정상이었다. 그리스도교가 새로운 선교적 상황을 맞닥뜨릴 때마다 이러한 상황은 지극히 정상적이었다. 독일 나치 시대의 고백 교회에서, 철의 장막 뒤에서 그리스도교 신앙을 가졌다는 이유로 탄압을 받은 모든 교회에서 이러한 상황은 정상이었다. 그리고 한때 그리스도교가 명성을 누렸으나 이제는 쇠락의 길을 걷고 있는 유럽과 북미권 교회에서 이러한 상황은 정상이다. 물론 북미권에서는 여전히 많은 이가 이러한 상황이 지극히 정상적이라는 사실을 받아들이지 못하고 더 나아가 왜곡하려 하고 있다. 심지어 어떤 그리스도교인은 미국 공화당이 승리하는 것을 위해 특정 인물을 위한 활동을 벌이는 것이 그리스도교인다운 일이라고 생각한다. 그리고 각 후보 또한 다른 후보보다 많은 지지를 얻기 위해 자신이야말로 참된 그리스도교인이라고 역설한다. 이는 시대착오적인 일이다. 그리고 미국 인구의 절반은 이미 그렇게 생각하고 있다. 언론은 예전부터 이러한 모습을 풍자해 왔다. 어쩌면 50년, 혹은 100년 뒤 북미권 어린이들은 이러한 그리스도교의 허세를 조롱하는 역사책을 읽게 될지도 모르겠다.

구대륙의 오만함 때문이든, 신대륙의 순진함과 미숙함 때문이든 그리스도교 세계는 끝났다. 그리스도교와 문화의 관계는 다시금 정상화되었다. 기나긴 그리스도교 세계의 시대 동안 권력을 추구하고 유지하려 했던 교회 대신 우리는 "적은 무리"라는 성서의 상황으로 돌아갔다. 상대적으로 작고, 크게 되기를 바라지 않기 때문에 우리는 이 다양한 세계정세 속에서 '소금', '누룩', '빛'의 역할을 감당할 수 있다. 구체적으로 말하면 평화를 이루고 정의를 추구하며 선한 창조세계의 청지기 역할을 하는 공동체가 될 수 있다.

그리스도교인, 그리스도교 공동체가 다원적 상황에서 살아가는 비결은 참으로 겸손해지는 것, 곧 신앙이 빚어내는 겸손에 사로잡히는 것, 그리고 이를 통해 무엇이고 '붙잡으려는' 모든 종교적 야망을 포기하는 것이다. 겸손한 신앙 공동체에는 개종의 강요, 자기선전, 신학적 승리주의, 제국주의가 들어설 수 없다. 그리스도교 공동체가 이 세상에 파송되었음을, 그러나 생명, 사랑, 희망의 원천은 이 세상의 것이 아님을 날마다 새로이 익힐 때 그리스도와 문화의 관계는 제자리를 찾을 수 있다. 그리스도교인은 이를 거듭 되새겨야 한다.

그리스도교 신앙이라는 알맹이를 문화라는 껍질에서 분리하는 작업의 두 번째 단계가 이루어지기 위해서는 앞에서 이야기한 신학적 관점과 태도를 갖추어야 한다. 그리스도교라는 종교를 대표하는지, 예수를 그리스도로 고백하는 신앙인인지를 판단할 수 있게 되면 그때부터 교리적이고 윤리적인 세부 사항을 다룰 수 있다. 이 과업은 실로 거대하기에 끝없는 세계로 나아가는 것과 같다. 역사적 그리스도교는 거대한 눈덩이와 같다. 지금은 그것이 세속주의와 새로운 이교주의neopaganism라는 태양 아래 녹아내리고 있는 것처럼 보인다. 그러나 수 세기에 걸쳐 굴러왔기에 여전히 거대할 뿐만 아니라 구르며 다른 물질(이 물질은 눈에 보이는 것도 있고 잘 보이지 않는 것도 있다)들까지 섞여 다양한 층을 지니고 있다. 지금 단계에서 도중에 섞인 다양한 물질들을 눈덩이로부터 완전히 분리하는 것은 사실상 불가능하다. 하지만 시도해야 한다. 그리스도교 세계라는 거대한 눈덩이에 달라붙은 많은 것들은 분명 그리스도교가 아니기 때문이다.

이러한 분류 작업이 어떠한 결과를 낳을지 지금 당장, 분명하게 이야기하는 것은 오만한 일이다. 섬세하고 통찰력 있는 그리스도교 학자들은 수십 년 동안 이 작업을 했고 지금도 하고 있다. 이는 앞으로도 계속될 것이고 계속되어야 한다. 일단 여기서는 현재 그리스도교인과 미래에 다가올 그리스도교인들이 신앙의 '알맹이', 복음과 문화적 형태들을 구별할 때 고려해야 할 몇 가지 질문을 남기며 그리스도교와 문화에 관한 성찰을 마무리하고자 한다.

- 자본주의가 지배적인 북반구의 많은 이가 신봉하듯, 그리스도교가 자본주의에 종사해야 하는가?

- 후기-계몽 근대주의가 "정복하라"와 "지배하라"라는 단어에

매달리면서 창세기의 창조 설화는 어떻게 변형되는가? 많은 환경론자가 고발하듯, 그리스도교는 정말로 '인간'$\alpha\nu\theta\rho\omega\pi\acute{o}\varsigma$에게만 관심을 두는가?

• 오늘날 널리 퍼져 있는 예수의 초상화에는 어떤 시대, 어떠한 형태의 도덕과 감정이 반영되어 있다고 생각하는가?

• 초기 그리스도교인들이 히브리 언어와 개념을 버리고 하느님, 예수, 인간성 등에 대한 이해를 그리스어, 라틴어와 헬레니즘적 사고로 각색했을 때 잃어버린 것은 무엇인가?

• 교회 건축은 정말 '하느님의 계획'의 일부인가?

• 성서는 모든 성직자가 사례를 받아야 한다고 주장하는가?

• 유대교의 한 가지에서 나온 그리스도교가 어떻게 해서 아우슈비츠를 일으킨 정신적 배경이 되었는가?

• 교회는 제국주의(로마 제국주의와 미국 제국주의에 이르기까지)와 어떠한 방식으로 관계를 맺었고 그 속에서 자신을 어떻게 이해했는가?

- 왜 대다수 교회에서 부활절을 강조하는 반면 (특히 개신교에서) 성금요일은 그만큼 강조하지 않는 것일까?

- 신약에서 참된 교회의 가장 눈에 띄는 표지는 고난이다. 오늘날 교회는 어떠한가? 그리고 미래의 교회는 어떻게 되리라고 생각하는가?

제2장

성서의 종교가 아니다

성서의 권위는 교회의 오만한 권위를 깨뜨리기 위해 사용되었
다. 그러나 결과적으로 성서는 인간의 교만을 세우는 또 다른
수단이 되었다.[1]

경전의 백성?

그리스도교인(특히 개신교인)들에게 구약성서와 신약성서보다
중요한 것은 없다. 그러나 이 장에서는 그리스도교를 '성서의 종
교'로 보는 것은 그리스도교를 온전히 이해하는 것이 아님을 주
장할 것이다. '경전의 백성'이라는 표현은 꾸란(29:26)에서 그리

---

[1] Reinhold Niebuhr, *The Nature and Destiny of Man* (New York: Scribner, 1953), 2:
    231. 『인간의 본성과 운명 I, II』(종문화사)

스도교인과 유대인을 가리킬 때 사용했으며 세속 작가들이 그리스도교인, 무슬림, 유대인을 묘사할 때 이 말을 쓰기도 한다. 하지만 이 장에서는 그러한 그리스도교 외부의 논의들까지 탐구의 대상으로 삼지는 않을 것이다. 여기서 관심하는 주제는 그리스도교의 독특한 경향, 성서를 커다란 오해를 낳을 수 있는 방식으로 참고하고 이를 자신의 그리스도교적 정체성과 동일시하는 경향이다. 이러한 동일시에는 근본적으로 두 가지 문제가 있다. 먼저 그리스도교 신앙에서 중요하다는 이유로 신앙과 성서만을 연결하는 것은 그리스도교의 폭을 좁게 만든다. 또한 성서가 지닌 종교적 권위에 의지함으로써("교만의 또 다른 도구"로 활용함으로써) 성서의 기능을 제한할 때 성서를 바라보는 시각은 편협해진다.

근본주의와 성서주의

대부분의 경우가 그러하듯 이 문제는 오늘날 우리가 종교적 상황, 교회가 처한 상황에 어떠한 태도를 취하는지와 관련이 있다. 그러므로 여기서는 먼저 최근 개신교 역사에서 교회와 성서가 어떠한 관계를 맺었는지 간략하게 살펴보겠다.

19세기 후반부터 개신교에서는 이상한 상황이 전개되었다. 고전적인 프로테스탄티즘의 특징이라 할 수 있는 성서에 대한 강조가 기이하게 변화하기 시작한 것이다. 16세기 종교개혁가들은 로마의 권위에 도전하기 위해 부분적으로 성서의 권위에 호소했다. 로마 가톨릭 교회와 투쟁하는 가운데 종교개혁가들은 때때로 (오늘날 우리가 보기에) 성서에 대한 과장된 주장들을 쏟아냈다. 하지만 그들이 성서에 접근한 방식에는 오늘날 근본주의와 성서주의라는 근대적 표현들의 특징이라 할 수 있는 성서 문자주의biblical literalism와의 연속성이 없다. 북미권에서 처음 등장한 근본주의는 근대의 현상이다. 근본주의는 18~19세기, 과거 (종교에 매우 개방적인 태도를 취한) 르네상스 인문주의가 세속주의라는 좀 더 독립적이고 비신론적인nontheistic 형태로 고착된 이후에 등장했다. 초월의 영역 따위를 전제하지 않은 채 오롯이 인간의 이성으로 세계를 설명하려는 새로운 움직임에 맞서, 보수적인 그리스도교인들은 점점 더 그리스도교 신앙의 교리와 권위에 기반을 둔 표현에 의존했다(이는 충분히 이해할 만한 일이다). 성서는 종교개혁가들에게는 개혁의 인식론적 원동력이었으나 그리스도교는 물론 그리스도교 문명 전체를 되돌리겠다고 위협하는 탈그리스도교적 세속 인문주의secular humanism와 맞닥뜨린 보수 그리스도교 공동체에게는 최후의 보루였다. 그들은 세속인문주의가 자유주의적인 신학 가르침과 성서 문헌에 대한 역사-비평 접근을 통해 교회에 침투한다고 생각했다. 양극화가 일어날 때 대체로 그러하듯 그리스도교 자유주의와 근대성에 맞서서 보수주의자들은 성서에 관해 점점 더 극단적인 주장을 하기 시작했다.

1895년 미국 나이아가라에 모인 보수 그리스도교 공동체들은 그리스도교의 다섯 가지 기본 명제를 천명했고 그 가운데 '성서는 문자 그대로 오류가 없다'는 주장이 들어있었다. 이는 종교개혁 시기 성서를 가장 중시했던 개신교 사상가들이 주장했던 것을 훌쩍 뛰어넘는 주장이었다. 고전적인 프로테스탄티즘의 관점에서 볼 때도 근본주의는 성서와 성서의 역할에 대한 매우 새로운 사고였던 것이다. 근본주의자들은 보통 자신들이 종교개혁, 혹은 그 흐름 중 일부와 연속성을 갖고 있다고 주장한다. 그러나 진지한 역사학자들과 성서해석학자들은 이는 근본주의가 자신들의 권위를 정당화하기 위해 뿌리를 찾는 와중에 생긴 거짓 주장이라고 이야기한다. 북미권에서 발전해 이후 북미권의 극단적인 보수주의자들이 선교한 다른 지역까지 뻗어 나간 성서주의는 그리스도교 사상사에서는 매우 새로운 사고다.

그리스도교 세계의 옛 대표주자였던 유럽에서 미국의 이 새로운 성서주의는 별다른 영향력을 발휘하지 못했다. 유럽의 경우 17세기 이후 이른바 개신교 정통주의Protestant Orthodoxy가 활기찬 성서에 대한 종교개혁자들의 논의를 경직화했음에도 불구하고 종교개혁가들의 시각이 완전히 사라지지는 않았다. 이후 학자들은 종교개혁가들의 사상과 개신교 정통주의 사이에 몇 가지 수렴되는 지점이 있음을 발견했다. 하지만 북미권, 특히 미국에서 성서에 대한 문자주의적 해석은 다양한 이유로 점점 더 성서에 대한 주요 해석으로 자리를 잡았다. 20세기에 문자주의적 해석을 특징으로 하는 근본주의 그리스도교 공동체들은 정치 영역에서 강력한 힘을 지닌 세력이 되었고 이는 오늘날까지 이어지고 있다.

신대륙에서의 성서

북미권에서 성서 문자주의가 승리를 거둔 많은 이유 중 주요 이유로 여섯 가지를 들 수 있다.

1) 북미권 교회에서 진지하고 엄격한 학문적 훈련을 거친 성서적, 신학적, 역사적 반성 능력과 종교개혁 전통의 미묘함을 살리는 학문의 발전은 별다른 미덕이 아니었다. 신대륙의 그리스도교는 신학 연구와 진지한 성서 주석보다는 경건함, 도덕성, 그리고 (표어로 내걸 수 있을 정도로) 직설적이고 단순한 가르침을 중시했다.

2) 교파주의 – 선호하는 가르침, 도덕적 관심 및 선호도에 따라 교회 및 교파가 점점 더 다양해졌고 많아졌다. 그 결과 한 교파가 아우를 수 있는 신앙의 폭은 협소해졌고 확실성을 추구하는 분위기는 성서 연구를 위해 요구되는 개방적인 태도를 환영하지 않았다. 사실 근본주의는 성서 본문이 실제로 무엇을 말하는지에는 별다른 관심이 없다. 다만 특정 성서 본문에서 자신이 중시하는 교리, 도덕적 입장을 뒷받침하는 증거를 찾는 데 집중할 뿐이다. 근본주의의 아이러니는 성서를 최우선시한다면서도 정작 성서에 대해 심각하게 무지하다는 것이다. 이와 관련해 빌 맥키븐Bill McKibben은 「하퍼스」Harper's Magazine에 흥미로운 글을 남겼다.

십계명 중 네 개 이상을 이야기할 수 있는 이들은 미국 전체 국민 중 40% 정도일 뿐이다. 그리고 절반 정도만 네 편의 복음서에 있는 구절을 인용할 수 있다. 또한 12%는 노아의 아내 이름이 잔 다르크Joan of Arc라고 생각한다.[2]

3) 온건하고 진보적인 그리스도교인들은 점차 설교에서 성서 주해를 배제했고 대신 평범한 종교적 가르침, 대중이 관심 있어 하는 주제에 관해 이야기함으로써 성서에 대한 청지기적 책임을 더 보수적인 해석자들에게 넘겼다.

4) 사람들이 차차 과학과 기술에 매료되자 이에 종교적인 보수주의자들은 새로운 과학 이론(특히 다윈주의Darwinism)에 격렬히 저항했으며 동시에 성서에서 전하는 진리를 객관적으로 탐구하려는 학문을 추방하고자 애를 썼다.

5) 앞에서 언급했듯 그리스도교는 미국주의Americanism와 동맹을 맺었다. 사람들은 교회들이 그리스도교의 가르침을 직접적이고 덜 복잡한 표현, 문화-종교의 정치적 역할을 잘 수행할 수 있는 표현으로 전달해 주기를 원했다. 언젠가 조지 W. 부시George W. Bush는 "난 미묘한 말은 할 줄 모른다"고 말했는데(그

---

2   Bill McKibben, 'The Christian Paradox: How a Faithful Nation Gets Jesus Wrong', *Harper's* (August 2005) 31~37.

가 한 말 중 가장 솔직한 선언이었을 것이다) 이때 그는 오랜 기간에 걸쳐 확립된 미국 대중 종교의 전통을 따랐다고 해도 과언이 아니다. 그러나 수 세기에 걸쳐 진지하게 이루어지고 있는 성서 관련 학문들이 이야기하듯 성서는 미묘함, 다양성, 역설, 심지어는 명백한 모순으로 가득 차 있다. 하지만 대중은 모호하지 않은 단순한 이야기를 들려줄 것을 교회에 요구했다. 달리 말하면 성서의 복잡성scriptural complexity이라는 문제를 너무 가벼이 여긴 것이다.

6) 북미권에서 성서주의가 득세하는 이유로 현대 언론을 언급하지 않을 수 없다. 광고에 의존하는 텔레비전 방송은 그리스도교 신앙을 가장 단순한 형태로 축소해서 보여주었으며, 수많은 시청자가 이를 보고 그리스도교의 흥미로운 부분(혹은 문제)에 관해서만 이야기를 나누게 했다. 분명 영상 중심의 언론은 특정 조건을 갖추었을 때 신학, 철학 및 복잡한 주제를 신선하고 감동적인 방식으로 제시할 수 있다는 장점이 있다. 그러나 구조상 기득권의 이익 및 입장을 대변하는 한계 속에서 언론은 복잡한 문제에 대해서는 조잡한 내용과 지극히 편향된 메시지를 대중에게 전달한다.

이런저런 이유로 인해 많은 이는 그리스도교는 곧 (예수 그리스도가 아니라) 성서를 믿는 종교라고 여긴다. 이는 탈종교화된 세속사회의 출현에 대한 극단적인 보수주의자들의 (카렌 암스트롱 Karen Armstrong의 표현을 빌리면) "궁지에 몰렸다는 두려움"이 낳은 결과다.[3] 많은 이가 그리스도교와 성서 문자주의가 긴밀한 관계를 맺고 있다고 생각하기 때문에 성서에 더 섬세하게 접근하려는 그리스도교인들은 대학교 강의실에서조차 그러한 접근을 하는 데 어려움을 겪는다. 근본주의 그리스도교인들은 이들(그리고 무교회주의자들)을 현대 사회에 굴복한 이들로 단정한다. 심지어 보수적인 그리스도교인 중 사려 깊은 이들을 향해서도 말이다.

그러나 문제는 더 복잡하다. 점점 더 많은 보수 그리스도교인이 성서에 나오는 용어들을 사용해 자신의 신앙을 표현하는 반면, 전통적 개신교의 주류에 속한 많은 교회, 그러한 교회에 속한 진보 그리스도교인들은 성서에 대한 관심 자체를 잃은 것으로 보이기 때문이다. 이들은 근본주의 방식으로 성서에 접근하는 것을 비판하고 대안을 제시하는 일을 별 소용이 없는 일, 달갑지 않은 일로 여긴다. 성서가 과연 어떤 문헌이냐, 어떤 권위를 지니고 있느냐는 물음은 신학교와 학자들에게 맡기고서 말이다. 신학교와 대학교 신학과가 성서에 대한 고등비평을 채택한 지 100년이 넘었지만, 그 내용과 결과들은 교회의 평신도들에게는 전달되지 않았다. 오늘날 대다수 개신교 평신도는 종교개혁가들이 성서를 어떻게 대했는지, 어떻게 읽었는지 알지 못한다.

---

[3] 이와 관련해서는 다음의 책을 참고하라. Karen Armstrong, *The Battle for God* (New York: Knopf, 2000)

그렇기에 고전적인 개신교가 성서에 접근한 방식과 텔레비전에 나오는 저명한 복음주의자들, 혹은 주변의 복음주의자들이 성서에 관해 말하는 것 사이에 커다란 차이가 있음을 알지 못한다. 대다수 주류 개신교 교회는 시끄러울 정도로 소리를 높이는 성서주의자들을 비판하기보다는, 그들이 어떠한 분위기를 조성하든 그냥 체념하고 살아가고 있는 듯하다. 진보적인 성직자들, 온건한 성직자들은 평신도들에게 설교단에서 성서 본문을 해석해주기보다는 특정 주제, 삶의 문제, 사회에서 논쟁거리가 되는 문제들과 관련해 일정한 소리를 내는 경향이 강하다(특히 유럽의 개신교). 이러한 교회에 다니는 평신도들은 성서를 거의 공부하지 않는다. 가끔 무심히 몇몇 구절을 살피거나, 다른 신자와 자신의 의견, 경험을 나누기 위한 발판으로 삼을 뿐이다. 결과적으로 (의도하지는 않았지만) 주류 개신교는 종교개혁가들이 물려준 성서에 대한 사용권을 근대라는 차가운 바람에 대한 신경질적인 반응으로 출현한 18~19세기 그리스도교 공동체에게 (조용히) 양도했다.

오늘날 진보적인 개신교인들, 온건한 개신교인들이 가장 먼저 해야 할 일은 고전적인 개신교가 성서에 어떻게 접근했는지 그 핵심을 명확히 하고 되살리기 위해 애쓰는 것이다. 그리고 그러한 가운데 지난 한 세기 반 동안 성서학, 신학, 과학 및 기타 학문의 발견과 통찰을 반영해야 한다. 이제는 진정한 개신교적 성서 접근 방식을 되살리기 위해 반드시 살펴보아야 할 지점들에 대해 논의해보도록 하겠다.

종교개혁 사상에서의 성서

(1) 성서와 성서 연구는 그리스도교인의 삶과 사명의 필수 요소다.

　종교개혁가들이 성서가 그리스도교에서, 그리고 그리스도교 공동체의 삶에 없어서는 안 될 요소라고 가르쳤다는 사실에는 의심의 여지가 없다. 루터는 경고했다.

> 성서를 버리면 하느님께서는 우리를 인류의 거짓 속에 버려두실 것이다.[4]

종교개혁가들은 단지 교황제에 맞서기 위해서 성서에 눈을 돌린 것이 아니다. 그들이 성서를 중시했던 이유는 성서가 복음, 곧 번민하며 슬픔에 잠긴 인류를 위한 기쁜 소식을 전하기 때문이다. 이는 복음서와 서신들뿐만 아니라 (그리스도 사건에 대한 목격자들의 증언으로서 이 문헌들이 아무리 중요하다 할지라도) 유대인들의 경전도 마찬가지다. 구약(오래된 약속)이 없다면 신약(새로운 약속)을 이해할 수 없기 때문이다. 루터는 신약 자체가 더 오랜 약속을 가리키기 때문에 오직 히브리 성서(구약)만 성서Holy Scripture라고 불러야 한다고 말한 적도 있다.

---

[4]　E. Theodore Bachman, Introduction to Luther's essay, 'A Brief Instruction on What to Look For and Expect in the Gospels'(1521), in *Word and Sacrament*, Part I, Luther's Works (Philadelphia: Muhlenberg, 1960), 116.

분명 오늘날 성서학의 눈으로 보았을 때 대다수 종교개혁가는 히브리 성서를 지나치게 알레고리로 해석했고, 어떤 생각들은 대체주의supersessionism[5] 경향을 보이기도 한다. 하지만 그들은 마르키온처럼 구약을 없애려 하지 않았다.[6] 오히려 그들은 성서 본문 전체를 해설하는 글을 남기고 설교를 했으며 모든 신자가 (외경을 제외한) 성서 전체 본문을 함께 읽고 (따로 또 함께) 공부하는 것을 그리스도교인 삶의 의무이자 사명으로 만들었다. 하지만 그들도 성서를 신앙의 대상으로, 신앙의 주요 초점으로 제시하지는 않았다.

(2) **성서는 결론이 아닌 수단으로 이해해야 한다.**

종교개혁 시기에는 라틴어로 시작되거나 라틴어가 포함되는 몇 가지 유명한 표어가 나왔다. '오직', 혹은 '단독으로'라는 뜻을 지닌 '솔루스'solus 혹은 '솔라'sola를 넣어 '솔라 그라티아'sola gratia(오직 은총), '솔라 피데'sola fide(오직 믿음), '솔라 스크립투라'sola scriptua(오직 성서), 그리고 가장 중요한 '페르 크리스툼 솔룸'per Christum solum(오직 그리스도를 통하여)⋯ 여기에 장 칼뱅John Calvin의 특별한 좌우명('솔리 데오 그라티아'soli Deo gloria(오직 하느님께만 영광

---

[5] 대체주의란 예수 그리스도 안에서 드러난 진리와 그의 삶, 죽음, 부활에 대한 증언이 구약을 포함한 유대교를 대체한다는 믿음이다. 구약은 그리스도 중심의 해석으로 조명되지 않는 때의 약속이기 때문이다.

[6] 마르키온은 160년경 세상을 떠났다. 그는 구약 전체를 배척했다.

을))을 추가할 수 있을지도 모르겠다.

종교개혁 신학은 '오직 은총', '오직 믿음', '오직 그리스도를 통하여'와 '오직 성서'를 구별했다. 첫 번째 분류군(오직 은총, 오직 믿음, 오직 그리스도를 통하여)은 신앙의 핵심을 다루며 결과적으로 종교개혁의 내용을 가리킨다. 이와 달리 '오직 성서'는 종교개혁의 형식을 가리킨다. 다시 말해 은총, 신앙, 하느님, 예수를 그리스도로 받아들이는 믿음이 우리 신앙의 핵심, 혹은 알맹이라면 성서는 저 알맹이가 우리에게 오는 형태다. 하느님께서는 성서를 통해 우리와 친교를 나누신다.

그렇기에 고전적인 개신교는 (오늘날 복음주의자들이 말하듯) 성서를 믿으라고 이야기하지 않았다. 성서 그 자체는 우리에게 그것 자신을 믿으라고 요구하지 않는다. 성서는 하느님을 믿으라고, 특별히 그리스도인 예수 안에서, 성령의 증언을 통해 우리에게 드러나신 하느님을 믿으라고 요구한다. 성서를 하느님을 믿듯이 믿는 것은 교회를 믿는 것이나 그리스도교 교리 전통의 이런저런 규범들을 믿는 것과 마찬가지로 우상숭배다. 성서에 대한 과도한 숭배를 뜻하는 '성서 숭배주의'bibliolatry는 19세기 말과 20세기 말 성서를 우상처럼 섬기는 사고, 현상을 기술하기 위해 종교학 담론에서 쓰이고 있는 말이다. 언젠가 라인홀드 니버는 말했다.

성서의 권위는 교회의 오만한 권위를 깨뜨리기 위해 사용되었

다. 그러나 결과적으로 성서는 인간의 교만을 세우는 또 다른 수단이 되었다.[7]

성서는 그 자체로 이러한 성서 중심주의라는 관념을 부서뜨린다. 성서라고 불리는 이 경이로운 글 모음집에는 일관된 겸손이 흐르고 있다. 근본주의자, 성서 문자주의자는 이를 외면한 채 자신들의 입장을 정당화하는 몇몇 구절을 맥락과 상관없이 인용한다. 분명 고전적인 프로테스탄티즘은 성서가 그리스도에 대한 신앙을 매개한다고 확언한다. 그러나 성서를 신앙의 대상이자 목적으로 여기지는 않는다.

(3) '하느님의 말씀'이라는 용어를 아무 제한 없이 성서에 적용할 수 없다.

개신교에서는 하느님의 말씀이라는 용어를 자주 쓴다. 개신교 교회에서 하는 예배에 참석하면 성서를 읽을 때 하느님의 말씀을 들으라고, 하느님의 말씀을 늘 묵상해야 한다는(성서를 자주 읽어야 한다는) 말을 손쉽게 들을 수 있다. 하지만 이러한 말들은 오해를 낳을 수 있다. 아무런 제한 없이 하느님의 말씀과 기록된 말씀을 동일시하기 때문이다.

이와 관련해 칼 바르트는 신학적으로 커다란 공헌을 남겼다(안타깝게도 이에 관해 알고 있는 개신교 신자들은 거의 없다). 그는 하

---

[7]   Reinhold Niebuhr, *The Nature and Destiny of Man*, 2:231.

느님의 말씀을 "세 가지 형태"(선포된 말씀, 기록된 말씀, 성육신한 말씀)로 구분했는데 이때 아무런 제한 없이 하느님의 말씀으로 여길 수 있는 것은 성육신한 말씀뿐이다.[8] 기록된 말씀은 성육신한 말씀, 살아 있는 말씀을 증언하고 선포된 말씀은 말씀을 듣는 이들에게 꼭 필요한 동시대성을 부여해 선포를 들을 때 우리가 말씀의 생명을 받도록 도와준다. 하지만 이 두 가지 말씀(선포된 말씀, 기록된 말씀)은 오직 성육신한 말씀을 겸손하게, 다소 주저하며 가리킬 뿐이다.

요한 복음서 서문에서 명료하게 선언하는 것 역시 말씀의 성육신이다(여기서 나머지 말씀의 두 가지 형태에 대해서도 암묵적으로 이야기하고 있다).

태초에 '말씀'이 계셨다. …

그 말씀은 육신이 되어 우리 가운데 사셨다. (요한 1:1,14)

성서는 하느님의 말씀을 성서로 축소하는 것을 포함해 하느님의 진리를 축소하는 모든 것을 거부한다. 하느님의 진리는 살아 있는 진리다. 예수는 진리를 전하지 않았다. 그가 우리 가운데 살아 있는 진리다.[9]

많은 사람이 성서와 하느님 말씀의 관계에 대해 분명히 이야

---

8 Karl Barth, *Church Dogmatics I/1*, 1-310.

9 이 책 5장을 보라.

기해주기를 요청했을 때 바르트는 성서가 하느님의 말씀이 아니라 하느님의 영이 성서의 말들을 취해 우리에게 선포될 때 하느님의 말씀이 된다고 이야기했다. 그렇다면 성서는 과연 무엇이란 말인가? 이와 관련해 그는 미묘하지만 통찰력 있는 답변을 남겼다.

우리 앞에 놓여있는 상태로서의 성서 자체에 대해서는 우리는 다만 다음과 같이 말할 수 있을 뿐이다. 우리는 바로 이 책을 통해 하느님의 말씀을 들었음을 기억한다. 우리는 교회를 통해, 교회와 함께 하느님의 말씀을 이 책 전체를 통해, 이 책의 모든 부분을 통해 들었음을 기억한다. 그렇기에 우리는 하느님의 말씀이 이 책을 통해 다시 울려 퍼질 것이며, 비록 우리 자신은 아직 이를 듣지 못했다고 하더라도 언젠가 들을 수 있으리라고 기대하게 된다. 하느님의 말씀은 성서 그 자체와 동일하지 않다. 달리 말하면 하느님의 말씀이 지금, 이 현실에서 울려 퍼지고 우리가 이를 듣게 되는 사실은 성서가 있다는 사실과 동일하지 않다. 현재, 지금 이 현실에서는 이 책을 통해, 이 책과 함께 무엇인가가 일어난다. 성서는 그 발생의 가능성을 제공하지만, 성서가 있다고 해서 그러한 사건이 일어나리라고 예견할 수 없고 성서가 이를 대체할 수도 없다. 이는 자유로우신 하느님의 결단이다. 하느님께서 결단하시면 어떤 사건이 일어난다. … 달리 말하면 하느님께서는 성서의 이런저런 특정 부분을 당신의 도구로 삼으셔서 우리에게 다가오시며, 이로써 성서는 하느님의 계시를 확증하는 증거로 우리에게 선포된다. 그리고 우리는 이를 그분의 말씀으로 듣는다. 그렇게 하느님의 말씀은 우리와 함께하게 된다.[10]

현대 그리스도교 신학자 중 누구도 바르트보다 성서에 대해 더 철저하게 이야기하지 못했다. 위의 인용문을 보면 왜 사람들이 그리스도교를 성서를 믿는 종교로 오해할 수 있는지를 알 수 있다. 이 책, 좀 더 구체적으로 말하면 하느님의 활동에 대해 수천 년간 숙고한 결과를 담아낸 이 경이로운 저술집을 그리스도교인인 우리는 신앙생활에서 필수적인 요소로 대해야 하며 늘 가까이해야 한다.[11] 하지만 그렇다고 해서 성서 자체를 숭배하거

---

[10] Karl Barth, *Church Dogmatics* I/2 (Edinburgh: T. and T. Clark, 1956), 530.

[11] 성서Bible라는 말은 '책'을 뜻하는 그리스어 '비블로스'Βίβλος에서 나왔다. 그 덕분에 그리스도교인을 포함한 대다수 사람은 성서가 한 권의 책이라는 관념을 갖게 되었다. 하지만 이는 실제와는 거리가 멀다. 이 거룩한 기록집은 매우 다양한 성격의 글들을 묶은 책으로 역사적 이야기, 법과 법에 관한 해설, 시편 같은 독실한 기도문, 신앙 묵상과 지혜 문헌, 예수의 삶과 가르침에 관한 회상, 1세기 막 탄생한 작은 교회들에 보낸 초대 그리스도교 지도자들(특히 바울)의 서신, 묵시 문학 등이 있다. 이 다양한 글들은 유대교와 그리스도교 운동에서 매우 중요한 의미를 차지한다. 한 권의 '책'이 아닌, 여러 권의 '책들'로 성서가 이루어졌다는 사실은 그러한 형식 자체로 교리와 실천이 엄격화되는 것에 경고를 던진다. 달리 말하면 신앙에 대한 단 하나의 이상적 접근 형태는 없다는 것이다. 언젠가 토마스 아퀴나스Thomas Aquinas는 "단 한 권의 책만 읽은 사람을 조심하라"고 말했다. 다양한 해석이 있지만, 적어도 주류 해석에 따르면 이 말은 우리가 신자로서 한 가지 관점, 자신의 관점만 고수하려 하지 말고 많은 이의 말에 귀를 기울이고, 반성해야 한다는

나 성서 기록을 초인적인 무언가로 취급해서는 안 된다. 성서는 그 자체로 우리를 위한 하느님의 말씀이 될 수 없다. 오직 신비로운 하느님의 영이 성서를 통해 우리에게 말씀을 건네실 때 성서는 하느님의 말씀이 된다.

바르트가 하느님의 말씀에 관해 가르치며 내린 흥미로운 결론(나는 이 결론이 종교개혁 사상과 정확하게 일치한다고 생각한다)은 아무런 제한 없이 '하느님의 말씀'이라고 부를 수 있는 대상이 오직 예수 그리스도라는 인격체라면 우리 중 누구도 그리스도교가 전하는 진리를 소유한다는 주장을 할 수 없게 된다는 것이다. 교회들과 신자들은 성서를 소유할 수 있을지 모른다. 그러나 그리스도라고 불리는 이를 소유할 수는 없다. 요한 복음서에서 예수는 제자들에게 말한다.

나는 … 진리다.[12]

예수의 저 말을 지금까지 논의한 맥락에서 이해한다면, 저 말은 높은 자기애를 드러내는 말이 아니라 진리의 살아있음과 소유 불가능성을 가리키는 가장 급진적인 진술임을 알 수 있다.

뜻을 담고 있다. 이는 성서에도 마찬가지로 적용될 수 있다. 많은 저자가 하나의 중심, 즉 하느님과 인간의 관계에 주의를 기울인 수고의 산물인 성서는 결코 하나의 책이 아니다.

12 이 책 5장을 보라.

나는 약 50년 전 일어난 한 사건에서 이에 관한 분명한 교훈을 얻었다. 당시 나는 뉴욕 유니온 신학교에 입학해 두 번째 혹은 세 번째 해를 보내고 있었다. 예배 담당위원회는 당대 가장 인기 많고 새롭고 젊은 복음주의 전도자를 설교자로 제임스 예배당에 초대했다. 그의 이름은 바로 빌리 그레이엄Billy Graham이었다. 노년에는 모두가 존경하는 모습을 갖게 되었지만(이는 매우 드문 일이다), 당시 그는 혈기 왕성한 보수적 복음주의자였다. 유니온 신학교에서 진행하는 예배의 설교를 맡으며 그는 아마도 자신이 북미권에서 자유주의 신학의 온상으로 평판이 자자한 곳, 사자 굴에 들어간다고 생각했던 것 같다. 자신의 신앙을 방어하는 듯한 모습이 역력한 채 설교하던 중 그는 옆에 있던 성서를 들고 외쳤다. "저는 진리를 갖게 되었습니다. 바로 이 성경에서 말이죠!" 신학 초년생이었지만 나는 그 말에서 가장 중요한 말이 무엇인지 정확히 알 수 있었다. 바로 "진리를 갖게 되었다"는 말이었다. 그리고 당시 맥락에서 이 말은 다음을 뜻하기도 했다. '하지만 당신들은 그렇지 않지. 이 무지몽매한 자유주의자들아!' 나는 혼자 생각했다. '하지만 빌리, 진리는 가질 수 있는 게 아니에요. 당신은 그것을 갖고 있다고 감히 주장할 수 없습니다.' 진리는 함부로 입에 올릴 수도, 높이 추어올릴 수도 없으며, 다른 이를 쳐부수는 도구로 사용될 수도 없다. 한 마디로 우리는 진리를 소유할 수 없다. 오히려, 하느님의 진리가 우리를 소유하기를 바란다(친애하는 빌리, 우리는 오직 진리를 들을 수 있을 뿐입니다.

그리고 진리의 빛이 매일 우리 삶의 길을 비추기를 바랄 뿐이지요).

예배에서 설교자나 봉독자가 설교 본문을 두고 "하느님의 말씀을 들으십시오", 혹은 "하느님의 말씀을 읽읍시다" 할 때 그 말에 담긴 진짜 의미는 이렇다.

> 이 본문을 통해 궁극적인 의미를 지닌 것을 읽으려 합니다. 하느님께서 이 본문을 통해, 설교를 통해 말씀을 건네시기를 바랍니다. 그리고 그 말씀이 여러분에게 하느님의 말씀으로 가닿기를 바랍니다.

하지만 인간의 본성 때문이든 영적 교만 때문이든, 이러한 세심한 구별을 공식으로 만들기란 사실상 불가능하다. 그러므로 중요한 것은 우리가 겸손함을 가지고 성서를 진실하게 대하는 것이다. 그렇다면 "하느님의 말씀을 들으십시오"라는 말은 좀 더 정확하게는 이렇게 말하는 것이 좋을지도 모른다.

> 여기 하느님의 말씀을 증언한 기록이 있습니다.

설교자는 회중에게 성서의 말들이 낭독될 때 하느님의 말씀이 듣는 이들의 정신과 마음을 깊게 뒤흔들기를, 그들이 단순한 단어, 문장, 표현이 아닌 "하느님의 말씀을 듣기를" 바란다. 이제 고전적인 프로테스탄티즘이 성서에 관해 어떠한 가르침을 전했는지 살펴볼 차례다.

(4) 하느님의 말씀에 대한 성서의 증언은 영감으로 이루어진 것이다. 하지만 이 영감을 받은 증언만으로는 우리에게 영감을 줄 수 없다.

기록된 말씀이라는 외적 증언에는 내적 증언이 필요하다. 전통에서는 이를 '테스티모니움 스피리투스 상티 인테르눔'(성령의 내적 증언)testimonium Spiritus Sancti internum이라고 불렀다.

이 주제를 좀 더 자세히 다루기 위해 여기서는 먼저 장 칼뱅의 논의를 살펴보도록 하겠다. 안타깝게도 많은 사람이 칼뱅을 성서 문자주의의 장본인으로 여기기 때문이다. 그러나 이는 오늘날 개신교가 얼마나 종교개혁과 단절되었는지를 보여줄 뿐이다. 분명 칼뱅은 성서가 "영감을 받아" 쓰였다고 믿었고, 그 때문에 성서의 증언이 충만한 것이라고 생각했다. 그는 이 기록된 증언이 삼위일체 하느님과 창조하시는 하느님, "당신의 거룩한 입을 열어서" 말씀하시는 하느님을 증언한다고 가르쳤다.

그분은 우리가 누구를 예배해야 하는지 알려주신다. 우리가 예배해야 하는 분은 바로 하느님이라고, 그분은 선언하신다.

칼뱅은 진정으로 성서의 증언을 듣는다면, 귀 기울여 듣는다면 하느님께서 우리를 부르고 계심을 알게 되리라고 믿었다. 성서가 전하는 메시지를 "하느님께서 직접 이 말들을 말씀하신다고 여기고" 듣는다면 이는 말씀으로 우리에게 전달될 것이라고 그는 말했다. 여기서 중요한 것은 "말씀하신다고 여기는" 것이다. 칼뱅은 성서가 곧바로 하느님의 말씀이라고, 지울 수 없으며 영원히 고정된 하느님의 말씀이라고 말하지 않았다. 그는 이보다 훨씬 더 세련된 신학자다. 인간이 만든 빵과 포도주가 그리스도의 몸과 피를 담을 수 없듯(성찬에 관한 그의 가르침은 루터가 로마 가톨릭의 화체설을 부인한 것보다 한 걸음 더 나간다) 인간의 언어가 아무리 빛나고 영감을 받았다 할지라도 하느님의 말씀을 온전히 담아내 소통할 수는 없다.[13] 말이 말씀이 되기 위해서는 말보다 훨씬 더 신비로운 증언, 즉 성령의 증언이 말을 사로잡아 변형시켜야 한다(빵과 포도주도 마찬가지다). 칼뱅은 말했다.

성령의 증언은 모든 이성보다 우월하다. 당신의 말씀을 충분히 증언하실 수 있는 분은 하느님 자신뿐이다. 따라서 성서의 말도 성령의 내적 증언으로 확인되기 전까지 인간의 마음은 이를 하느님의 말씀으로 신뢰하지 못할 것이다.

거듭 말하지만 칼뱅은 성서가 하느님의 영감을 받아 쓰였다고 믿었다. 그러나 그가 '아드 폰테스'(원천으로)Ad fontes로 대변되는 인문주의 전통에서 교육받았음을 잊어서는 안 된다. 그는 성

---

[13]   칼뱅의 성찬에 대한 견해는 흔히 '영적 임재설'Spiritual presence로 불리며 주의 만찬을 거행할 때 그리스도가 영으로 임한다는 의미다.

서의 모든 말에 집착하고, 문자주의적으로 접근해야 한다는 방식은(어떤 번역본을 택해야 한다는 말인가?) 받아들이지 않았을 것이다(아니, 이를 이해하지도 못했을 것이다). 칼뱅과 현대의 성서주의 사이에는 커다란 역사적, 해석학적 차이가 있다. 17세기 이후 개신교 정통주의는 성서 전체가 하느님의 영감을 받았다는 칼뱅의 가르침을 진부하고 근본적으로 불성실한 문자주의로 대체했다. 개혁주의 신학자 헨드리쿠스 베르코프Hendrikus Berkhof의 말에 따르면, 성서가 영감을 받아 쓰였다고 칼뱅이 가르쳤을 때 그는 '영감'이라는 말을 매우 일반적인 용어로 사용했다.

> (그러나) 후기 개신교 스콜라주의의 영감에 관한 교리는 성서의 개별 저자들에게 성령이 불러주는 말을 그대로 받아쓰는 속기사의 역할 이외의 어떤 여지도 남겨두지 않았다.[14]

칼뱅에게 성령의 영감은 성서 저자들에게만 필요한 것이 아니라 '지금, 여기'에서 우리가 성서 본문을 거룩하게 받아들이고 메시지가 무엇인지 이해하려 할 때도 필요하다. 칼뱅에게 그리스도교는 성서의 종교라기보다는 차라리 성령의 종교였다. 물론 칼뱅은 둘 중 하나만 택하기를 바라지 않았을 것이며 루터처럼

---

[14] Hendrikus Berkhof, *Christian Faith: An Introduction to the Study of the Faith* (Grand Rapids: Eerdmans, 1979), 88. 『교의학 개론』(크리스천다이제스트)

성령과 말씀은 함께 있어야 한다고 주장했겠지만 말이다.[15]

(5) 성서에는 언제나 얼마나 권위가 있는지 선택해야 할 부분이 있으며 종교개혁가들(특히 루터)은 이를 구별하기를 주저하지 않았다.

성서의 모든 말이 영감을 받았음을 매우 중시하는 과거, 현재의 그리스도교인들이 특정 교리 및 윤리적 행동에 치중해 성서를 가르친다는 사실, 자신들이 편안함을 느끼는 구절들에만 관심을 기울이고 이를 자신들의 뚜렷한 종교적, 윤리적, 정치적 관심을 뒷받침하는 증거로 삼는 모습은 매우 흥미롭다. 독일의 보수적인 그리스도교인들이 아돌프 히틀러Adolf Hitler를 지지했던 일은 그중 악명높은 예에 해당한다. 그들은 바울의 로마인들에게 보낸 편지 13장을 자주 인용하며 "권세"에 복종해야 한다고 말했다. 하지만 그들은 바울이 한 또 다른 이야기, 이를테면 "유대 사람도 그리스 사람도 없으며, 종도 자유인도 없으며, 남자와 여자가 없습니다. 여러분 모두가 그리스도 예수 안에서 하나이기 때문입니다"(갈라 3:28)와 같은 반인종주의적 가르침들은 간과했다. 마찬가지로 동성애와 관련된 (뜻이 불명확한) 일곱 가지 언급을 보수적인 그리스도교인들은 끊임없이 언급하고 강조하는 반면, 고리대금업(이자 수급)에 대한 성서의 율법들과 과도한 소

---

15 칼뱅의 논의는 모두 그리스도교 강요 제1권 6장과 7장에서 가져왔다. John Calvin, *Institutes of the Christian Religion* (Philadelphia: Presbyterian Board of Education, 1936), 1:85, 『기독교 강요 상,중,하』(크리스천다이제스트)

유를 경계하는 표현들, 모든 개인적 정결과 자기의自起義를 내세우는 것을 경계하고 사랑을 가장 먼저 세워야 한다는 가르침에 대해서는 그다지 주목하지 않는다.

영미권 교파, 그리고 종교개혁을 따르는 개혁파도 루터가 성서의 권위에 대한 신학적 논의를 한 것에 관해서는 잘 알지 못한다. 물론 루터도 칼뱅과 마찬가지로 성서 전체가 하느님의 영감을 받아 쓰였다고 믿었다. 이와 관련해서는「라이프치히의 '염소' 엠저가 쓴 너무나 그리스도교적이고 너무나 영성적이어서 막돼먹은 저작에 대한 응답 – 그의 동료인 '멍청이' 무르너에 관한 몇 가지 생각들을 덧붙여」Answer to the Hyper christian, hyper spritual, and hyper-learned Book by Goat Emser in Leipzig—including some thoughts regarding his companion, the fool Murner이라는 신랄한 제목의 글(엠저와 무르너는 모두 가톨릭 신자였다. 종교개혁 시기 사람들은 정치적 올바름에 대해서는 전혀 신경 쓰지 않았고 이런 제목의 책과 글을 자주 펴냈다)을 주목해 보아야 한다. 여기서 루터는 로마의 교리적 객관주의와 경건주의적 주관성의 결합을 커다란 위험으로 보고 성서의 실제 본문에 집중해야 한다고 주장했다. 그는 본문에 귀를 기울이라고, 그리고 자신이 알고 있는 교리, 신념, 영적 성향에 비추어 본문을 판단하지 말라고 요구했다. 오늘날 교리를 완고하게 고집하는 보수주의자나 개인주의 성향이 강한 진보주의자에게 이는 여전히 유효한 충고다.

그러나 루터는 오늘날 의미에서 문자주의자는 아니었다. 어떠한 기준으로 보든 성서 본문에 대한 그의 지식은 놀라울 정도였지만, 결코 성서 본문에 궁극적인 진리를 구별하는 몫까지 떠넘기지는 않았다. 아마도 그가 성서의 내용을 너무나 잘 알고 있었기 때문일 것이다. 비텐베르크에서 그는 체계적인 교리를 다루는 신학자들과 달리 성서 연구에 학문 활동을 집중했으며 구약과 신약을 번역하고 다듬는 데 평생을 쏟았다. 그는 언제나 올바른 말들을 찾기 위해 애를 썼다. 이때 올바른 말이란 성서 원어인 그리스어와 히브리어를 정확하게, 혹은 적어도 적절하게 재현할 수 있는 독일어, 동시에 독일인들, 평범한 사람들이 이해할 수 있는 독일어를 뜻했다.

바르트부르크성에서 처음 신약을 독일어로 번역할 때 그는 마구간에서 일하는 아이들을 불러 도움을 구하곤 했다. "이런 경험을 어떻게 설명하면 좋겠니? 이런 생각은 어떤 말로 표현하는 게 좋을까?" 루터는 에라스무스Erasmus나 츠빙글리Zwingli처럼 학식 있는, 빼어난 언어학자는 아니었다. 그러나 그는 신약성서 저자들이 고전 그리스어가 아닌 더 평범한 그리스어, 코이네 그리스어로 본문을 기록했다는 점을 누구보다 고심했다. 그래서 그는 성서가 이야기 전하기를 의도했던 이들, 최소한의 이해력만 가진 평범한 이들도 성서 이야기를 이해할 수 있어야 한다고 생각했다. 진실로, 루터는 성서가 무엇인지를 알고 있던 것이다.

그는 보수주의자들을 놀라게 할 만한 말을 서슴지 않고 했다. 널리 알려져 있듯 루터는 야고보서와 요한 묵시록을 무시하거나 그리 중요한 성서 본문으로 여기지 않았다. 여기에는 일정한 신학적인 혹은 변증적인 의도가 있었고 그 역시 이를 알고 있었다. 얼핏 이러한 접근은 그가 성서의 권위에 별다른 신경을 쓰지 않는 것 같은 인상을 준다. 그러나 루터는 성서가 전하는 가르침이 너무나도 다양함을, 혼란과 모순을 만들어내지 않은 채 이 다양하고 풍부한 유대-그리스도교 신앙의 보고들을 똑같이 구속력이 있다고 말할 수는 없음을 정직하게 받아들였다. 그리고 이를 구별하기 위해서 그는 어떤 원칙, 해석의 원리가 있어야 함을 알았다. 그가 꾸준히 권한 원칙은 크리스툼 트라이베트Christum treibet, 즉 '그리스도에게로 인도하는 것'이었다. 즉 성서의 권위, 그리고 성서의 다양한 가르침과 주장을 식별하는 기준은 그것이 얼마나 우리를 그리스도에게로 인도하느냐. 루터는 이 원칙을 협소하게 이해하지 않았으며 교리로 여기지도 않았다. 어떠한 그리스도론도 그리스도를 온전히 묘사할 수는 없다고 그는 생각했다. 우리가 예수를 믿을 때 그는 우리에게 그리스도, 메시아로 드러난다. 그러한 면에서 예수 그리스도는 그의 신성에서뿐만 아니라 인성에서도 우리의 생각을 무한히 넘어선다.

성서에 대한 루터의 그리스도 중심적인 접근 방식에는 오늘날 상당히 비판받을 요소가 있는 것이 사실이다. 특히 그는 구약을 신약에 대한 일종의 상징으로 간주하고 해석했는데 이는 안타깝게도 유대인들에 대한 무지와 편견을 낳았으며 혐오로 이어졌다. 루터뿐만 아니라 중세 및 중세 이후 그리스도교는 이러한 면에서 공통점을 갖고 있었다. 그럼에도 불구하고 우리를 그리스도에게로 인도하는 방식으로 성서를 봐야 한다는 루터의 해석원칙은 성서에 바탕을 둔 신앙을 좀 더 통전적으로 이해하는 것을 가능케 했으며 다른 어떤 해석 원칙들보다 타인들에 대한 공격적인 태도를 덜 낳았다. 앞서 이야기했듯 대다수 해석 원칙, 원리와 달리 이 그리스도 중심주의christocentrism는 깊이 이해하면 이해할수록 우리 자신을 절대화하지 않게 한다. 예수 그리스도는 당신Thou이시며 말씀과 성령이 당신을 증언할 때, 그분은 당신을 그것it으로 환원하려는 모든 시도에 저항하시기 때문이다.

(6) 성서에 귀 기울이는 것은 시대정신에 귀 기울이는 것을 포함한다.
칼 바르트가 남긴 유명한 말이 있다.

> 신학을 한다는 것은 한 손에는 성서를, 다른 한 손에는 신문을 드는 것을 뜻한다.

이 진술은 종교개혁 사상의 핵심(특히 루터 사상의 핵심)이 무엇인지를 보여준다. 시대 정신을 식별하기 위해 분투하지 않은 채 성서가 무엇을 증언하고 있는지를 식별할 수는 없다(루가 12:56 참조).[16] 이와 관련해 게르하르트 에벨링Gerhard Ebeling은 말했다.

---

[16] "위선자들아, 너희는 땅과 하늘의 기상은 분간할 줄 알면서, 왜, 이 때는 분간하지 못하느냐?"(루가 12:56)

성서를 온전히 이해하기 위해서 성령에 관심을 기울여야 한다
는 말은 오늘날 실존적 상황에 관심을 가져야 할 필요성을 가
리킨다.[17]

이 상황은 언제나 유동적이며 변화한다. 변화란 삶이라는 과정,
그리고 삶을 이해하려는 인간의 분투라는 과정의 '이름'이다. 그
러므로 참된 복음을 전하기 위해서는 언제나 자신이 속한 제자
공동체를 둘러싼 시간과 공간의 성격을 파악하기 위해 분투해야
한다. 성서의 모든 말, 모든 가르침이 언제, 어디서나 적용될 수
있는 것은 아니다. 예언자적 신앙은 언제나 올바른 말, 적절한
말, "주님으로부터 온 말씀"을 찾는다. 그러므로 복음 또한 고정
된 메시지일 수 없다. 교회는 실제 인간 상황에 참여하고, 대화
하고, 변혁하는 가운데 지금, 여기에 걸맞은 메시지를 언제나 새
롭게 발견해야 한다. 이러한 맥락에서 성서에 관한 종교개혁가
들의 신학은 근본적으로 (물론 그들이 이러한 용어를 쓰지는 않았지만)
상황 신학contextual theology이었다. 이와 관련해 루터는 그리스도교
인의 공언profession과 고백confession을 구별하며 매우 인상적인 말
을 남겼다(그리고 이 말은 내 모든 신학 작업의 원천이 되었다).

　아무리 하느님의 모든 진리를 가장 큰 목소리로 명료하게 공언

---

[17] Gerhard Ebeling, *Luther: An Introduction to His Thought* (Philadelphia: Fortress, 1977), 99~100.

profession한다 할지라도 세상과 악마가 공격하고 있는 순간에 침묵한다면 이는 그리스도를 고백confession하는 것이라고 볼 수 없다. 군인의 충성심을 입증하는 순간은 전투가 벌어지는 순간이다. 그 순간 뒤로 물러선다면, 아무리 다른 때 전장에 있어도 소용이 없다. 오히려 이는 군의 명예를 실추시키는 비겁한 행동일 뿐이다.[18]

결론: 성서와 그리스도교의 미래

종교개혁자들이 절대적인 권위를 지니고 있다고 여긴 것은 모든 권위를 초월하시는 하느님 한 분뿐이다. 예언자들은 불타는 덤불에서, 산 정상에서, 꿈에서, 한밤중에, 고난과 추방당한 사람들 사이에서 이 절대적인 권위의 목소리를 들었다고 믿었다. 그리고 사도들은 제자의 길을 걸으라는 무명 떠돌이 랍비에게서 그 권위의 목소리를 들었다. 그리스도교의 기나긴 역사에서 그 권위를 인정받는 몇 가지 요소가 있다. 전통, 초창기 그리스도교 공의회에서 결정한 신경들, 자신들이 믿는 바를 이해하려고 노력한 이들의 합리적인 생각들, 성인과 신비주의자들의 신앙 체험, 지금 여기에 있는 교회의 사목 활동과 정신 등… 그리고 그중에서도 성서는, 특히 개신교 신자들에게 가장 커다란

---

18   다음에서 인용했다. *Luther's Works* (Weimar edition) Letters 3:81ff. 그리고 'The Diversity of Christian Witnessing in the Tension between Subjection to the Word and Relation to the Context' in *Luther's Ecumenical Significance* (Philadelphia: Fortress, 1984), 257.

권위를 갖는 요소다. 하지만 그조차 절대적인 권위를 가질 수는 없다. 하느님께서는 우리와 당신 사이에 더 영원한 관계를 맺으시기 전에 잠정적으로 이 성서를 우리에게 주셨다. 그러므로 고전적인 프로테스탄티즘이 아무리 성서를 없어서는 안 될 것으로 여겼다 할지라도 그리스도교를 성서의 종교, 성서를 믿는 종교로 규정해서는 안 된다.

개신교의 미래는 이 문제를 어떻게 해결하느냐에 달려 있다. 하지만 고전적인 개신교의 성서 이해를 곧이곧대로 받아들여서 그리스도교인의 삶과 사명을 확립하는 방식으로는 이 문제를 해결할 수 없다. 그렇다면 어떻게 해야 할까? 최근 몇 년 동안, 나는 많은 진보적인 그리스도교인들은 미처 생각하지 못한 방식으로 그러한 문제가 해결될지 모른다는 생각을 하게 되었다. 나는 복음주의, 더 나아가서는 근본주의적인 신앙 공동체에서 자라난 신학생들이 대학원 과정을 거치면서 열정적이고 진지한 신학자가 되어가는 모습을 너무나도 자주 보았다. 그 이유를 추측해보기란 그리 어렵지 않았다. 설사 성서주의라는 조건에 갇혀있다 할지라도, 적어도 그들은 성서 본문을 늘 가까이하기 때문이다. 이와 달리 오늘날 진보적이고 온건한 교회에서 자라나 신학을 연구하는 이들은 성서 본문에 무지한 경우가 너무나 많다(심지어는 본문을 진지하게 대하는 이들을 비웃기까지 한다).

아무리 한계가 있다 할지라도 성서에 대한 배움은 그 자체로 중요하다. (그러한 배움을 통해 기본적인 지식을 갖게 된) 보수적인 그리스도교인들은 악마적이라고 여기던 성서 비평 방법을 익히고 현대 세계에서 삶의 다층적인 문제들을 몸소 겪으면서 점점 더 동시대인들의 눈으로 성서를 보는 법을, 성서가 전하는 말씀에 귀 기울이는 법을 익히게 된다. 적어도 내 경험에 따르면, 이러한 그리스도교인들은 성서에 관해 가장 많이 알면서도 상황에 가장 적극적으로 참여하는 신학자가 되는 경우가 많았다.

이는 오늘날 주류 개신교인들에게 하나의 중요한 (그리고 긴급한) 메시지를 전한다. 우리는 성서를 알아야 한다. 성서주의자들을 불편해하거나 업신여긴다고 해서 이를 이유 삼아 성서를 멀리해서는 안 된다. 무수한 사회적 문제가 있다고 해서, 자신이 희귀하고 독특한 생각을 발견했다고 해서, 인터넷이 있다고 해서 성서를 책상이나 탁자 위에 둘 필요가 없다고 여겨서는 안 된다. 분명, 그리스도교는 성서의 종교가 아니다. 그러나 성서 없는 그리스도교에는 미래가 없다.

제3장

교리가 아니다

내가 그리스도교를 교리로 간주하고 나의 온 지혜와 깊은 사고, 언변, 상상력을 모두 발휘해 이를 기술하면 사람들은 매우 만족스러워한다. 그들은 나를 진지한 그리스도교인으로 간주한다. 그러나 내가 말한 것을 삶으로 표현하면, 그렇게 그리스도교가 전하는 메시지를 현실화하면 사람들은 내가 그리스도교를 파괴했다고 생각한다. 걸림돌은 바로 거기에 있다.[1]

그리스도교 교리: 필요한 것, 그러나 복잡한 것

교리doctrine라는 말은 라틴어 '독트리나'doctrina에서 유래했다.

---

[1] 쇠얀 키에르케고어가 한 말이라고 해럴드 알스턴Harold Alston이 가르쳐 주었는데 정확한 출처는 알 수 없다.

이 라틴어는 신념 체계와 관련된 가르침, 혹은 가르침들의 체계를 뜻한다. 모든 종교가 그러하듯, 종교적이든 세속적이든 모든 신념 체계는 교리를 갖고 있다. 그리고 그중에서도 그리스도교는 풍성한 교리를 갖고 있으며, 많은 이가 이에 동의할 것이다. 케네스 클라크Kenneth Clark는 이슬람이 가장 단순한 교리를 갖고 있는 반면, 이와 견주었을 때 그리스도교는 신학적으로 훨씬 더 다양하고 복잡하며 미묘하다고 이야기한 바 있다.[2] 대다수 그리스도교인이 전문적인 신학적 사유의 과정, 그 과정 사이에 일어난 복잡한 전환과 변화들을 일일이 이해하는 것이 현실적으로 불가능할 정도다. 이를테면 삼위일체 교리나 예수 그리스도의 위격에 관한 교리의 발전 과정을 파악하기 위해서는 수년간 밀도 높은 연구를 해야 한다. 여기에는 그럴 만한 이유가 있으며 이제부터 조금씩 살펴볼 것이다. 하지만 그 전에 우리는 교리의 복잡성과 교리가 교회의 삶과 구성에 미치는 영향을 정직하게 볼 수 있어야 한다.

그리스도교 교리가 복잡하다는 사실의 가장 커다란 문제는

---

[2] "이슬람의 강점은 그 단순함에 있다. 초기 그리스도교 교회는 신학 논쟁을 하는 데 상당한 힘을 소비했다. 논쟁은 한편으로는 유례없는 폭력을, 다른 한편으로는 유례없이 독창적인 결과물을 내놓았다. 이와 달리 이슬람의 예언자 무함마드는 당시 상황에서 가장 단순한 교리를 설파했다. 이로써 그의 추종자들은 과거 로마 군단처럼 강력한 연대 의식을 갖게 되었다. 이슬람 세력은 고대 세계를 매우 짧은 시간(약 50년)에 초토화했다. 그들이 휩쓸고 지나간 지중해 하늘 아래에는 앙상한 뼈만 뒹굴었다." Kenneth Clark, *Civilization: A Personal View* (Harmondsworth, UK: Penguin, 1982), 22. 『예술과 문명』(문예출판사)

그리스도교 집단이 둘(교육 수준이 높은 소수의 엘리트와 수동적으로 교리를 받아들이는 다수)로 나뉘게 된다는 것이다.[3] 그리스도교 역사의 대다수 시기, 특히 그리스도교가 서구 사회를 지배하는 종교가 된 4세기 이후 지식을 지닌 소수와 순종적인 다수의 분열은 온갖 전형적인 논란의 원인이 되었다. 신학 담론이 정교해지며 온갖 논쟁이 벌어진 중세 전성기에는 대중은 물론이고 다수의 상류층도 대학에서 이루어지는 논의를 따라가지 못했다. 그리고 그렇게 해야 한다고 생각하지도 않았다. 사제와 설교가들은 이러한 논의들을 단순한 가르침과 교회의 관심사가 섞인 교훈으로 압축했다. 당시 대다수 사람은 교리의 복잡성을 충분히 연구할 수 있는 시간적 여유와 학식을 지니고 지속하여 탐구하는 이들에게 권위를 부여할 수밖에 없었다.

르네상스, 특히 종교개혁 시기 상황은 크게 바뀌었다. 성서와 교리를 설명하려는 시도, 신앙 문답 수업을 포함한 평신도 교육, 일상 언어로 된 성서를 직접 읽기 같은 시도를 통해 종교개혁가들은 평범한 사람들도 그리스도교 신앙의 주요 내용을 이해할 수 있다는 급진적인 사고를 설교하고 가르쳤다. 18세기 계몽주의는 교회의 권위를 결정적으로 무너뜨렸고 공교육을 도입했다. 그리고 이에 영향을 받아 교회들(특히 북유럽과 신대륙의 개신교

---

[3] 심지어 보통 4년 중 3년 동안 신학 공부 및 연구를 하는 성직자 후보생들조차 삼위일체 교리의 주요 발달 과정과 칼케돈 신경을 설명하라고 하면 대부분 상당한 어려움을 겪는다.

교회들)은 견진 교육, 주일 학교 및 여러 형태의 신앙 교육(성인들을 대상으로 한 성서 공부)을 시작했다.

그러나 교리를 검토하고 자유롭게 토론할 장이 열렸음에도 불구하고 여전히 많은 평신도 그리스도교인은 그리스도교가 특정 교리를 고수해야 한다고, 그 교리는 만족스럽게 설명될 수 없고 이성을 넘어서기 때문에 순전히 계시된 것으로 받아들여야 한다고 생각한다. 이러한 교리를 받아들일 수 없는 사람, 교리의 진실성에 대해 회의적인 태도를 보이는 사람은 신앙 공동체 주변부로 내몰리거나 어떤 경우에는 공동체의 기풍을 바꾸기 위해 적극적으로 움직인다. 최근 수 세기 동안에는 후자의 경향이 강세를 보인다. 오늘날 진보적이고 온건한 그리스도교 교파는 기존 교리에 회의적인 이들, 기존 교리를 받아들일 수 없던 이들이 오랜 기간 조용히 반항한 결과라 할 수 있을지도 모른다. 오늘날 (개신교뿐만 아니라) 다양한 그리스도교 교파는 사실상 교리에 대한 태도에 따라 나누어진다고 해도 완전히 틀린 이야기는 아니다. 어떤 공동체는 교리를 절대적인 법으로 보고 어떤 공동체는 교리를 가볍게 여기며 어떤 공동체는 교리에 아무런 관심을 보이지 않는다.

지금까지 이야기한 바의 연장선에서 그리스도교는 교리로 환원될 수 없으며 환원되어서도 안 된다. 그러나 이는 자유방임주의를 지지하는 이야기가 아니다. 교리는 필요하다. 그리스도교에서 교리는 선택사항이 아니다. 심지어 특정 교리 체계를 갖고 있지 않은 그리스도교 공동체조차 일정한 '교리'를 갖고 있다.[4] 이어서 1) 그리스도교 교리가 복잡할 수밖에 없는 이유, 2) 이러한 복잡성 때문에 나온 다양한 태도와 실천, 3) 탈그리스도교 상황에서 교리의 역할을 다루도록 하겠다.

그리스도교 교리는 왜 이렇게 복잡한가?

먼저 그리스도교 교리가 단순히 교회 자신의 권력을 강화하기 위해, 혹은 전문 신학자들이 불필요하게 복잡하게 만들었다는 유치한 생각은 버려야 한다. 물론 교리가 타인에게 신념을 강요하는 종교적 권위를 강화하는 데 활용될 때가 있으며, 신학자들이 불필요하게 난해한 논의에 빠져들 때도 있고 반계몽주의의 수단으로 쓰일 때도 있다. 그러나 그리스도교 교리가, 그리스도교의 가르침이 사람들이 바라는 만큼 간단할 수 없는 데는 그보다 더 근본적인 이유가 있다.[5] 현실에서 교리의 남용 및 오용을 비판적으로 이야기하기 전에 우리는 먼저 다음의 사항을 유념에 두어야 한다.

---

[4] "'신조/신경 없는 그리스도교'creedless Christianity라고 알려진 많은 집단(퀘이커, 그리스도의 교회 등)이 진짜 신조가 없는 것은 아니다. 특정 집단이 신조를 택하지 않음을 자신들의 정체성으로 삼으면, 그 '신조 없음'이 그들에게는 신조가 된다." George A Lindbeck, *The Nature of Doctrine: Religion and Theology in a Postliberal Age* (Philadelphia: Westminster, 1984), 74.

[5] 결론에서 앤드루 설리번Andrew Sullivan의 글에 대한 나의 비평을 참조하라.

⑴ 단순한 복음에 담긴 심오한 복합성

나자렛 예수를 중심으로 한 사건들을 다룬 이야기는 초기 그리스도교인들이 복음으로 선포한 것의 기초를 이룬다. 그러나 이 이야기는 경건한 신자들과 열정적인 복음주의자들이 늘 주장하듯 단순하거나 쉽지 않다. 우선 복음서가 네 권 있다는 점에 주목해야 한다. 이는 그리스도교의 핵심을 다루는 독특한 이야기가 넷이나 있다는 뜻이다. 오랜 기간 많은 사람이 무수한 노력을 기울였음에도 불구하고 이 네 이야기는 하나의 이야기나 관점으로 손쉽게 맞추어지지 않는다. 그리고 이 복음서들은 해석을 필요로 한다. 한편 공관복음(마태오, 마르코, 루가)이 등장해 좀 더 넓은 독자층을 얻기 전, 바울은 이미 그리스도교 초기의 핵심 사건들을 주해하고 해석했다. 진보적인 진영에서는 바울이 자신의 신학적 의제를 가지고 단순한 복음을 복잡하게 만들어버렸다고, 복잡해진 해석 뒤에는 지극히 단순한 메시지가 자리 잡고 있다고 보는 경향이 있다. 그러나 바울은 그리스도교가 전하는 메시지가 단순히 지중해 동쪽 끝에 있는 작은 나라에서 일어난 일로 축소되는 것을 막기 위해 해야 할 일을 했을 뿐이다. 즉 그는 이 사건들을 고대 이스라엘의 역사 및 약속과 연결했고 자신의 능력을 십분 발휘해 이 사건들의 보편성, 즉 온 세계를 아우르는 의미까지 기술했다. 바울은 구전 전승 및 이후 기록된 전승과도 충돌하지 않으면서 그 깊이와 의미를 끌어내고 확장하는 경이로운 지적 업적을 이루어냈다. 복음서만 남아있었다면 우리는 바울이 했던 일을 다시 해야 했을 것이다. 아니면 그 이야기는 유대인들의 기나긴 투쟁 이야기 속 하나의 사건으로만 남아있었을 것이다. 물론 바울이 예수를 중심으로 일어난 사건들의 의미를 해석함으로써 문제는 더욱 복잡해졌다. 하지만 이는 계시 사건을 해석할 때 불가피하게 일어나는 현상으로 보아야 한다.

(2) 성서의 풀리지 않는 문제들

그리스도교 교리가 복잡한 두 번째 이유는 신약성서 자체가, 즉 복음서와 서신들이 초대 교회가 결코 무시할 수 없는 많은 질문을 남겼기 때문이다. 이 질문 중 가장 중요한 질문은 당연히 예수 그리스도와 아브라함, 이삭, 야곱의 하느님, 즉 히브리 유일신론에서 나온 한 분 하느님과의 관계였다. 삼위일체 교리와 그리스도의 두 본성(신성과 인성) 개념은 성서에 나오지 않는다. 교리가 성서에 엄격하게 종속되기를 바라는 이들에게 이는 곤혹스러운 일이다.[6] 하지만 이와 같은 교리들은 성서를 증언하기 위해, 구약과 신약의 일치를 드러내기 위해 필요했다. 초기 그리스도교인들은 나자렛 예수를 단순히 지혜로운 선생 혹은 예언자, 혹은 많은 신 중 하나로 보지 않았다. 그들에게 예수는 그리스

---

[6] "칼뱅도 '삼위일체'와 '위격'이라는 용어가 성서에 나오지 않으며 인간 정신의 산물이기에 써 서는 안된다고 주장하는 이들이 "성부, 성자, 성령은 한 분 하느님이나 셋은 서로 구별되며 고유한 성격을 갖고 있음" 을 받아들인다면 저 용어들을 애써 쓰지 않아도 된다고 생각했을 것이다." Hans J. Hillerbrand, *The Encyclopaedia of Protestantism* (New York: Routledge, 2004), 2:607.

도, 약속된 메시아, 자신들 가운데 성육신한 하느님의 말씀이었다. 이스라엘의 신앙을 이어가면서 어떻게 이를 받아들일 수 있었겠는가? 그들은 자신들의 뿌리가 되는 신학을 없애지 않았다. 그들은 다신교라는 위험한 영역에서 방황할 생각이 없었다. 그들은 어쨌든 (대부분) 유대인이었기 때문이다.

오래전부터 진지한 그리스도교인들은 성육신 교리와 삼위일체 교리가 오랜 기간에 걸쳐 발전했음을 인정했다. 또한 대부분의 주류 그리스도교에서 받아들이는 신조의 진술들을 끌어낸 논쟁과 갈등, 공의회의 모든 논의를 따라가기란 매우 어려우며 그 논쟁과 갈등, 공의회가 많은 이에게 고통을 안겨주고, 교회의 분열을 가져오기도 했다는 것을 대다수 사람은 인정한다. 역사적으로나 신학적으로나 삼위일체, 그리고 그리스도의 위격에 관한 교리들은 복잡하다. 하지만 이러한 복잡한 교리가 인간의 사고와 경험에 맞지 않는다고 속단하는 이들은 예수가 그리스도교 신앙의 중심에 있음을 밝히고 그리스도교의 존재 이유를 설명하는 데 교리 외에 다른 무슨 방식이 있는지를 생각해 보아야 한다. 정의 그대로, 그리스도교의 중심에는 그리스도가 있다. 이는 그리스도교가 그리스도에만 배타적으로 집중한다는 이야기가 아니다. 달리 말하면 그리스도교는 그리스도 중심적christocentric이지 그리스도 일원론적Christomonistic인 종교가 아니다(이는 성서에 나오는 예수 그리스도의 특징 및 그가 전한 가르침과 모순된다). 그리스도교 신앙에서는 예수의 순전한 인간으로서의 모습보다 그의 삶과 그가 전한 메시지의 중심에 있는 무언가가 더 신비롭고, 독특하며 궁극적인 의미를 갖고 있다.

초대 교회가 성서 기록을 바탕으로, 이 "멸시당하고 거절당한" 인간이 한 예언자, 혹은 실패한 메시아 그 이상의 존재임을 주장하지 않았다면 독특한 신앙으로서 그리스도교는 애초에 역사에 등장하지 않았을 것이다. 설사 그리스도교가 등장했다 하더라도 초기 그리스도교인들이 예수에게서 그저 인간적인 면모만 보았다면, 그리하여 합리적인 용어로 설명할 수 있는 것 너머에 있는 무언가를 그에게서 보려 하지 않았다면 그리스도교는 사실상 중단되었을 것이다. 이러한 면에서 복잡한 신학적 논의를 하지 않으면서 예수를 신앙의 중심에 두고 싶어 하는 이들은 설사 그들이 의식하지 못하고 있다 할지라도 예수를 신앙의 중심에 두기 위해 복잡한 신학적 논의라는 대가를 치렀던 그리스도교인들의 유산에 의존하고 있다고 할 수 있다.

(3) 그리스도교의 사명 - 소통의 필요성

그리스도교 교리가 복잡한 세 번째 이유는 변화하는 상황과 문화 가운데 그리스도교 신앙이 끊임없이 자신의 메시지를 전해야 했기 때문이다. 주류 그리스도교는 신비 종교들처럼 은밀하고 사회와 동떨어진 집단이 되려 하지 않았다. 복음을 선포하고, 나누고, 소통해야 했기 때문이다. 이러한 소통이 일어나기 위해서는 복음을 듣는 사람들의 문화와 상황을 잘 알고 있어야 한다. 상황과 맥락은 이야기 전달에 영향을 미친다.[7] 1세기가 끝나기도 전에, 그리스도교는 예수와 그를 따르던 이들이 사용한 언어와는 전혀 다른 언어를 구사하는 세계로 나아갔다. 그 세계에서 주로 쓰인 언어, 링구아 프랑카lingua franca(서로 다른 모어를 사용하는 이들이 의사소통을 하기 위해 공통어로 쓰는 제3의 언어)는 그리스어였다. 바울은 그리스어를 알았기 때문에 이방인들에게도 선교할 수 있었다. 하지만 그는 유대인이었다. 어떻게 유대교라는 언어, 종교, 문화적 맥락에서 형성된 이야기와 메시지를 그리스어로 번역할 수 있었을까?

근대의 성서 및 언어 연구 이후 우리는 예루살렘에서 아테네로 그리스도교가 나아가면서 그리스도교 담론에 새로운 문제가 발생했음을 알고 있다. 언어는 단순히 언어가 아니기 때문이다. 언어는 세계관을 담고 있기에 (누군가 말했듯) 번역 과정에서 많은 것이 사라진다. 그렇기에 누군가는 니케아 신경과 칼케돈 공의회에서 결정된 그리스도론 정식이 하느님과 예수에 대한 초기 교회의 이해를 정확하게 전달했는지 물을 수 있다. 베드로를 포함한 몇몇 초기 그리스도교인은 니케아 신경의 언어를 이해하지 못했을 것이다. 그렇다면 그 안에 담긴 생각들은 이해할 수 있었을까? 이에 의문을 품는 것은 충분히 온당하다.

그리스도교가 이방이라는 상황으로 나아갔을 때 새로운 언어

---

[7] 다음을 보라. Douglas John Hall, *Thinking the Faith: Christian Theology in a North American Context* (Minneapolis: Augsburg, 1989), 69~246.

와 문화들과의 끝없는 만남이 뒤따랐다. 복음을 만방에 전해야 한다는 그리스도교의 사명은 그리스도교인이 유대인처럼 단순히 다른 민족들과 함께 사는 것에 만족할 수 없게 했다. 그리스도교인들은 자신들의 신앙에 따라 자신들이 움직이는 곳에 있는 사람들이 이해할 수 있도록, 그들의 언어로 그리스도교의 메시지를 번역해 전달했다. 그리스도교 교리의 복잡성은 상당 부분 이러한 그리스도교 신앙 전통의 특징, 메시지를 상황에 걸맞게 전달해야 했다는 점에서 비롯된다. 이때 상황은 공간적 차원뿐만 아니라 시간적 차원까지를 아우른다. 한 역사적 환경에서 선포된 복음이 다른 역사적 순간에도 반드시 적절한 복음으로 선포된다는 법은 없다. 그러므로 그리스도교 교리를 이해하기 위해서는 세심한 신학적 통찰력뿐만 아니라 역사 및 상황의 변화에 대한 감수성을 갖춰야 한다.

(4) 인간의 복잡성, 저항력, 의심

복음은 단순할지 모른다. 하지만 우리는 그렇지 않다. 그리스도교 교리가 복잡한 주된 이유를 밝히기 위해서는 인간의 정신과 마음이라는 미로를 반드시 다루어야 한다. 우선, 그리스도교의 모든 주요 교리를 이해하려면 진지하고도 지속적인 지적 노력을 이어가야 한다. 이를테면 죄의 교리를 생각해 보라. 이는 그리스도교의 모든 가르침 중에서 가장 오해되는 개념이다. 분명 그리스도교인들은 죄를 고백한다. 그러나 역사를 통틀어 무수한 그리스도교인들이 성서에 바탕을 둔 죄라는 개념을 도덕적인 비행, 부적절한 행동으로 축소해 이해했다. 그리고 드문 예외이기는 하나 어떤 교회는 교회의 힘을 확장하는 데 도움이 된다는 이유로 이러한 죄에 대한 편협한 이해를 있는 그대로 받아들였으며 이를 조장하기도 했다. 하지만 성서에서 이해하는 죄는 나쁜 행동, 악한 행위가 아니다. 심지어 선의 부재(해야 하는 일을 하지 않는 죄)도 아니다. 근본적으로 죄는 관계의 상태, 망가진 관계를 묘사한다. 성서의 타락 이야기(창세기 3장)와 밀접한 관련이 있는 죄의 교리는 인간으로서 우리가 하느님에게서, 서로에게서, 우리와 소통하지 못하는 피조물에게서, 심지어 우리 자신에게서 소외되었다고 주장한다. 우리가 죄인인 이유는 우리가 "해서는 안 될 일을 하고, 해야 할 일을 하지 않았기" 때문이 아니다.[8] 죄에서 중요한 것은 행함doing이 아니다. 죄는 우리의 존재being와 관련된 문제를 가리킨다. 우리가 '무언가를 잘못한' 게 아니라 '우리'가 잘못된 것이다. 다시 말해 우리 삶의 중심은 근본적으로 왜곡되었다. 우리는 타락한 피조물이다. 우리는 창조주의 본래 의도에서 벗어났으며, 우리의 본래 모습에 대한 희미한 앎을 잃어버렸다. 인간의 자기중심주의egocentrism는 이 망가진 관계, 의식적이고 의도적인 소외든, 좀 더 미묘한 혹은 무관심에서 비롯된 소외든 우리 존재와 만나는 모든 상대로부터 소외를 분

---

[8] 성공회 기도서에 나온 기도.

명히 가리킨다.[9]

더 중요한 것은 우리가 지적인 차원에서 이러한 심오한 인간
학적 분석을 이해하지 못한다면, 이러한 분석에 완고하게 저항
한다면 이는 인간을 단순하게 이해하게 될 뿐만 아니라 인간의
본성이 지닌 문제를 은폐하는 결과를 낳게 된다는 것이다. 우리
는 죄를 이해하지 못한다. 죄에 관한 교리가 가리키는 우리의 영
에 관한, 혹은 영혼에 관한 진리를 마주하는 것에 강하게, 그리
고 격렬하게 저항하기 때문이다. 우리는 인간의 타락이라는 (성
서에 바탕을 둔) 개념에 저항한다. 인간의 타락을 "실존적으로" 표
현하면 이는 인간의 "실존을 폭발"(키에르케고어)시키기 때문이
다. 알베르 카뮈Albert Camus의 널리 알려진 소설 『전락』La Chute을
읽어본 사람이라면 인간 존재와 행동의 어두운 면에 대한 폭로
가 얼마나 우리를 뒤흔드는지를 알 수 있다.

섬세한 방식으로 제시되고 알려진다면 교리는 단순히 특정
개념들을 숙고하게 하는 것을 넘어서, 영혼의 어두운 밤을 보여
주는 길로 우리를 인도한다. 죄와 타락의 교리뿐만 아니라 신앙

---

[9] 죄를 타인에 대한 무관심, 세계와 삶 전체에 대한 냉담으로 보려는 시도
는 현대 문학에서 가장 중요한 주제이지만(이를테면 엘리 위젤Elie Wiesel이
쓴 『벽 너머 마을』The Town beyond the Wall) 이러한 관점에서의 죄는 그리스도
교 신학의 죄론으로는 거의 다뤄지지 않았는데, 이는 그리스도교인들이
적극적인 차원의 부도덕에만 너무 관심을 쏟기 때문이다. 신학자들이
관계적인 죄의 어두운 부분을 다룰 때 집중했던 것은 교만pride의 측면이
다. 하지만 오늘날 인류의 근본적인 문제를 가장 잘 드러내는 말은 무관
심과 냉담을 포함한 태만일 것이다.

의 근본이 되는 교리들은 모두 이러한 힘을 갖고 있으며 우리에게 이를 요구한다. 교리를 단순히 "머리의 문제"로만 다룬다면 상아탑에서만 다루는 이야기들로 이해되고, 그러한 방식으로 제시된다면 교리는 본연의 기능을 할 수 없으며 피상적인 차원에만 머물게 된다. 안타깝게도, 그리스도교 세계에서 교리는 그렇게 기능했다. 그러한 면에서 근대에 이르러 대다수 평신도가 교리에 대한 관심을 잃었다는 것은 그리 놀라운 일이 아니다. 아이러니하게도, 이 시기에 사람들은 심리학에 부쩍 관심이 커졌는데, 이는 그 자체로 그리스도교가 자신의 메시지를 전달하는 데 실패했음을 보여준다고 할 수 있다. 이제 우리는 그리스도교 교리가 복잡한 주된 이유가 궁극적으로 인간에게 가장 깊은 안식이 무엇인지를 알리기 위해서라는 것을 보여주어야 한다. 교리를 교조적으로 다루지 않고 인간에 대한 프로이트Freud 및 다른 이들의 현대적 분석만큼이나 진지하게 다룬다면 교리는 우리의 의식, 이런저런 사회적 제약들을 꿰뚫고 들어가 우리 "마음속의 진실"(시편 51:6)을 마주하게 해준다. 이는 우리가 의식적이지 않더라도 무의식적으로 교리에 저항하는 가장 커다란 이유다.

종교에서의 교리, 신앙에서의 교리

그리스도교에서 교리는 인간의 정신을 다루기 때문에 복잡하다. 인간의 정신을 다루는 것은 매우 어려운 일이다. 그러나 그럼에도 교리는 필요하다. 그리고 좀 더 복잡해질 수도 있다. 복음은 인간의 영혼에 관해 말하고, 더 나아가 이를 치유하려 하기 때문이다. 이는 평생에 걸친 노력이 요구된다. 하지만 여기서 좀 더 주목해 볼 점은 교리가 종교의 "짐"이 아닌, 신앙이 자아내는 망의 일부로서 기능할 때 생겨나는 질적 변화다.

(1) 교리와 종교

모든 의미 체계가 그러하듯 그리스도교 신앙도 단순히 교리를 되뇔 것을 요구하지 않는다. 그리스도교 공동체는 구성원들이 교리를 끊임없이 기억하고, 반복해서 익히기를 바란다. 교리는 다른 무엇보다 공동체 구성원들이 공유하는 믿음을 뜻하기 때문이다. 종교 공동체가 유지되기 위해서는 구성원들이 다양한 방식으로 자신들을 하나로 묶어주는 것이 무엇인지, 무엇이 자신들을 공동체의 사명에 헌신할 수 있게 해주는지를 끊임없이 상기해야 한다. 성서 연구, 시대정신 및 오늘날 사람들의 불안을 키우는 것들이 무엇인지에 관한 대화와 토론, 설교와 교리 문답, 강의, 공동 예배, 기도, 성사들을 통해 종교 공동체는 자신들의 믿음을 성장시키고 자신들의 일치를 유지하며 목적을 추구한다. 이때 일치unity는 획일성uniformity이 아니며 그래서도 안 된다. 교회라는 몸에는 다양한 개인의 갈망들, 개인이 지니고 있는 선물들을 나누기 위한 공간을 마련되어야 하고 마련될 수 있다. 이것이야말로 그리스도교 교리가 추구하는 독특한 하나 됨이다. 교회는 신자의 개성을 없애지 않고 오히려 발전시키며 서로를 받아들이고 서로에게 위안이 됨으로써 신자가 온전히 자기 자신이 될 수 있는 공간을 제공한다.

　종교 공동체가 자신의 교리적 토대를 기억하고 가르치는 일은 어떠한 방식으로 이루어지든 간에 공동체의 생명을 유지하고 사명을 실현하기 위해 반드시 필요한 일이다. 마태오의 밀과 가라지 비유(마태 13:24~30)가 생생하게 묘사하듯 대다수 공동체와 마찬가지로 공동체의 생명은 공동체 구성원들의 연대 의식을 약화하는 일들에 얼마나 적절하게 대응하느냐에 달려 있다. 다수의 구성원이 한 몸을 이루기 위해서는 일종의 변증법적 과정이 활기차게 이루어져야 한다. 공동체에 양극이 있을 때 한쪽이 다른 한쪽을 지배하도록 내버려 둔다면 그 공동체는 파괴될 가능성이 크다. 그렇다고 해서 통합적인 측면만을 지나치게 강조한다면 개인은 집단의 규율이나 지도를 폭정으로 받아들이고 공동체에게 자신이 지닌 선물을 빼앗기고 있다고 생각할 확률이 높다. 반면 개인의 결정권과 주도권을 지나치게 허용한다면 온갖 불평이 불화를 조장하고, 당파와 파벌이 형성되어 공동체가 붕괴될 확률이 높다. 교회 생활을 오래 한 사람이라면 이런 문제들을 잘 알고 있을 것이다. 집단과 개인이 미묘한 균형을 이루며 공동체를 유지할 수 있는 유일한 길은 공동체의 신학적 기초, 즉 기본 교리를 함께 정기적으로 기억하고, 토론하는 것이다.

　교리에 관한 토론 및 교육의 가치를 무시하거나 외면해 온 그리스도교 교회 및 교파들은 경험적으로 이것이 필요함을 안다.

불행한 일이지만, 내가 속한 교파가 그 대표적인 예다. 약 1세기 전, 많은 논의와 계획을 거쳐 캐나다의 모든 감리교회, 회중교회, 그리고 장로교회의 3분의 2가 하나의 교회를 이루기로 합의하고 1925년 캐나다 연합 교회The United Church of Canada가 설립되었다. 당시 캐나다 연합 교회는 북미권 개신교에서는 최초의 주요 교파 연합이었으며 결과적으로 캐나다에서 가장 큰 개신교 교파가 되었다. 미래는 밝아 보였다. 많은 이가 각 교단의 가장 좋은 점, 즉 (가장 큰 집단인 감리교의) 경건과 윤리 의식, 지역 회중의 중요성(회중교회), 그리고 교리를 깊이 있게 다루고 진지하게 여기는 종교개혁 전통(장로교)이 결합된 새로운 교회가 이루어질 것을 기대했다.

하지만 초기부터 연합에 비판적인 소리도 있었다. 특히 연합에 가입하지 않은 3분의 1의 장로교인들은 특히 그랬다. 하지만 연합을 옹호하는 장로교인들과는 달리 연합에 비판적인 이들의 동기는 그리 순수하지 않았다. 결국 장로교의 가입 여부는 이상한, 전혀 장로교답지 않은 방식, 즉 개인의 결정에 맡겨졌다. 교회가 두 개(연합 교회와 장로교회)만 있는 작은 마을에서 자란 나는 장로교회 신자들이 연합 교회에 참여하든 하지 않든 이는 교리와 아무런 관련이 없음을 구체적으로 증명할 수 있다. 물론 몇몇 신학적으로 예민하고 염려가 많은 장로교회 신자들이 교회들의 연합이 진지하고, 성서에 바탕을 두며, 교리적인 검토를 충분히 거친 교회일치운동보다는 역사적이고 문화적인 흐름에 더 많은 영감을 얻었음을 두려워했다는 것은 사실이다.[10] 캐나다 연합 교회는 인간의 교만, 과거 그 어느 때보다 상호불신이 정점에 달했던 시기, 민족과 국가, 여러 집단의 분열이 가속화된 때, 바로 세계대전 기간에 형성되었다. 전쟁이라는 용광로 속에서 국제연맹, 다양한 평화운동, 노동조합운동, (제2차 세계대전이 시작되기 직전) 세계교회협의회 등 다양한 인간 화해와 상호성을 강조하는 운동이 등장한 것이다. 인간의 분열, 의심, 불화의 파괴성을 보여주는 전쟁을 계기로 캐나다 연합 교회가 탄생했는지 묻는 것 (이 새로운 교파는 단순히 문화적 이상주의에서 나온 것인가? 연합의 성서적, 신학적 기초는 순전히 수사적인 장치가 아닌가? 일단 연합을 이루고 나중에 검토한 것이 아닌가?)은 정당했다.

물론 나는 1925년의 연합에서 교리적인 검토가 충분치 못했음을 지적하는 이들(이들 중에는 존경받는 학자들도 있다)의 편에 서고 싶지는 않다. 사려 깊고 충분한 지식을 갖춘 그리스도교인들이 확신을 가지고, 교회가 하나가 되기를 바라는 마음으로 연합 교회를 주도했음을 알고 있기 때문이다. 캐나다 연합 교회의 문제는 처음부터 있었던 것이 아니라, 초기에 했던 사회적, 윤리적 약속 및 신학적 약속을 이후 수십 년 동안 지키지 못한 데 있다. 캐나다에서 태어나 (미국인으로는 드물게) 언제나 캐나다에 특별한 관심을 보였던 존 콜먼 베넷John Coleman Bennett[11]은 연합 교회가 그

---

[10] 대표적인 인물로 제임스 D. 스마트James D. Smart를 들 수 있다.

[11] 신학자, 윤리학자, 뉴욕의 유니온신학교 총장을 지냈다.

리스도교의 두 가지 기본적인 관심사(전도와 사회봉사)를 총회 본부의 중요 행정부(전도와 사회봉사 위원회)에서 모두 다루게 했다는 점에 감탄하곤 했다. 상상력을 동원해 신학과 윤리를 결합한 이러한 행정 조직은 연합 교회가 일정한 신학적 토대 위에서 자신의 사명을 따르고 윤리적으로 행동하는 데 도움을 주었다고 믿는다.[12] 그러나 시간이 흐를수록 교리와 윤리, 전도와 사회봉사라는 양극단에서 우세했던 것은 윤리와 사회봉사였다(감리교가 연합 교회의 다수를 차지했다는 것이 부분적으로 영향을 미쳤음이 분명하다). 1960년대부터 캐나다 사회를 지배한 여러 뜨거운 문제들과 여론의 영향을 받아 교회의 윤리적 차원은 강조된 반면, 교리에 대한 관심은 갈수록 줄어들었다.

매우 미묘한 문제이며 좀 더 심도 있는 분석을 해야겠지만, 지난 50년 동안 그리스도교의 기본적인 믿음은 점점 더 문제가 되었다. 어떤 면에서 캐나다 연합 교회 및 북미권에 있는 진보적이고 온건한 그리스도교 공동체들은 점점 더 그리스도교 전통의 윤리적인 부분(더 구체적으로는 사회-윤리적인 부분)에 관심을 기울였으며 교리 및 교파 내 소수자들(안타깝게도 이들 중 가장 큰 목소리를 내는 이들은 보수적이거나 명백히 반동적인 집단이다)에 대한 별다른 관심을 보이지 않았다.

오늘날 많은 이는 연합 교회가 소멸될 수 있다고 우려하거나

---

[12] 이 책 4장을 보라.

공개적으로 발언한다. 「연합 교회 논평」United Church Observer 5월호에서 퍼트리샤 클라크Patricia Clarke는 말했다.

> 연합 교회 구성원 중 절반은 65세 이상이며 50세 미만은 18%에 불과하다. 이런 상태에서 2025년까지 현재의 구조를 유지할 수 있을까? 모든 생명체에는 주기가 있다. 태어날 때가 있고 죽을 때가 있다. 캐나다 연합 교회는 1925년에 태어났다. 그리고 2025년쯤에는 죽음을 맞이해 그리스도교 신앙을 증언하는 새로운 형태로 대체될 것이다.[13]

나는 (내 견해는 최소한으로 제한하고) 이 글을 내가 속한 교파에 소개했다. 이는 캐나다 연합 교회의 경험, 그리고 북미권 개신교의 상황을 매우 구체적으로 묘사하고 있어 관심을 가져야 할 가치가 충분하기 때문이다. 나는 이 글이 하나의 경종이 되기를 바랐다. 미국과 캐나다에서 진보적이거나 온건한 대다수 교파의 신자 수는 분명히 감소하고 있다. 물론 어떤 부분에서 미국과 캐나다 교회는 결이 다르다. 이를테면 캐나다에서는 다문화주의를 공식 승인했고 이로 인해 비그리스도교 공동체들이 크게 증가했다. 덕분에 캐나다 교회는 그리스도교가 캐나다의 주류, 캐나다라는 국가 자체를 정의하는 종교라는 (그리스도교 세계적) 전제를

---

[13] Patricia Clarke, 'The Relationship between Congregations and the General Council Is … Frayed', *United Church Observer*, October 2012.

매우 비판적으로 검토할 수 있게 되었다. 퀘벡에서는 한편으로는 과거 로마 가톨릭의 패권주의에 대한 분노가 초래한 교인 수의 감소, 혁명으로 촉발된 전투적인 세속주의 흐름의 등장이 현상으로 나타나고 있으며 다른 한편으로는 이슬람 및 다른 종교들에 대한 새로운 반응이 나타나고 있다. 유럽의 많은 국가(특히 프랑스)에서도 기존의 그리스도교 전통은 그 힘을 잃고 있는 반면 타 종교 전통들이 세력을 확장하면서 일종의 문화적 동요가 일어나고 있다. 미국에서는 아직 이러한 현상이 뚜렷하게 나타나고 있지는 않지만 말이다.

많은 면에서 오늘날 캐나다의 종교 상황은 교리의 실패를 보여준다. 지금까지 그리스도교의 오래된 형태는 일반 문화의 일부였기 때문에 살아남을 수 있었다(때로는 번성하기도 했다). 사람들은 교회의 생명력이 유지되기 위해 교리 교육과 신학적 감수성이 반드시 필요하다고 생각하지 않았다. 세대를 거듭해 그리스도교 교회가 유지되리라는 막연한 기대를 갖고 있었기 때문이다. 어떤 이는 이런 일은 언제나 있었다고 이야기했다. 4~50년 전 젊은이들이 교회에서 사라지기 시작했을 때 교계에서는 "그들은 떠난 뒤 머지않아 가족에 대한 책임을 느끼고 돌아올 것"이라고 강조해 말할 수 있었다. 하지만 퍼트리샤 클라크가 말했듯("50세 미만은 18%에 불과") 현재 많은 수의 사람이 교회로 돌아오지 않는다. 그리고 이들 중 대부분, 그리고 여전히 교회에 다니는 이들 중 상당수가 그리스도교가 무엇인지 거의 알지 못한다. 이러한 와중에 그리스도교 교리의 복잡성은 혼란스러운 문제가 되어버렸다.

그러나 이 상황에서 우리가 읽어야 할 것은 교회가 신앙의 신학적 뿌리를 가꾸고 돌보지 못했다는 것만이 아니다. 물론 이는 명백한 사실이다. 하지만 그 점만 주목하면 그리스도교가 지배종교였다는 근본적인 사실을 놓치게 된다. 이러한 맥락에서 우리가 그리스도교Christianity라고 부른 것은 차라리 그리스도교인의 종교the Christian religion라고 부르는 것이 적절하다. 대다수 그리스도교 신자는 종교로서 그리스도교에 관심을 가졌다. 교리를 중시했던 그리스도교 교파는 자신의 유지와 확장을 위해 노력하는 가운데 교리를 자신들의 특정한 교회적 친교를 드러내는 표지로 삼았다. 그리고 그렇지 않은 교파(내가 속한 캐나다 연합 교회 같은 교파)에서는 교리는 선택사항이 되었다. 이 교파는 인종, 국가, 민족, 계급, 문화적 성 등 그리스도교 신앙과 구별된 다른 정체성과 문제들을 중시하고 이를 책임지려 노력했다. 하지만 서구 사회는 이러한 그리스도교를 점점 더 중시하지 않게 되었다. 북미권에서 한때 주류였던 대다수 개신교 교회가 다양한 방식으로 드러내는 교리에 대한 무관심과 무지는 비단 교회가 신학적 지도력을 발휘하지 못했기 때문만은 아니다. 이는 궁극적으로 종교로서 그리스도교가 지닌 한계들의 불가피한 결과라 할 수

있다. 종교가 제 기능을 하지 못해 종말에 이른 것이다.[14]

수 세기 동안 교회가 종교와 신앙을 좀 더 섬세하게 구분했더라면 이러한 실패에 별로 놀라지 않았을지도 모른다. 종교 안에서 교리는 언제나 어려움을 겪었다. 그리스도교 세계가 절정에 이르렀을 때 대다수 그리스도교인에게 교리를 받아들이는 것, 그리고 교리에 관한 최소한의 지식을 갖추는 것은 종교적인 문제만큼이나 사회적인 문제였다. 틸리히의 말을 빌리면 교리는 오랫동안 종교라는 '짐'의 핵심 요소였다. 사람들은 아주 주변적인 교리에도 동의해야만 했고 이에 동의하지 않으면 사회의 온전한 구성원이 될 수 없었다. 소수만 교리에 관심을 가지고 탐구를 이어갔을 뿐, 다수의 구성원은 교리를 온갖 의례에 참여하는 것만큼이나 일종의 '의무'로 여겼다. 이 모든 것을 교회 권력의 탓으로 돌릴 수는 없다. 서론에서 이야기했듯 종교적 충동은 인간의 기본적인 경향이다.[15] 달리 말하면 종교성은 인간이라면 누구나 기본적으로 갖고 있는 성향이다. 종교 권력들은 언제나 이러한 성향을 활용하는 방법을 알고 있고 역사 속에서 이를 활용해 사람들을 강제하곤 했다. 하지만 종교라는 '짐'에 대한 책임

---

[14] 오늘날 교회 안팎에서 가장 자주 들리는 말 중 하나는 "나는 종교는 없지만 영적이다"라는 말이다. 이러한 대중의 정서에 대해 좀 더 많은 연구와 조사를 한다면 오늘날 종교적 상황에 대해 상당히 중요한 것들을 발견할 수 있을 것이다.

[15] 칼 마르크스Karl Marx처럼! 레닌Lenin과 달리 마르크스는 종교를 민중을 위한 아편opiate for the people이 아니라, 민중의 아편opiate of the people이라고 정의했다. 여기에는 커다란 차이가 있다.

을 이런 교회 권력들에만 돌릴 수는 없다(문제는 그렇게 간단하지 않다). 모든 종교적 현상은 미래를 통제하고 안정을 취하려는 인간의 갈망과 불가분의 관계에 있다. 바르트가 종교의 특징으로 파악한 "붙잡으려는" 속성은 인간의 종교성을 활용해 인간을 착취하는 종교 권력 구조뿐만 아니라 개인, 혹은 집단적 삶에서도 발견된다. 인간이라는 종은 언제나 미래에 대한 불안에 사로잡혀 있다.

> 어서 도시를 세우고 그 가운데 꼭대기가 하늘에 닿게 탑을 쌓아 … 사방으로 흩어지지 않도록 하자. (창세 11:4)

창세기에서 최초의 부부는 지식을 주는 열매를 먹으라는 유혹에 휘말린다. 지식을 갖게 됨으로써 알려지지 않은 미래의 공포로부터 자신을 보호할 수 있다고 생각했기 때문이다(이러한 생각은 오늘날에도 다양한 방식으로 유포되고 있다). 교리에 대한 앎, 정확한 앎, 올바른 앎, 가부장제가 승인한 앎을 받아들이면 우리는 안전해질 수 있으리라고 생각한다. 이때 앎은 "난폭한 운명의 돌팔매와 화살"을 막는 방벽처럼 보인다. 지상에서 안전을 누릴 수 없다면 적어도 하늘에서는 누릴 수 있으리라고 사람들은 생각했다. 그리고 이러한 생각 아래 오랜 세월 인류는 종교라는 권위를 믿었다(오늘날 이른바 선진 사회에서 대다수 사람이 과학이라는 권위를 믿듯이 말이다). 지금까지 그리스도교는 이러한 인간의 종교적 충동에 의존해왔다. 그리고 오늘날에도 그리스도교 교회가 살아남기 위해 애쓰는 곳에서는 대체로 이러한 종교적 충동에 기대곤 한다. 그러나 지구상 가장 경제적으로 성공한 국가들에 속한 사람들의 경우 종교에 대한 관심은 크게 줄어들었다. 그들은 의심의 시선으로 종교를 바라보고 더는 탐구하지 않는다. 물론 본회퍼의 마지막 저술에 대한 일부 해석자들과는 달리 나는 탈그리스도교 사회에서 종교적 충동이 사라졌다고 보지 않는다. 다만 오늘날 종교적 인간들은 자신을 구원해 줄 다른 신(여기에는 과학이 포함된다)을 발견했을 뿐이다. 이러한 사회에서 종교로서 그리스도교는 더는 대중들의 순진한 희망을 담는 그릇이 아니다. 그러한 가운데 지금까지 이야기했듯 그리스도교가 자신을 자신의 특정 요소로 축소하고 환원할수록(성서주의, 도덕주의, 교리주의), 세속적이고 지적으로 세련된 사람들에게 아무런 파장도 일으키지 못할 것이다. 그리고 단순하고 예측 가능해질수록 삶에 의미를 제공하는 다른 종교적, 세속적 원천들과 손쉽게 결합되어 자신의 본래 존재 이유는 물론 그나마 유지해온 영향력 또한 상실할 것이다. 그럼에도 많은 교회는 교리와 별다른 관련이 없이 선을 추구함으로써 자신을 지속하고 성장하려 애쓰고 있으며 때로는 자신을 매력적으로 보이게 하려고 교리를 억압하기까지 한다.

⑵ 교리와 신앙

적어도 북미권 그리스도교 지도자들과 능동적인 평신도들은 종교로서 그리스도교의 쇠퇴를 일종의 재앙으로 간주하고 있는 듯하다. 하지만 오히려 이는 전에 없던 기회가 될 수 있다. 물론 이때 기회는 눈에 띄는 교회의 양적 성장을 이룰 기회, 혹은 교회가 사회와 적절한 관계를 맺을 기회를 뜻하지 않는다. 우리가 얻은 기회는 교리의 진정성을 포함한 진정성을 되새기고 전할 기회다.

하지만 이는 종교와 신앙을 구별하고 이에 따라 공동체의 질서와 사명을 적절하게 조율하는 그리스도교 공동체들만 할 수 있다. 앞에서 살펴보았듯 20세기 초 몇몇 개신교 신학자는 그리스도교 신학을 다시 생각하고 새롭게 하려는 가운데 전례 없이 탁월하고 명료하게 종교와 신앙을 구분해냈다. 칼 바르트는 성서의 관점으로 보았을 때 종교란 사실상 신앙의 변절임을 발견했다. 폴 틸리히는 우리를 옭아매는 속박으로, 그리스도로서 예수가 짊어지려 한 무거운 '짐'으로 종교를 묘사했다. 본회퍼는 종교를 바벨탑을 쌓으려는 인류의 성향, 안전과 권력을 추구한 결과 나온 산물로 이해했으며 철저한 소외의 원인으로 보았다. 또한 본회퍼는 감옥에서 쓴 마지막 편지에서 (조금 이르긴 했으나) 통찰력을 발휘해 종교의 형태를 지니지 않은 그리스도교가 출현할 것을 내다보았다.

그러한 비종교적 그리스도교가 나타났는지 아닌지는 아직 확실하지 않다. 그러나 진지한 그리스도교인이라면 이제 더는 인간의 종교적 충동이 (자연스럽게) '종교로서 그리스도교'에 머물 곳을 찾게 되리라고 섣불리 가정할 수 없을 것이다. 달리 말해 오늘날 그리스도교인은 그리스도교 세계 이후 현실을 살고, 생각하고, 가르치고, 설교하고 예배하고 있음을 깨달아야 한다.

이러한 현실은 그리스도교 교리와 관련해 어떠한 의미가 있을까? 먼저 이는 그리스도교를 주요 종교로 가르쳤던 환경에 더는 의존할 수 없음을 뜻한다. 그리스도교는 오랫동안 서구 사회에서 지배권을 갖고 있었지만 이제 더는 별다른 이점을 취하지 못한다. 그리고 그리스도교의 과거와 명성은 (그것이 옳든 그르든) 사람들에게 그리스도교 메시지를 알리는 데 오히려 방해가 된다. 현대인 중 상당수는 여전히 자신이 영적인 사람이라고 고백한다. 하지만 그들은 과거에 권위를 갖고 있던 종교에 몸담을 생각을 하고 있지 않으며 관심을 갖지도 않는다. 종교는 오랜 기간 갖고 있던 지적 호소력을 잃어버렸다. 그리스도교의 가장 심오하고 학문적인 표현들은 근래 등장한, 환원적이고 옹졸함에도 불구하고 가장 널리 퍼진 그리스도교에 포섭되어 그 깊이를 상실했다. 이제 다시 그리스도교 교리에 진지한 관심을 갖기 위해서는 비종교적 상황을 전제해야 한다. 달리 말하면 신앙의 상황과 토대를 다시 생각해야 하는 것이다.

현실에서 이는 결코 새로운 상황이 아니다. 교리에 참된 관심을 두고자 한다면 그 바탕에 신앙이 있어야 한다. 신앙이 없다면 교리는 그림자, 혹은 조롱거리가 될 뿐이다. 전통적인 교리에서 가장 중요한 언어는 바로 이러한 위험성을 가리킨다. 신앙은 교회에서 가르치는 교리에 대한 서로 다른 인간의 두 가지 반응을 의미할 수 있다. 하나는 '아센수스'assensus이고 다른 하나는 '피두키아'fiducia다. 여기서 아센수스는 특정 교리에 동의한다는 뜻을 지닌다. 그리스도교 세계에서 아센수스는 신앙의 모든 논의를 지배했다. 오늘날에도 적잖은 신자가 신앙을 아센수스로 이해하고 이러한 맥락에서 성서 영감이나 동정녀 탄생, 영혼 불멸을 믿지 못하겠다고 이야기한다.[16] 그리스도교 역사에서 오랜 기간 교회가 주요 교리와 개념들을 이야기할 때 이러한 의미의 신앙을 이야기했다는 것은 분명 사실이다. 하지만 신앙을 특정 교리와 개념들에 대한 동의로 간주하는 것은 가장 보편적인 그리스도교 신경들을 기준으로 놓고 보더라도 잘못된 것이다. 사도 신경과 니케아 신경은 모두 하느님, 예수 그리스도, 성령에 대한 믿음을 고백한다. 그러나 이는 신경들이 확언하는 신성한 존재가 참이라는 것에 동의한다는 뜻이 아니다. 성서의 주요 사안들이 모두 그러하듯 신앙은 관계를 가리키는 말로 다른 무엇보다 '신뢰'trust, 즉 피두키아를 뜻한다. "나는 하느님 아버지, 전능하신 분을 믿습니다"라는 고백은 하느님이 존재한다는 것, 그분을

---

[16] 그리스도교 신앙 교육에서 전반적인 혼란을 일으키는 것은 영혼 불멸이라는 비성서적 관념이지 죽은 자의 부활이라는 성서적 관념이 아니다. 교회 신앙과 교회 세속적 환경은 전자의 관념이 지배하고 있다.

아버지로 대해야 한다는 것, 그리고 그분이 만물을 창조하셨다는 것에 '동의'한다는 뜻이 아니다. 여기서 믿는다는 것은 하느님을 아버지로, 어머니로, 부모로, 생명의 원천으로 '신뢰'한다는 뜻이다. '나'는 그분에 대한 앎과 모름 가운데 나의 신앙과 희망, 삶과 미래를 그분에게 맡긴다.

신앙을 이렇게 이해하면, 아니 이렇게 이해할 때만 교리를 진실로 숙고할 수 있다. 그때 교리는 신자나 신앙 공동체에 강요되는 이질적인 요소가 아니라 신앙에 내재한 깊은 갈망의 표현, 결코 무시하거나 피할 수 없는 정신과 마음의 길로 거듭난다. 언젠가 아우구스티누스가 간결하게 말했듯 "크레도 우트 인텔리감"(나는 이해하기 위해 믿는다)credo ut intelligam. 그는 이어서 말했다. "그대가 믿지 않는다면 그대는 이해할 수 없다."

그러므로 신앙은 참된 교리 연구, 성찰, 대화의 필수적이고 실존적이며 1차적인 토대다. 그리고 참되고 신실한 교리는 신앙의 결과물, 2차 산물이다. 물려받은 전통과 현재 진행되고 있는 상황, 현실 사이에서 이루어지는 대화로서 신학은 제자 공동체가 진행하는 활동에서 나오는 2차 산물이다.[17] 복음을 성찰하는 신학은 문학 작품을 성찰하는 문학비평과 같다. 그러므로 (복음에 대한 신학적 사유의 산물인) 교리를 그리스도교의 핵심 혹은 본질로 간주해서는 안 된다. 경멸의 의미를 담지 않아도 신학은 신앙

---

[17] George A. Lindbeck, *The Nature of Doctrine*, 10~11.

에 의존한다. 그리고 신앙은 그 믿는 이가 내재적으로, 불가피하게 교리를 사유하고 이와 씨름하도록 인도한다. 이러한 맥락에서 캔터베리의 안셀무스는 "피데스 퀘렌스 인텔렉툼"(이해를 추구하는 신앙)fides quaerens intellectum을 말했다. 그리고 칼 바르트는 이 말을 풀이하며 "퀘렌스"를 이해를 향한 신앙의 "간절한 갈망"으로 보아야 한다고 이야기했다.[18] 신앙의 공동체와 신실한 개인에게 교리는 외부(혹은 내부)의 권위가 부과하고 자신은 마지못해 동의하는 규율이 되지 않는다. 오히려 교리는 신앙에 필수적이며, 신앙하면 자연스럽게 나오는 기쁨의 산물이다. 그리고 이는 신앙의 자식이기에 신앙의 반대편에 있는 의심도 받아들인다. 더 나아가, 신앙은 의심을 받아들일 뿐 아니라 숨어 있는 의심을 끄집어내 대화의 장에 올리기를 장려하고 요구한다. 신앙은 "보는 것으로 살아가는"(2고린 5:7) 것(달리 말하면 종교적 확신)이 아니다. 신앙은 의심과 함께하는 대화다.

결론: 교리의 미래

탈그리스도교 세계라는 상황, 1,500년 동안 지속된 서구 그리스도교 기득권의 종말, 그리고 그리스도교인의 종교에 대한 의존이 종말을 맞이한 지금 "여분으로 남은 천막"에서 명확한 교리와 신학적 통찰은 점점 더 소중해질 것이다. 생존의 차원에

---

18 Karl Barth, *Anselm: Fides Quaerens Intellectum* (Cleveland: World, 1960), 24. 『이해를 추구하는 믿음』(한국문화사)

서라도 미래의 교회는 좀 더 진지하게 신학적 활동을 해야 한다. 이러한 요구에는 우선 특정 연구로 부름받은, 연구의 은사를 받은 전문가들이 응하겠지만 점점 더 교회 전체가 응답해야 할 것이다. 제자 공동체의 구성원을 자임하는 모든 이는 교리에 관심을 가져야 하며 깊이 있는 이해를 갖추어야 할 것이다. 교회의 일원이 됨으로써 얻는 부가적인 혜택은 더는 교회에 남아있을 충분한 이유가 되지 못할 것이다. '왜 믿는가?', '무엇을 믿는가?'와 같은 교리의 질문은 그리스도교 공동체에서 계속 제기될 것이며 공동체는 이에 언제나 완전한, 최종적인 대답을 내리지 않을 것이다.

그리고 바로 그러한 이유로 교리가 교회의 가장 중요한 관심사가 되어서는 안 된다. 아우구스티누스가 이야기했듯 교리에 대한 진실하고 진지한 관심이 신앙을 전제로 할 수밖에 없다면 교회 지도층의 주요 의무는 교리를 공포하는 것이 아니라 교회와 그 주변 환경에서 교리적 탐구를 할 수 있는 조건들을 조성하고 증진하는 것이 되어야 한다. 궁극적인 신뢰를 우리가 어디에 두어야 할지 질문하고 묵상하며 성찰할 수 있게 해야 한다. 잘못된 기존 관행을 무비판적으로 따르지 않으면서, 그렇다고 소중한 교회의 활동들을 (세속적인 시선에서 그러하듯) 희화화하지도 않으면서 성서를 읽고 전통적인 교회 경험에 충실하다면 성서의 메시지를 선포하는 일과 복음을 가르치는 활동은 과거에 그랬듯 앞으로도 신자들에게 희망을 주고 상상력을 키우는 방향으로 나아갈 수 있을 것이다. 진실로 "믿음은 들음에서 생기"(로마 10:17)기 때문이다. 어떤 식으로 이루어지든 그 과정에서는 시행착오가 생길 수밖에 없다. 신앙은 언제나 알 수 없는 방식으로, 부단히 말하고 듣고, 침묵하고, 대화를 나누는 것을 익히는 가운데 일어나고 성장한다. 나는 이를 위해서 그리스도교 교회가 성서에 바탕을 두지 않은 (언제나 의심스러운 대규모 전도 집회를 포함한) 대중 활동보다 인격적인 대화, 소규모로 이루어지는 토의에 지금보다 훨씬 더 관심을 기울여야 한다고 생각한다. 세속 교육 분야에서도 점점 더 많이 활용되는 멘토링을 그리스도교 제자 양성 및 전도에서 좀 더 적극적으로 활용할 필요가 있다.[19]

다음 세기 그리스도교 운동에 신앙의 씨앗이 어떻게 뿌려지든 간에, 참된 교회가 되기 위해서는 교리 탐구, 성서 읽기, 역사적, 신학적 훈련을 이어갈 수밖에 없다. 그리스도의 몸에서 이는 필수적인 차원이기 때문이다. 물론 그리스도교는 교리가 아니다. 그러나 신앙을 성찰하는 학문 활동의 산물로서 교리는 그리스도교에 속한 필수 불가결한 요소다.

---

[19] 내 경험으로, 내가 아는 대부분 다른 그리스도교인들처럼, 그리스도교 신앙에 대해 정직한 호기심을 가진 이, 그리스도교 신앙을 탐구하고 성찰함으로써 삶의 의미의 가치를 찾고자 하는 이에게 가장 좋은 경험은 다른 이들, 우정과 대화를 통해 영감을 주는 이들과의 인격적인 대화다. 지적이고 영적인 심오한 신앙 전통이 계속되기 위해서는 이러한 멘토링이 반드시 필요하다. 이에 관련해서는 다음 나의 저서를 참고하라. Douglas John Hall, *The Messenger: Friendship, Faith, and Finding One's Way* (Eugene, OR: Cascade Books, 2011)

제4장

도덕 체계가 아니다

나는 내가 해야 하겠다고 생각하는 선은 행하지 않고

해서는 안 되겠다고 생각하는 악을 하고 있습니다. …

아, 나는 비참한 사람입니다.

누가 이 죽음의 몸에서 나를 건져 주겠습니까? (로마 7:19,24)

나는 무엇을 해야 하는가?

마태오 복음서에서 예수는 말한다.

너희는 그 열매를 보고 그들을 알아야 한다. (마태 7:16)

이 말은 예수가 남긴 말 중 가장 많이 인용되는 말 중 하나다. 사람들은 그리스도교에서 정말 중요한 것은 신앙도, 신학도 아닌 우리가 실제로 어떻게 행동하느냐는 것, 즉 윤리라는 주장을 할 때 저 말을 주로 인용하곤 한다.[1] 우리 대다수는 종종 그러한 주장에 동의한다. 나 역시 마찬가지다. 하지만 이러한 주장은 오해의 소지가 다분하다. 이러한 주장은 그리스도교란 근본적으로 윤리라는 생각을 암시할 수 있기 때문이다. 혹자는 그리스도교에서 복잡한 교리와 미묘한 구절을 제거하면 남는 것은 도덕 체계라고 이야기한다. 실용적인 가치를 중시하는 이들에게 이는 상당히 설득력 있게 들린다. 하지만 이 장에서는 이러한 주장을 비판할 것이다. 그리스도교 신앙과 삶에서 윤리는 반드시 필요한 요소임에도 불구하고 그리스도교를 도덕 체계 혹은 윤리로 묘사하는 것은 올바르고 적절한 진술이 아니다. 그리스도교를 윤리로 환원하면, 그리스도교가 선포하는 가장 중요한 메시지가 가려지게 된다. 그리스도교에서 선포하는 것은 율법이 아니라 복음이다.

한 장에서 충분히 다 설명하기에 이는 너무나 커다란 주제다. 그러므로 복잡하게 논증을 하는 대신 우선 윤리로는 그리스도교

---

[1] 예수의 저 말은 올바른 윤리적 실천(정행orthopraxy)이 올바른 가르침(정통, 혹은 정론orthodoxy)을 검증하는 가장 좋은 시험임을 보여주기 위해 주로 쓰이고 여기서도 이를 받아들이지만, 본문의 맥락상 저 말은 (거짓과 구별되는) 진리를 가르치는 것에 관심을 두고 있다. 참된 선행은 진리를 지향하는 가운데 나온다.

를 적절하게 정의할 수 없는 이유를 잘 보여주는 성서의 한 구절을 먼저 제시하고자 한다.

예수께서 길을 떠나시는데, 한 사람이 달려와서, 그 앞에 무릎을 꿇고 그에게 물었다. "선하신 선생님, 내가 영원한 생명을 얻으려면, 무엇을 해야 합니까?" 예수께서 그에게 말씀하셨다. "어찌하여 너는 나를 선하다고 하느냐? 하느님 한 분밖에는 선한 분이 없다. 너는 계명을 알고 있을 것이다. '살인하지 말아라, 간음하지 말아라, 도둑질하지 말아라, 거짓으로 증언하지 말아라, 속여서 빼앗지 말아라, 네 부모를 공경하여라' 하지 않았느냐?" 그가 예수께 말하였다. "선생님, 나는 이 모든 것을 어려서부터 다 지켰습니다." 예수께서 그를 눈여겨보시고, 사랑스럽게 여기셨다. 그리고 그에게 말씀하셨다. "너에게는 한 가지 부족한 것이 있다. 가서, 네가 가진 것을 다 팔아서, 가난한 사람들에게 주어라. 그리하면, 네가 하늘에서 보화를 차지하게 될 것이다. 그리고, 와서, 나를 따라라." 그러나 그는 이 말씀 때문에, 울상을 짓고, 근심하면서 떠나갔다. 그에게는 재산이 많았기 때문이다. 예수께서 둘러보시고, 제자들에게 말씀하셨다. "재산을 가진 사람은, 하느님의 나라에 들어가기가 참으로 어렵다." 제자들은 그의 말씀에 놀랐다. 예수께서 다시 그들에게 말씀하셨다. "이 사람들아, 하느님의 나라에 들어가기는 참으로 어렵다. 부자가 하느님의 나라에 들어가는 것보다

낙타가 바늘귀로 지나가는 것이 더 쉽다." 제자들은 더욱 놀라
서 "그렇다면, 누가 구원을 받을 수 있겠는가?" 하고 서로 말하
였다. 예수께서 그들을 눈여겨보시고, 말씀하셨다. "사람에게
는 불가능하나, 하느님께는 그렇지 않다. 하느님께는 모든 일
이 가능하다." (마르 10:17~27)

도덕으로 축소된 신앙

어떤 면에서 종교가 끊임없이 (어쩌면 필연적으로) 도덕으로 축
소되는 일은 종교의 숙명처럼 보인다. 그리고 인간의 변덕스러
운 본성은 도덕(심지어 최상의 도덕조차)을 '도덕주의'moralism로 만
들어버린다. 특정 종교의 비판적인 구성원 혹은 관찰자들은 대
체로 자신들이 속한 종교가 이러한 도덕주의로 빠지는 것에 경
종을 울리곤 한다. 그렇기에 이러한 경향(종교가 도덕으로 축소되는
일)이 꼭 그리스도교에만 해당한다고 단정 지어 말하기는 힘들
다. 그러나 나는 다른 종교에 관해서는 충분한 지식도 없고 경험
해보지도 못했으므로 여기서는 그리스도교로 한정 지어 이야기
하겠다.

내 어린 시절과 청소년기에 그리스도교는 사실상 도덕 체계
였다. 이후 나보다 교회를 더 넓게 경험한 몇몇 또래를 만나기도
했지만 2차 세계대전 이전 북미 개신교 안에서 성장하고 1960년
대에 청년기를 거친 이들이 교회에서 주로 들은 이야기는 도덕
적인 훈계였다. 물론 우리 세대 안에서도 몇몇 지각 있는 이들

은 성서 읽기와 이따금 듣는 설교를 통해, 그리고 몇몇 예외적으로 탁월한 평신도들을 보면서 그리스도교가 도덕 체계 이상임을 감지했을 것이다. 하지만 대다수가 교회에서 들은 메시지는, 그리고 교회가 우리에게 가르친 것은 온갖 유혹들, 사회의 기준으로 보면 경범죄이나 청소년기에는 '비행'으로 간주되는 것들에 휘말리지 않아야 한다는 내용이었다. 구체적으로 여기에는 음주, 흡연, 욕설이 해당했고 더 엄격한 곳에서는 카드놀이나 춤도 금지했다(이중 상당수는 오늘날 청소년들에게는 거의 해당하지 않는다). 나중에 교회와 교회를 지도하는 이들이 가장 심각한 문제라고 여기던 것은 성sex과 관련된 것임을 알게 되었지만 전쟁 전에는 공개적으로 이를 이야기하는 경우는 거의 없었다.[2] 당시에 성은 어디까지나 사적인 영역에서 (호기심에) 이야기되는 주제였다.

1952년, 나는 내가 살고 있던 대학 도시에 있는 큰 교회의 저녁 예배에서 어느 목사가 한 설교를 기억한다. 설교는 '섹스라는

---

[2] '성'을 모든 영역에서 공개적으로 논의하는 오늘날 사람 중 대다수는 1960년대 이전까지 대부분의 사회 집단에서는 이를 공개적으로 논의하는 일은 거의 없었다는 것을 알지 못한다. 나이를 먹는다는 것의 장점 (그리 많지는 않다) 중 하나는 오늘날 대다수 사람이 풍문, 혹은 이론으로만 알고 있는 과거를 '실제로' 살았다는 점에 있다. 이를테면 현대 문학, TV 드라마, 영화에서 발견되는 대표적인 시대착오적 오류는 1930년대와 40년대를 배경으로 한 이야기에서 인물들이 쉴새 없이 성교를 뜻하는 f자 들어가는 욕설을 쓰는 것이다. 실제 당시에는 뱃사람, 죄수, 소수의 하층 젊은이들을 제외하고 이 말이 공공장소에서 흘러나온 적은 없었다. 내가 11살인가 12살 때 노동자 계급에 속했던 우리 가족의 식사 자리에서 저 말을 한번 입 밖으로 꺼낸 적이 있다. 그때 식탁에는 오랜 시간 정적이 이어졌다. 이윽고 나는 깊은 수치심에 자리를 나왔다.

화약고'Sex, the Powder Keg라는 자극적인 제목을 달고 있었다. 그날 밤 교회는 대학교에서 온 학생들로 가득했다. 조금 늦게 예배당에 도착한 나는 좌석에 앉지도 못한 채 세례대 받침대 위에 앉아 설교를 들어야 했다. 마침내 누구도 공개적으로 입에 담지 않던 죄(동성애가 아니다. 이때는 1952년이었다)가 교회에서 공개적으로 논의되었다. 이 설교는 이후 일어날 더 큰 일들의 전조였다.

큰일은 1960년대와 70년대에 무슨 무슨 혁명이라는 이름을 달고, 다양한 방식으로 일어났다. 이 혁명을 옹호하는 이들이 제시한 새로운 도덕은 적어도 두 가지 측면에서는 옛 도덕보다 진보했다고 할 수 있다. 우선 새로운 도덕은 우리가 실제로 어디에 살고 있는지, 실제 우리를 유혹하고 방해하는 것이 무엇인지를 옛 도덕보다 정직하게 바라보았다. 그리고 (가장 좋은 상태의) 새로운 도덕은 사회 복음Social Gospel의 영향을 받은 곳이 아니라면 사회 문제에 별다른 관심을 두지 않던 다수의 교회도 사회에 관심을 갖게 만들었다. 이와 견주었을 때 옛 도덕은 지나치게 개인의 차원에만 관심을 기울였다. 몇몇 그리스도교 개혁가들이 주류와 담배 거래를 통해 폭리를 취하는 부패한 산업계와 그 대표자들을 비난할 때도 있었지만, 주일 학교에서 주로 가르치는 것은 지극히 개인적인 사안들이었다. 그리고 이에 대해 교사들은 금욕을 준수하면 하느님께서 상을 주시고 그러지 못하면 벌을 내리실 것이라는 단순한 이야기만을 전했을 뿐이다. 당시 신세대들에게 초점을 맞춘 새로운 도덕은 구세대들의 문제, 빅토리아 시대부터 영향력을 행사하던 문화적 선입견과 강박에서 신세대를 해방시켰다(그리고 새로운 문제와 마주하게 했다). 우리 중 많은 사람은 새로운 도덕을 통해 개인의 위험한 행동, 불안한 상태를 조장하는 사회적 조건에 대해 생각해 볼 수 있게 되었다.

하지만 '새로운 도덕' 역시 '도덕'이다. 이 새로운 도덕이 옛 도덕에 갇혀 있던 그리스도교가 좀 더 새로운 세대인 자신들의 소리('너 자신이 하고 싶은 일을 해라', '해방되어라', '삶을 즐겨라' 등등)를 담게 해주었을지도 모른다. 그러나 이는 결국 또 다른 도덕적 규범이고 한 세대가 선호하는 특정 집단의 행동 양식일 뿐이다. 그러므로 새로운 도덕 또한 옛 도덕만큼이나 억압적인 측면이 있다. 다른 무엇보다 새로운 도덕은 젊고, 대담한 현대 중산층의 의식을 반영한다.

당연히, 이는 강한 반발을 낳았으며 그 역효과는 오늘날까지 이르고 있다. 1979년 제리 폴웰Jerry Falwell 및 몇몇 사람들이 설립한 '도덕적 다수'the Moral Majority는 과거에는 함께 하지 않았고 정치적으로는 아무것도 하지 않고 있던 그리스도교인들이 연합해 미국의 사회정치 영역에(그리고 자연스럽게 캐나다의 사회정치 영역에도) 영향을 미치게 했다. 극단적으로 보수적인 개신교 신자, 로마 가톨릭 신자, 근본주의자들이 뒤섞인 이 집단은 옛 도덕들, 과거에 행했던 도덕적 제약들을 다시 도입해야 한다고 맹렬하게 주장했다. 하지만 좀 더 중요한 점은 대다수 사람이 참된 믿음과 일정한 도덕률을 지키는 것을 동일시하도록 하는 데 이 운동이 성공했다는 것이다. 1986년 도덕적 다수 운동은 해체되었지만 그 영향력은 오늘날까지도 이어지고 있다. 도덕적 다수 운동은 대중이 그리스도교, 특히 개신교란 그 본질상 도덕 체계이며 아주 분명한 행동 양식(새로운 개신교 백과사전에 따르면 생명 우선(낙태 반대), 가정 우선, 도덕 우선, 미국 우선)을 지니고 있다는 생각을 확인시켜주었으며 한편으로는 재확인(포르노그래피 반대, 동성애 반대, 여성주의 반대)시켜주었다.[3]

그리스도교를 도덕과 동일시하는 이러한 현상은 물론 독특한 현상은 아니다. 초기부터 그리스도교는 도덕으로 탈바꿈하려는 경향을 보였다(왜 애써 탈바꿈이라는 말을 썼는지는 나중에 설명하겠다). 짧은 예수의 활동 기간, 예수를 따르는 이들은 물론 예수를 비난하는 이들도 예수가 분명한 도덕 지침을 세울 것이라고 예상했고 그러기를 바랐다. 이는 앞서 언급한 성서 구절에서 나오는 부유한 청년의 질문("나는 … 무엇을 해야 합니까?")에서 분명하게 발견된다. 그는 예수의 가르침에 공감하면서도 동시에 예수가 자신에게 궁극적이며 설득력 있는 분명한 '답'을 제시해주기를 바랐다. 그러나 예수는 그의 질문에 답하는 것이 아니라 그의 질문 아래 흐르는 진실한 간청을 듣는다. 예수는 그가 도덕적 확신, 종교법에 대한 준수 여부로 자신을 비난하는 대다수 사람과는 다른 사람이라는 것을 알았다. 그래서 마르코는 "예수께서

---

[3] Seth Dowland, 'Moral Majority', *The Encylcopedia of Protestantism* (New York: Routledge, 2004), 3:1306~7.

그를 눈여겨보시고, 사랑스럽게 여기셨다"고 진술한다.

더 이야기를 하기 전에 잠시 교회사를 살펴보면, 2세기에 이르러 그리스도교는 그리스도교 전체 신앙을 고압적인 태도로 설명하는 경향을 보였다(『디다케』Didache와 같은 글들은 그 대표적인 예다). 통찰력 있는 독자들이라면 복음서와 바울 서신 이후 이러한 흐름은 상당히 우려할 만한 요소가 있음을 간파할 것이다. 4세기 그리스도교가 로마의 공식 종교가 되자 그리스도교는 사실상 '도덕적 청렴함과 국가에 대한 순응주의적 태도'라는 도덕 체계와 같은 말이 되었다. 당시 제국은 이 새로운 관행이 개인적인 차원에서나 집단적인 차원에서나 완전히 자리 잡을 수 있도록 밀어붙였으며 이로 인해 '그리스도교는 곧 도덕 체계'라는 공식은 돌이킬 수 없을 정도로 고착화되었다. 2,000년 동안 그리스도교와 문화 사이의 관계를 더 꼼꼼하게 검토한다면 그리스도교가 특정 제국, 특정 인종, 특정 계급, 사회 지배 계층의 윤리적 관습을 자신의 것으로 삼았으며 이를 전파했음을, 그러한 방식으로 자신의 정체성을 세웠음을 손쉽게 발견할 수 있을 것이다.

도덕적 차원이 왜 이렇게 우세할까?

그렇다면 왜 그럴까? 왜 그리스도교가 도덕에 근본적인 관심을 기울여야 하는지를 묻는 것이 아니다. 분명 그리스도교는 도덕에 관심을 가져야 한다. 그러나 역사에서, 그리고 오늘날에도 여전히 신앙의 도덕적 차원은 왜 다른 차원들보다 일관되게 우세한가? 왜 교회 역사를 통틀어 대다수 사람은 그리스도교 신앙과 특정 행동규범, 특정 도덕적 가정을 동일시하는가? 왜 '좋은 그리스도교인'은 곧 그리스도교의 가르침에 대한 깊은 이해를 지닌 이, 혹은 깊은 신심을 지닌 이, 그리스도교 공동체에 헌신하는 구성원, 혹은 기도하는 사람을 뜻하기보다는 도덕적으로 강직한 사람을 뜻하는 것일까?

그리스도교를 끊임없이 도덕과 동일시하는 데는 세 가지 뚜렷한 이유가 있다. 우선 도덕을 가르치고 권고하는 것은 심오한 도덕적 성찰의 기초가 되는 사유를 끌어내는 것보다 훨씬 더 쉽다. 언젠가 루터는 말했다.

> 인간의 지혜는 복음의 법보다 모세의 법을 붙잡으려는 경향이 있습니다.[4]

비단 그리스도교뿐만 아니라 모든 심오한 종교와 철학은 도덕에 대한 성찰과 윤리적 조언을 끌어낸다. 즉 종교와 철학은 현재 경험뿐만 아니라 수 세기에 걸쳐 이루어진, 경험에 대한 분별과 비판적인 사고를 반영한다. 종교와 철학은 고대인들이 사물의 본성이라고 불렀던 것에 관해 깊이 있는 통찰력을 지니고 있었다고 추정한다. '무엇이 선한가?'라고 묻는 진지한 탐구는 '무엇이

---

[4] Thomas S. Kepler(ed). *The Table Talk of Martin Luther* (New York: World, 1952), 172. 『탁상 담화』(컨콜디아사)

참인가? 무엇이 본질적인가? 무엇이 실재하는가?'라고 묻는 탐구에 영감을 불어넣는다. 그러나 윤리는 어디까지나 결과다. 윤리는 실재, 본질, 진리에 근거해야 한다. 그렇지 않은 이상 윤리는 임의적이다. 존재론적 기초를 결여한 도덕 체계는 외부의 권위나 관습에 의존할 뿐이다. 이러한 맥락에서 그리스도교 윤리 Christian ethic(이런 말을 쓸 수 있는지 의심스럽기는 하나)란 사물의 본성에 관해 그리스도교인들이 믿는 바(하느님의 실재와 현존, 그리스도를 통한 하느님의 구원 활동, 역사를 통해 이루어지는 하느님의 섭리, 창조 영역에서 인간이 지닌 소명과 책임, 성령의 내적 증언이라는 신비, 성서의 권위)에서 이끌어진 일종의 결과물이다.[5] 달리 말하면 그리스도교 윤리는 그리스도교 신학의 주요 문제들을 성찰할 때 도출되는 결과물이다. 윤리에 앞서 신학이 있다. 이때 신학은 단순한 지적 활동이 아니라 신앙이 실재한다고, 참되다고, 의미가 있다고 보는 것을 이해하고 표현하는 활동, 그리스도교 공동체가 지속적으로 깊이 참여하는 탐구 활동, 우리 가운데 실제로 무슨 일이 일어나고 있는지를 헤아리는 활동이다.

그러나 실제로 무슨 일이 일어나고 있는지 정확하게 헤아리기란 결코 쉽지 않다. 이를 하기 위해서는 고도의 지적 능력이

---

[5] 그리스도교 윤리란 사실 매우 오만한 용어다. 이 용어는 그리스도교 신앙에 바탕을 둔 실천, 도덕이 고정되어 있고 불변한다는 것을 암시하기 때문이다. 실제로 그리스도교 신앙에서 이해하는 참된 윤리적 행동은 신자가 자신의 구체적인 맥락에서 주어지는 문제들에 자신의 신앙을 바탕으로 여러 가능성 중 하나를 결단하는 식으로 이루어진다.

필요할 뿐만 아니라 영적인 위기를 감내할 수 있어야 하기 때문이다. 하지만 많은 이는 (어느 정도는 우리 모두) 깊은 이해를 위한 시도 자체를 강하게 거부한다. 오늘날 세계의 도덕적인 문제, 사회적 문제를 해결하기 위해서는 충분히 살필 시간과 헌신뿐만 아니라 어두운 차원과 마주할 용기가 필요하다. 그러나 우리는 손쉬운 해답, 우리의 불안을 빨리 덜어주는 해답을 원한다. 성서에 나온 부자 청년처럼 우리는 우리가 무엇을 해야 하는지 알기를 원한다. 지금까지 북미권 교회에서 거의 모든 사안에 대해 가장 먼저 제기되는 질문 역시 같은 질문이었다. '우리는 무엇을 해야 하는가? 우리는 무엇을 할 수 있는가?' 대체로 이 질문은 어떻게 제기되든 간에 논의 중인 문제를 종결시키는 방식으로 기능한다. 누군가 통찰력 있게 이야기했듯 우리는 문제를 진지하게 받아들이는 것을 좋아하지 않는다. 우리는 곧장 해답을 얻기를, 그것도 매우 빨리 얻기를 바란다. 활동적이고 문제를 빨리 해결하고자 하는 이 사회는 긴 호흡의 성찰, 숙고를 거부하며 이러한 시도에 저항한다. 우리는 어떤 결과만 보고, 그 결과를 만들어낸 행동을 그대로 따라 하려 하고, 우리 상황에 이를 그대로 적용하려 한다. 그렇기에 우리는 이런저런 유행에 휘둘리기 쉬우며 그리하여 우리가 관심을 갖는 문제들은 더욱 악화되기 쉽다. 종교가 손쉽게 도덕으로 귀결되는 이유는 도덕이 손쉬운 권고를 끌어내기에, 곧바로 어떤 행동을 끌어내기에 용이하기 때문이다.

그다음으로 종교가 도덕으로 축소되기 쉬운 이유는 기득권이 도덕 체계, 특히 독창적이고 비판적인 사고를 방해하는 도덕 체계를 선호하기 때문이다. 이는 그리스도교 공동체도 마찬가지다. 성찰이 필요한 특정 도덕적 행동을 신앙과 동일시함으로써 현실 그리스도교 공동체는 권위 구조를 유지하려는 경향이 있다. 종교의 이름 아래 사람들의 도덕적 행동을 획일화하려는 경향은 종교가 제도화되었을 때 더욱 강화된다. 법적이든 문화적이든 현실에서 교회뿐만 아니라 제도는 일련의 도덕 체계를 구성원들에게 강제함으로써 성립되고 유지되기 때문이다. 앞서 이야기했듯 신약에서는 이미 인간이 도덕적 관심을 우선시하는 경향이 있음을 보여준 바 있다. 그리고 그리스도교가 공인되자 도덕적 행동, 윤리적 청결함으로 사람들에 대해 권위를 가지려는 모습은 더 강화되었다.

언젠가 한 TV 프로그램에 출연했을 때 성 치료사 한 분이 내게 물었다. 왜 교회는 그토록 인간의 성욕에 대해 좁고 제한적인 견해를 갖고 있느냐고 말이다. 그리고 이어서 그녀는 물었다. "예수도 그랬나요?" 나는 절대 그렇지 않다고 답했다. 당대 도덕적 분위기를 고려해 보았을 때 그는 인간의 성에 관해 매우 개방적인 태도를 취했고 성과 관련해 죄를 지은 이들에게 연민의 태도로 다가갔다. 그리고 무엇보다 예수는 다른 이가 저지른 성적 범죄를 비난하는 이들의 자기의에 더 관심을 기울였다. 종교가 되었을 때, 혹은 종교가 되기 전에도 그리스도교는 예수처럼 성적인 문제와 관련해 포용적이고 관대한 태도를 보이지 않았다. 로마 문명에 공식으로 포섭되자마자 그리스도교는 일종의 도덕적 경찰 역할을 감당했다. 사회, 특히 규제가 심한 사회는 언제나 성을 경계했다. 그러한 사회에서 성은 실제로 '화약고'와 같은 문제, 질서를 유지하려는 모든 노력을 되돌릴 수 있는, 커다란 혼란을 일으킬 수 있는 요소이기 때문이다. 그리스도교가 내세운 엄격한 성 윤리의 기원을 찾으려면 신앙의 본래 원천들이 아니라, 초기 그리스도교의 사회문화적 토대였던 제국, 당시 제국의 사회문화적 관심이 어디에 있었는지를 살펴야 한다.

그러나 우리는 그리스도교를 도덕 체계와 동일시하는 이 미숙하고 오래된 흐름을 너무 성급하게 비난해서는 안 된다. 도덕적인 조언을 받고자 하는 인간의 경향에는 분명 우리가 주목해야 할 무언가가 있다. 예수를 찾은 부자 청년은 경제적으로 안정적이었을지 모르지만, 존재의 밑바닥은 흔들리고 있었다. 심리적으로 그는 불안했다. 정해진 율법을 모두 따랐음에도 불구하고 그는 자신이 올바르고, 진실하다는 생각이 들지 않았다. 그는 평화를 찾지 못했다. 자신이 속한 전통에서 확립한 율법을 피상적으로 이해했기에, 그는 부를 축적하듯 율법을 준수하면 내면의 평안을 얻을 수 있으리라고 생각했다. 하지만 그가 추구한 것은 어떤 초자연적인 것은 아니었다. 그는 '영원한 생명'을 추구했지만, 이때 영원한 생명은 지금, 여기의 '삶'과 관련이 있었다. 그렇기에 그는 그것이 있다고 알고 있음에도 불구하고 자신이 그 상태에 이르지 못했다고 느끼고 있었다. 청년은 진짜 삶을 살기를 바랐다. 그는 가식과 위선으로 가득 찬 삶, 피상적인 삶에서 벗어나고 싶어 했다. 그는 온전한 자기 자신이 되기를 바랐다. 현대적인 표현을 쓰자면 그는 '진정성'authenticity 있는 자신이 되기를 바랐다. 그리고 그는 이를 이루기 위해 자신이 할 수 있는 일, 진정성 있게 되기 위해 매우 구체적인 무언가를 할 수 있다는 것을 감지하고 있었다(그리고 그러한 것이 있기를 소망했다).

(키에르케고어의 표현을 빌려 쓰자면) "마음의 정화"를 추구하는 일은 냉소주의자들이 생각하는 것보다 훨씬 더 흔히 일어나는 일이다. 인간이 끔찍한 일, 사악한 일을 저지를 수 있다는 것은 누구도 의심하지 않는다. 보수적인 설교자들이 불과 유황불에 떨어질 것이라며 이를 가리킨다면 언론 기자들은 차가운 언어로 이를 드러낸다. 그러나 일관성 없고, 들쭉날쭉하며, 반쪽짜리임에도 불구하고 우리에게는 선해지려는 갈망이 있다. 이와 관련해 바울은 인상적인 말을 남겼다.

> 나는 내 속에 곧 내 육신 속에 선한 것이 깃들여 있지 않다는 것을 압니다. 나는 선을 행하려는 의지는 있으나, 그것을 실행하지는 않으니 말입니다. 나는 내가 원하는 선한 일은 하지 않고, 도리어 원하지 않는 악한 일을 합니다. (로마 7:18~19)

도덕 체계는 우리를 조종하려는 이유로 기득권을 수호하려는 종교나 기관들만 부과하는 것이 아니다. 그 이전에 우리 안에서도 도덕적인 인간이 되고픈 갈망이 있다. 오늘날에도 일상에서 잠시 떨어져 나왔을 때 사람들은 종종 어떻게 하면 좋은 사람이 될 수 있을지, 인간이라는 종이 처한 가장 절박한 문제는 무엇이며 이를 극복하기 위해서는 어떻게 해야 할지를 고민하곤 한다. 물론 이러한 고민은 손쉽게 꺼지고, 이어지더라도 서로 부딪히는 다양한 요소들을 고려할 수밖에 없다. 그러나 그럼에도 인간의 '선'을 향한 몸짓은 쇠락한 지식인들이 생각하는 것보다 더 강하고 집요하다. 우리는 좋은 삶, 선한 삶을 이루기 위한 꿈을 꾸고, 계획을 세우며, 전망을 갖는다. 물론 그 중 진지하게 숙고할 만한 가치가 있는 것은 거의 없다. 대다수는 망상이고 우리를 성장시키기보다는 오히려 퇴보시키며 위험하다. 그러나 그러한 꿈, 계획, 전망 아래에는 지금 우리보다 더 나은 존재가 되려는 갈망이 꿈틀거리고 있다.

요약하면, 도덕은 상대적으로 쉽다. 또한 도덕은 체제 및 제도와 잘 엮인다. 그리고 도덕은 인간의 기본적인 욕구와 연결되어 있다. 이러한 세 가지 이유로 사람들은 그리스도교 교회, 그리고 신자들이 도덕적으로 청렴하면서도 구체적인 윤리를 제시하기를 기대한다. 여기서 말하는 것은 도덕적 의로움이 아니다. 이러한 낡은 종교 언어는 진보적인 그리스도교를 고려하지 않기 때문이다. 그러나 진보적인 그리스도교 집단 역시 도덕적인 의로움과 같은 표현을 선호하는 보수적인 그리스도교 집단만큼이나 도덕적인 처방을 선호한다. 그렇기에 신앙의 원천에서 새로운(혹은 기존의) 도덕 지침을 (다시금) 끌어내 이를 그럴싸하게 표현하는 설교자가 오늘날 많은 사람에게 인기를 끄는 것은 놀라운 일이 아니다. 오늘날 사회 역시 도덕적으로 혼란스럽고 불안하기 때문이다. 이때 설교자의 설교와 분위기는 은근히 강압적이다. 청중 대다수가 이를 바라기 때문이다. 그들은 그럴 때 자신이 원하고 필요로 하는 구체적인 조언을 얻는다고 생각한다.

도덕적 권고의 한계들

그러나 그리스도교 교회가 이처럼 단순하고 직접적인 도덕을 설파할 때 이는 자신이 선포하는 메시지, 소명, 그리고 메시지를 들어야 할 인간 모두를 배반하는 것이다. 개인을 향해서든 사회를 향해서든 교회가 도덕을 조언해서는 안 된다는 뜻이 아니다. 다만 이는 세상에 헌신하고 온전한 자신이 되고자 하는 희망이 빚어내는 신앙의 활동이 아니다. 아무리 건전하고, 세련되고 설사 이를 사람들이 필요로 한다 해도 도덕과 도덕적 훈계가 그리스도교 공동체에서 가장 긴급한, 그리고 가장 중요한 관심사가 될 때 그 공동체는 (반복해서 강조하건대) 자신의 본래 소명, 자신이 선포하는 메시지, 메시지를 들어야 할 인간 모두를 배반한다.

왜 그러한가? 앞서 언급한 성서 본문으로 돌아가 보자. 분명 부자 청년은 예수가 분명한 도덕을 제시해주기를 바랐다. 그는 예수가 "이것이 네가 해야 할 일이다"라고 자신이 해야 할 바를 단순명료하게 알려주기를 바랐다. 선한 사람이 되기를 바란다면, 실패나 죄책감, 자기 의심 없는 삶을 살기를 바란다면, 내면의 평화와 하느님께 축복받는 삶을 원한다면 이러한 일을 해야 한다고 가르쳐 주기를 바랐다. 하지만 예수는 청년이 "선하신 선생님"이라는 과장된 인사에서 그의 피상적인 모습과 얄팍한 면모를 파악했다. 그는 (청년의 기대에 부응해) 좋은 선생, 높은 도덕의 수호자, 어떻게 해야 할 것인지에 답을 주는 구루 역할을 하는 것이 궁극적으로 얼마나 무의미한지를 잘 알고 있었다.

예수의 이어지는 말에 대한 부자 청년의 반응은 예수의 생각이 틀리지 않았음을 확증한다. 여기 어려서부터 자신이 몸담은 종교의 주요 규율 대부분을 지킨 한 사람이 있다. 하지만 그는 자신이 규율을 왜 지켜야 하는지는 모른다. 산상설교에서 알 수 있듯 예수가 관심을 두는 것은 인간의 동기와 의도다. 바로 여기서 인간의 가장 커다란 영적 투쟁이 일어나기 때문이다. 간음을 하지 않을 수 있고 살인을 하지 않는 인간이 있다. 잘한 일이다. 그러나 예수는 묻는다. '다른 사람을 정욕에 휘말린 채 바라보거나 속으로 다른 사람을 증오하지는 않았는가? 율법에 대한 너의 의식을 검토하는 일은 과연 이와 어떠한 관련이 있는가? 너는 율법을 준수하는 것에 만족하지 않는가? 율법을 지키고 남들보다 도덕적으로 우월하다는 생각에 내심 기뻐하지 않았는가? 다른 무엇보다 '선한' 너의 모습에 커다란 자부심을 느끼고 있지 않은가? (T. S. 엘리엇T. S. Eliot이 『대성당의 살인』Murder in the Cathedral에서 말했듯) "잘못된 이유로 옳은 일을" 하고 있지는 않은가? 도덕적인 자기계발을 하려는 생각 자체가 기본적으로 얼마나 자기중심적인 일인지 생각해 보았는가? 너는 나를 진실로 원하는가? 자기 자신에게 사로잡힌 너에게 세례를 베풀어줄 "선하신 선생님"을 찾고 있지는 않은가?'

이 본문에서 주목해야 할 부분은 또 있다. 부자 청년이 예수에게 "어려서부터" 지켰다고 확신한 계명들(살인, 간음, 도둑질, 거짓 증언, 사기, 부모 공경)은 양심적인 종교인이라면 누구나 (외적으로는) 지킬 수 있는 계명들이다. 흥미롭게도 여기에 눈으로 분명하게 파악할 수 없는 탐욕에 관한 계명은 들어가지 않는다. 또한 첫 번째 계명("나는 너희를 이집트 땅 종살이하던 집에서 끌어낸 주 너희의 하느님이다. 너희는 내 앞에서 다른 신을 모시지 못한다"(출애 20:2))도 들어가지 않았다. 하기야, 누가 과연 이 계명을 지켰다고 확신할 수 있겠는가? 언젠가 루터는 말했다.

저는 십계명을 탐구하기 위해 수차례 시도했지만 첫 번째 계명 "나는… 주 너희의 하느님이다"를 마주하자 아무것도 할 수 없었습니다. 이 말씀은 저를 궁지에 몰아넣었습니다.[6]

성서의 계명은 도덕적인 가르침이 아니다. 계명은 하느님과

---

[6]   Thomas S. Kepler(ed). *The Table Talk of Martin Luther*, 8.

인간의 만남을 기초로 이루어진 것이다. 계명 뒤에는 하느님과 인간의 만남이라는 맥락이 있다. 이 땅에서 인류에게 말씀을 건네시는 하느님, 이 영원한 '당신'이 인류에게 오심으로써 인류는 그를 보게 되고 그의 말씀을 듣게 되었다. 이로써 인류의 모든 것이 변화한다.

다시 돌아가, 마르코는 예수가 부자 청년을 "눈여겨"보고, "사랑스럽게" 여겼다고 말한다. 누군가는 여기에 오래 시선이 머물 수도 있다. 청년을 향한 예수의 연민은 자기의로 가득한 서기관이나 예수를 적대시한 바리사이파 사람들에게는 보이지 않았던 연민이다. 예수는 청년이 자기 자신에 대해서 잘 알지 못하면서도 진정성 있게 되기를 바라는 마음만은 진실하다고 보았다. 그가 보기에 이 부자 청년에게 필요한 것은 또 다른 도덕적 권고가 아니라 삶의 철저한 방향 전환, 자기 자신과 세계를 바라보는 관점 자체가 바뀌는 것이었다. 성서에 나오는 말 '메타노이아'$_{μετάνοια}$는 보통 '회개'$_{repentance}$로 번역되지만, 이 말은 여러모로 오해를 낳을 수 있다. '메타노이아'는 존재가 완전히 뒤바뀌는 것, 변혁되는 것, 다른 길에 서는 것, 안에서부터 밖까지 완전히 변화하는 것을 뜻한다. 그러므로 예수가 부자 청년에게 건넨 말("네가 가진 것을 다 팔아서, 가난한 사람들에게 주어라")은 결코 또 다른 도덕적 권고가 아니라 고도의 통찰이 담긴 말이자 심오한 신앙의 조언이다. 예수는 그가 자기 자신에 대한 지나친 관심에서 벗어나 물질적인 부와 순진한 자기의 모두에서 초연해지며 삶에 온전히 몸담을 때만 그가 추구하는 평화를 얻을 수 있다는 것을 알고 있었다. 예수 그리스도는 우리를 새로운 종교로 부르는 것이 아니라 삶으로 부르신다고 본회퍼는 말했다. 예수는 그가 동시대 사람들의 고통을 새롭게 인식하게 된다면 삶에 진실로 눈을 뜨게 될지도 모른다고 믿었다. 또한 예수는 청년이 시몬 베유 Simone Weil가 '관심'이라고 부른 잠재력(긍휼, 연대 의식, 자기를 내세우지 않는 사랑)을 갖고 있다고 믿었다. 이 잠재력은, 좀 더 정확하게 말한다면 단순히 그의 잠재력이 아니라 (이후 예수가 제자들에게 말했듯) 그를 위한 하느님의 잠재력이다.

지금까지 성서의 인물, 부자 청년을 중심으로 이야기했다. 그는 성서가 이해하는 인간의 상태를 분명하게 보여준다. 성서에 따르면 우리는 끔찍할 정도로 교만하며 자기중심적이다. 그러나 동시에 성서는 우리의 오만, 교만에서 (두려움 가운데) 의미를 향한 필사적인 몸부림을 본다. 성서는 우리의 죄를 보면서도 동시에 우리의 죄의식을 살피고 그 가운데 정화를 향한 간절한 갈망을 본다. 또한 성서는 우리의 악을 보면서도, 뚜렷한 불의에 대한 우리의 혐오를 살피며 우리가 본래 창조된 이유, 선을 향한 사라지지 않는 기억을 본다. 그리스도교가 하느님의 잠재력, 하느님께서 주시는 선물인 저 잠재력을 실현하거나 증언하는 대신 종교로서 도덕을 강제해 인류에게 짐을 지워 자기 자신과 남에게 계속 무언가를 요구하게 하는 것은 "가슴에 새겨진 하느님의 법"을 따를 수 있는 인간의 잠재력을 훼손하는 일이다.

종교도 도덕도 아닌, 삶

교회가 스스로 도덕의 공급자가 된다면 이는 저 깊고 감추어져 있는 인간의 갈망, 참된 삶을 살고자 하는 갈망(달리 말하면 '구원'salvation받고자 하는 갈망)을 배신하는 일일 뿐 아니라 자신이 선포하는 메시지와 사명을 거스르는 일이기도 하다. 그리스도를 따르는 공동체가 인류에게 제공해야 할 것은 새로운 종교, 새로운 행동 규범이 아니라 새로운 삶이기 때문이다. 예수는 말했다.

나는 그들이 생명을 얻고 더 얻어 풍성하게 하려고 왔다.

(요한 10:10)

교회가 자신의 부름에 진실하려면, 가장 우선시해야 할 소명은 사람들이 무언가를 '하게 하려고' 권고하거나 회유하거나 위협하는 게 아니라 그들이 '무언가'가 되고, 그 '무언가'로 존재하는 방식, 달리 말하면 무언가가 되는 삶, 누군가가 되는 삶, 과거와는 다른 삶, 변화된 삶, 새로워진 삶, 다시 시작할 수 있는 삶의 방식을 제공하는 것이다. 바로 이 새로운 삶에서부터 근본적으로 새로운 태도, 실천, 행동(겉보기에 올바른 행동일 뿐 아니라 관대함, 긍휼, 사랑이라는 동기에서 나오는 행동)이 나온다.

성서는 이러한 변혁을 위한 언어들로 가득하다. 오늘날 많은 교회가 이 언어들이 생동하지 못하게 하고 있다는 점은 분명 통탄할 만한 일이다. 그리스도'교'라는 널리 알려진 형식과 제도는 이 언어들을 인수하고, 독점했으며, 경계를 세웠다. 그리하여 자신의 삶과 경험에 정직하려 애쓰는 교회 안팎의 진지한 사람들이 이 언어에 접근할 수 없게 만들어버렸다.

신약성서의 언어는 결국 '거듭남'rebirth에 관한 언어라 할 수 있다. 여기서 쓰는 언어는 그 안에 도덕적 차원이 있다 할지라도 (반드시 해야 한다, 진실로 그렇게 해야 한다는) 강요나 의무의 차원에 머물지 않는다. 무언가(이를 죄라고 표현할 수도 있지만 앞서 언급했듯이 말은 종교화되면서 치명적인 흉터를 갖고 있다) 우리가 "원하는 선한 일"을 하려는 우리의 의향을 방해하고 있음을 성서는 정직하게 바라본다. 무언가 우리를, 우리가 할 수 있는 최선의 행동을, 심지어는 사랑조차 낡고 이기적인 자기중심주의의 색채로 물들이고 있다. 성서는 바로 이것이 근본적으로 바뀌어야 한다고 이야기한다. 지구상에서 가장 그리스도교적이라고 알려진 국가, 인구의 3분의 1가량 되는 사람들이 그리스도교 신앙을 갖고 있다고, 거듭나게 되었다고 이야기하는 나라가 전 세계에서 가장 폭력적인 국가라는 점을 염두에 둔다면 복음서가 근본적인 변화를 가리키는 은유로 '다시 태어남', 혹은 '거듭남'이라는 표현을 쓴다는 점은 쓰라린 일이다.

요한 복음서 저자는 한밤중에 니고데모라는 사람이 예수를 찾았다는 이야기를 전한다(이 이야기는 앞에서 언급한 부자 청년 이야기와 동일한 구전 자료에서 나온 이야기일 것이다). 니고데모에게 예수는 말한다.

내가 진정으로 진정으로 너에게 말한다. 누구든지 위로부터 나지 않으면(혹은 새롭게 태어나지 않으면), 하느님 나라를 볼 수 없다. (요한 3:3)

신약의 모든 내용은 결국 (구약의 많은 부분도) 우리가 새롭게 시작해야 함을, 철저하게 변모되어야 함을 이야기한다.[7] 현 인류는 '자기'에만 몰두한 나머지 창조주께서 본래 의도한 바대로 되기를 바라지 않거나 의도한 바대로 될 수 없다(아마도 둘 다일 것이다). 설사 이를 은연중에 기억하고 있고 이를 갈망한다 할지라도 말이다. 그렇다면 창조주 하느님의 본래 의도는 무엇일까? 타자의 행복을 의식하고 거기에 관심을 두는 것, 타자의 눈으로 세상을 보고 타자와 연합하며, 타자에게 관심을 두고, 타자를 느낄 수 있을 정도로 '자기'에게서 해방되는 것이다. 여기서 타자는 하느님이며 이웃이고 (오늘날 맥락에서 강조한다면) 인간 이외의 피조물이다.

예수와 바울은 율법, 즉 하느님의 계명이 하느님께서 본래 의도하신 바를 기이하고 애처로운 피조물인 인간에게 분명하게 밝힌 것이라고 보았다. 성서가 전하는 이 피조물의 근본적인 목적과 소명을 압축해서 말하면 바로 이것, 즉 타자를 사랑하는 것이

---

[7] 예레미야 31:31~32는 그 좋은 예다. "들어라. 그때가 오고 있다. 나, 주의 말이다. 이스라엘의 집과 새로운 언약을 맺을 것이다…. 내 법을 그들 안에 두고, 이를 그들의 가슴에 넣어 줄 것이다."

다. 분명 이 피조물에게는 의심할 여지 없이 주목할 만한, 독특한 능력(생각하고 추론하고 관조할 수 있는 능력, 의지를 가지고 무언가를 실천에 옮길 수 있는 능력, 손을 활용해 무언가를 만들어낼 수 있는 능력)이 있다. 그리고 (아테네와는 달리) 예루살렘의 증언에 따르면 이 능력들은 하나의 목적, 즉 타자를 사랑하는 데 쓰여야 한다.

그러나 동시에 성서는 현 상태에서 인간의 사랑은 온전히 이루어질 수 없다고 말한다. 신의 이름을 빌린 강압, 권고, 도덕적 지시, 법으로는 사랑을 이룰 수 없다. 그리스도교 윤리의 핵심인 사랑은 이런저런 조항들로는 이룰 수 없다. 오직 하느님, 이웃, 세계(그리고 세계에서 복잡하게 서로 얽혀 있는 피조물들과 과정들)를 향한 사랑만이 인류의 상태와 세계의 운명에 근본적인 차이를 빚어낼 수 있다고 성서는 강조한다. 그리고 성서에 따르면 하느님은 당신이 창조한 피조물이 자멸하도록 결코 내버려 두지 않으신다. 그리하여 성서 이야기는 이 이야기의 주요 인물, (하느님의) 적대자라고도 할 수 있는 인간의 철저한 변모를 그린다. 이것이 성서에 바탕을 둔 그리스도교 신앙이 이야기하는 대안이다.

너는 새롭게 태어나야 한다. … 위로부터 태어나야 한다. … 다시 태어나야 한다!

이는 진보적이고 온건한 교회들에 속한 이들(여기에는 나도 포함된다)이 마주하고 있는 커다란 도전이다. 수많은 사람이 공식적인 구성원을 이루고 있어서 현실이 어느 정도는 종교가 제시하는 바를 따라가고 있다고 생각하는 상황, 사회문화적으로 주요 용어가 흡수된 상황에서 이러한 가르침을 우리는 어떻게 따를 수 있을까? 그리고 어떻게 저 언어의 본래 의미가 살아나게 할 수 있을까?

수많은 이가 아무런 어려움 없이 그리스도'교'인으로 자라나 자신이 '거듭난' 그리스도교인이라고 서슴지 않고 발언하는 상황 속에서, 그러한 이들이 스스럼없이 특정한 국가의 가치를 대변하고 개인적인 자기만족을 추구하며 더 나아가 폭력적인 모습을 내비치는 상황에서 저 성서의 언어는 어떠한 방식으로 쓰여야 하는 것일까?

신앙의 언어가 종교화되고 양식화된 상황, 특히나 많은 이가 이 언어를 무지하고 완고한 종교적 태도를 담고 있다고 여기고 있는 상황에서 우리는 어떻게 저 언어를 써야 하는 것일까?

인류와 이외 피조물들이 함께 살아가고 모두가 고통받고 있는 이 현실에서 거듭남과 고도의 자기희생을 강조하는 믿음을 갖고 있다는 이들이 아무런 차이도 만들어내고 있지 못하다면, 더 나아가 이들이 오늘날 세계가 처한 경제 문제, 정치 문제, 인종 문제, 군사 문제, 환경 문제 및 다른 문제들을 만들어내는 주요 원인이자, 이를 유지하는 주요 동력 중 하나라면, 오히려 이러한 현실을 강화하는 데 애를 쓰고 있다면 어떻게 해야 하는가?

오늘날 진지한 그리스도교인들에게 이는 단순히 이론의 문제가 아니다. 이는 매우 구체적이면서도 기본적인 문제다. 세속적인 감수성에 파묻혀 버리든 개신교, 로마 가톨릭, 정교회라는 조금은 더 진지한 형태로 남든 성서 전체의 메시지, 그리고 이야기의 토대가 되는 근본적 변혁의 언어는 종교라는 형태, 그리고 종교적 선언으로 대체되었다. 그리고 이 대체된 형태들은 안타깝게도 많은 경우 저 소중한 신학 유산을 현실에서 되살리는 데 걸림돌이 되고 있다. 심지어 복음이라는 말조차 권력을 추구하고, 매체를 의식하는 교회들에 의해 왜곡되고 있는 실정이다. 오늘날 상당수 개신교인은 저 말을 언제, 어떻게 사용해야 하는지 잘 알지 못한다. 진보적이고 온건한 그리스도교인들은 복음주의, 혹은 근본주의적 흐름이 부끄럽다는 이유로 이 사회의 주요 교육기관과 제도들에서 자신들이 마땅히 해야 할 바를 하지 않는다.[8] 급진적 변혁을 말하는 신앙의 언어는 본래 우리가 만족스러워하던, 그리스도교 세계의 사회, 문화와 잘 들어맞지 않는다. 그런데 저 세계가 완전히 몰락해가는 이 시점에서 신앙의 언어를 근본주의자, 극단적인 복음주의자들, 신앙을 특정 도덕과 동일시하는 이들만이 점유해 쓰고 있다는 것은 심히 우려할 만한 일이다.

오늘날 사려 깊고, 책임감 있는 이들과 단체들은 인류 문명과

---

[8] 다음의 저작을 보라. Douglas John Hall, *Waiting for Gospel: An Appeal to the Dispirited Remnants of Protestant "Establishment"* (Eugene, OR: Cascade Books, 2012)

전체 생명체의 생존을 위협하는 문제에 경각심을 갖고 있다. 인구는 폭발적으로 증가하고 있으며 그중 다수는 여전히 빈곤하고 질병을 앓고 있다. 인종, 성, 경제와 관련해서는 오래전부터 불의가 판을 치고 있다. 기술에 대한 맹목적인 믿음은 환경 파괴로 이어지고 있다. 여전히 곳곳에서 종교적 야만, 타문화에 대한 무지, 편견에서 기인하거나 이를 동반한 폭력, 갈등이 곳곳에서 이어지고 있다. 삶을 위협하는 이러한 상황을 심각하게 의식하는 이들은 변화를, 지구를 소유하고 있는 인류 전반에 걸친 근본적으로 새로운 정책들을, 인권과 이성과 법의 지배를, 지구의 운명에 관한 국제적인 관심을 외치고 있다. 이들에게 연대감을 느끼고 있는 이로서 나는 오늘날 참된 도덕, 윤리는 이러한 방향으로 나아가야 한다고 확신한다. 그리고 예수 그리스도와 정당하게 연결되어 있다고 주장할 수 있는 윤리는 '정의, 평화 그리고 창조의 온전함'(이는 밴쿠버에서 열린 1988년 세계교회협의회에서 나온 표현이다)에서 도출되는 윤리여야만 한다고 믿는다.

율법이 아닌 복음

그러나 나는 그리스도교인으로서 저 윤리는 어떤 윤리적 의무나 도덕적 명령의 방식으로는 (나의 스승 존 콜먼 베넷의 말을 빌리면) 아무리 급진적이고 철저할지라도 달성될 수 없다고 확신한다.[9] 오늘날 존경할 만하고, 책임감 있는 이들이 요구하는 급진적인 변화가 일어나기 위해서는 우리의 행동뿐만 아니라 우리의 생각, 갈망, 희망, 계획의 방향과 방식 자체가 변화해야 한다. 그리고 이러한 변화는 소리를 높인다거나 국제회의를 개최한다거나 변화하지 않을 경우 맞이하게 될 암울한 미래를 경고한다고 해서 일어나지 않는다.

그리고 이러한 변화를 요구하는 이들은 극소수에 불과하다. 이 지구에서 살아가는 대다수 사람, 즉 우리는 이 변화의 요청을 거의 듣지 못하며, 심지어 강하게 저항한다. 문제는 바로 우리 자신이다. 경제적으로 풍요롭고, 발달한 기술 문명에서 살고 있으며, 군사적으로 강력한 국가에서 살고 있는 우리는 모두 저 성서 속 부자 청년과 같다. 우리는 너무도 많은 것을 소유하고 있다. 그리고 우리의 종교(전통적인 종교든 소비주의와 쾌락주의라는 새로운 종교든)는 우리를 영적으로 우쭐하게 만들었다. 동시에 우리는 은밀히 두려워하며 절망하고 있음을 인정하지 않은 채 (키에르케고어의 의미로) 절망에 빠진다. 죽음을 맞이할 수밖에 없음을, 유한성을, 필멸함을, 한계를, 끝을 발견했기 때문이다.

어떤 이들(나는 그들이 하느님께서 택하신 이들이라고 생각한다), 이를테면 아씨시의 프란치스코Francis of Assisi, 마더 테레사Mother Teresa, 시몬 베유 같은 이들에게, 예수가 자신의 소유를 버리고 가난한

---

[9] John C. Bennett, *The Radical Imperative: From Theology to Social Ethics* (Philadelphia: Westminster, 1975)

이들을 찾으라고 한 권고는 자기 변혁의 계기가 되었다. 실제로 오늘날에도 중남미, 아프리카, 인도네시아, 그리고 거대도시에서 가장 고통받는 이들과 함께함으로써 삶이 변화한 사람들이 있다. 그러나 대다수는 부자 청년이 예수의 말에 응하듯 울상을 짓고, 근심하면서 이를 외면할 것이다. 도덕적인 권고는 사람을 변화시킬 수 없다.

자신이 고대 예루살렘부터 나온 전통에 있다고 생각하는 이들, 여전히 고전적인 프로테스탄티즘의 유산을 숙고하는 이들은 물어야 한다. 오늘날 우리는 어떻게 복음을 되찾을 것인가? 인간이 알고 있되 지극히 불안한, 의식 깊은 곳에 감추어져 있는 하느님의 가능성을 어떻게 표현할 수 있을까? 지금까지 다룬 내용을 숙고한다면 도덕적인 권고나 명령을 제시하는 것으로는 충분치 않다는 것을 알 수 있을 것이다. 인류를 위협하는 문제들이 요구하는 변화들(정의를 향한 요구, 평화를 향한 요구, 동료 피조물들에 대한 감수성과 존중에 대한 요구)은 아무리 열정적으로 도덕을 외친다고 해서 일어나지 않는다. 이 변화들이 일어나기 위해서는 인간(특히 우리 같은 부자들)의 정신과 마음과 몸의 전면적인 변혁(그래서 불가능해 보이는 변혁)이 필요하다. 그렇다면 오늘 우리는 어떻게 하느님의 가능성, 즉 은총의 가능성, 참회의 가능성, 영적 쇄신과 희망의 가능성, 다시 태어날 가능성을 의미 있게 말할 수 있을까?

이는 오늘날, 그리고 미래의 진지한 그리스도교인들이 마주한 커다란 도전이자 시험이다. 과연 우리는 낡은 도덕(법)의 수호자, (낡든, 새롭든) 도덕적인 가르침만 늘어놓는 사람이라는 평판에서 벗어날 수 있을까? 우리는 어떻게 복음을 분명하게 말할 수 있을까? 아니면 저 성서 용어의 의미를 담은 말을 전할 수 있을까?[10] 과연 우리는 단순히 '무언가를 하는 것'을 넘어선 변혁과 희망의 메시지를 선언할 수 있을까? 우리는 현재 삶이 요구하는, 근본적인 변화를 통해 이루어져야 할 현실과 우리를 둘러싼, 주어진 현실을 분별할 수 있는가? 혼란에 빠져 있고 궁핍한 인류에게 초월적인 사랑을 증언할 수 있을까? 어떻게 저 사랑이 지닌 너그러움이 우리 안에서 퍼져 나가게 할 수 있을까? 이 질문에 대해 단 하나의, 단번에 내릴 수 있는 답은 없다. 그러나 부자 청년, 혹은 니고데모의 이야기가 보여주듯 우리가 깨달아야 할 바는 너무나도 분명하다. 우리의 가능성이 한계에 봉착했을 때, 그리고 우리가 이를 깨달을 때, 그때 그곳에서 하느님께서는 자신의 가능성을 펼쳐 보이신다는 것이다.

---

[10] 다음을 보라. Douglas John Hall, *Waiting for Gospel*.

제5장

─────

교회가 아니다

하느님께서 갖고 계신 많은 것을, 교회는 갖고 있지 않다.
교회가 가진 많은 것을, 하느님께서는 갖고 계시지 않다.[1]

교회의 필요성

성서, 그리스도교 윤리와 마찬가지로 교회는 사람들이 그리
스도교라는 명사를 들었을 때 자연스럽게 떠올리는 것 중 하나
다. 이론적으로, 특정 상황에서는 교회 없는 그리스도교가 가능
할 수 있다(이를테면 일본의 무교회주의 운동이 그렇다).[2]

─────────

[1] *De Baptismo*, 5.38.
[2] 무교회주의 운동은 우치무라 간조Uchimura Kanzo(1861~1930)가 시작했다.
     그는 16세 때 감리교 선교사를 만나 회심해 앰허스트대학에서 공부했

교회라는 말 자체는 분명 우연히, 혹은 자의적으로 구성된 집단 같은 인상을 줄 수도 있다.[3] 하지만 중요한 것은 교회가 예수 그리스도의 가르침을 따르는 이들, 그를 기억하는 이들, 그가 여전히 자신들과 함께한다고 믿는 이들이 함께 모인 공동체라는 것이다. 실제로 이 공동체를 무엇이라고 부르든 간에 긴 역사 속에서 이 공동체는 교회로서 그 역할을 담당해 왔다.[4]

다. 그는 말했다. "그리스도교에서 교회를 빼면 그게 바로 길이고 진리고 생명이다. 교회제도라는 옷이 더럽혀지고 망가졌다는 이유로 그리스도와 복음을 떠나서는 안 된다. 미래의 그리스도교는 교회 없는 그리스도교가 될 것이다. 파트모스섬의 예언자는 "나는 그 안에서 성전을 볼 수 없었다"(묵시 21:22)고 말했다." *Selected Works of Uchimura Kanzo* (Tokyo: Iwanami, 1953), 298.

[3] 루터는 '교회'kirche라는 말을 좋아하지 않았다. "내가 신경을 작성한다면 '나는 거룩한 그리스도인의 백성이 있다고 믿는다'고 했을 것이다. 교회라는 말을 이 고백으로 대치했다면 저 흐릿하고 불분명한 말로 인해 생긴 유감스러운 일들을 피할 수 있었을 것이다. "그리스도인", "거룩한 백성"이라는 말은 교회가 무엇이고, 무엇이 아닌지 명확하게 이해하고 판단하는 데 도움을 준다. 하지만 안타깝게도 신경은 '교회'라는 불투명한 말을 쓰며 대다수 사람은 교회를 (화가들이 묘사하듯) 돌로 지은 건물로 여긴다. 화가들이 교회를 제대로 이해했다면 그들은 오순절 사도들과 제자들 머리 위에 성령이 맴도는 모습을 그렸을 것이다." Hugh Thomson Kerr(ed), *A Compend of Luther's Theology* (Philadelphia: Westminster, 1943), 125.

[4] '처치'church라는 말 자체는 다른 유럽 언어(스코틀랜드어 '커크'kirk, 네덜란드어 '께르끄'kerk, 독일어 '키르헤'kirche)처럼 '큐리오스'χύριος(주님)께서 거하시는 장소란 뜻인 그리스어 '쿠리아콘'χυριαχόν에서 유래했다. 하지만 이 그리스어는 신약에 등장하지 않는다. 그리스도교 공동체가 쓰는 건물을 가리키기 위해 '교회'라는 말을 쓰는 습관이 성서에 바탕을 두지 않았다는 것은 새삼 강조할 필요가 있다. 물론 인간은 (은행이나 학교 의회처럼) 특정 건물이나 장소를 그 용도와 연관시키는 경향성이 있으므로 이러한 습관이 어떻게 생겼는지 쉽게 이해할 수 있지만 말이다. 초기 그리스도교인들은 자신들만의 건물을 갖고 있지 않았다. 그들은 구성원의 집이나 공공장소에서 만났고, 때로는 카타콤처럼 대중의 눈에 띄지 않는 곳에서

그러한 면에서 교회는 그리스도교가 무엇인지 보여주는 그리스도교의 필수 요소다. 신앙의 본질은 그리스도교가 전하는 메시지, 복음을 듣는 이들이 죄, 즉 무관심하고 망가지고 파괴적인 관계로 인해 서로 분리된 이들을 하나로 묶어주는 것이다. 하느님의 영은 연합, 즉 하나의 몸을 창조하려고 한다. 이것이 이 땅에서 복음의 목적이다. 물론 신약성서는 복음이 울려 퍼질 때 개인의 회심이 일어난다는 것을 알고 있다("다르소의 사울"(사도 9장)은 그 대표적인 예다). 하지만 신약의 복음서와 서신서는 (적지 않은 복음주의자들이 이야기하듯) 회심 자체가 목표라고 이야기하지 않는다. 회심은 더 큰 목적을 위한 수단, 혹은 더 큰 목적으로 나아가는 동안 일어나는 하나의 과정이다. 그리고 저 목적에는 교회가 포함되어 있다(앞으로 이야기하겠지만 이 목적은 교회 또한 넘어선다). 그리스도교가 전하는 메시지에는 그 메시지를 듣는 이들이 제자도를 걷는 공동체가 되어야 한다는 내용이 들어있다. 이 공동체는 복음의 기본적인 요소들(죄의 용서, 사람과 사람 사이에 장벽을 허물기, 상호성이 이기주의를, 평화가 적대를, 나눔이 탐욕을, 긍휼이 원한과 복수심을 극복하는 새로운 상황에 대한 기대)을 이 세상에서 구현한다. 어떤 의미로든 교회가 저 새로운 창조를 완전히 이룬 곳이라고 이야기할 수는 없지만, 그럼에도 불구하고 교회는 복음

모이기도 했다. 그러므로 '교회'를 읽으며 우리는 그 말이 공통된 메시지와 사명을 지닌 이들의 모임을 뜻하는 그리스어인 '에클레시아'를 번역한 말임을 염두에 두어야 한다.

을 선포하도록 부름 받은 공동체이며 하느님의 통치를 받고 하느님 나라에 참여한다. 교회는 그 자체로 복음 선포의 첫 번째 결실이다. 교회가 없다면 그리스도교 메시지는 너무나 추상적인, 순전한 이론으로만 보였을 것이다. 화해의 메시지는 실제로 화해를 이룬 공동체가 선언할 때만 신뢰할 만하다. 자신을 어떻게 표현하든 간에 교회는 그리스도교가 무엇을 의미하는지에 대한 성서적이고 전통적인 이해를 가장 분명하게 보여준다.

흔히 교회의 탄생을 묘사한다고 평가받는 성서 본문은 사도행전 2장이다.

> 오순절이 되어서, 그들은 모두 한곳에 모여 있었다. 그때 갑자기 하늘에서 세찬 바람이 부는 듯한 소리가 나더니, 그들이 앉아 있는 온 집안을 가득 채웠다. 그리고 불길이 솟아오를 때 혓바닥처럼 갈라지는 것 같은 혀들이 그들에게 나타나더니, 각 사람 위에 내려앉았다. 그들은 모두 성령으로 충만하게 되어서, 성령이 시키시는 대로, 각각 다른 언어로 말하기 시작하였다. (사도 2:1~4)

여기서 서술자는 당시 신비한 일이 일어났음을 전하기 위해 화려한 언어를 사용한다. 신비로운 일은 "바람이 부는 듯한 소리", "불길"이 아니라 다양한 문화와 다른 언어를 사용해 분리되었던 집단들이 복음의 메시지를 통해 심판받고 다시 살아나 "유대 사람과 이방 사람 사이를 가르는 담"을 허물고 함께한 일이다. 사도행전은 곧이어 베드로의 발언을 배치해 오순절 경험이 어떠한 의미가 있는지를 설명한다. 여기서 요점은 어떤 초월적인 힘이 베드로가 전하는 말 가운데 활동해 청중을 움직였다는 것이다. 복음을 전하고, 복음을 듣게 하는 것은 바로 이 힘, 즉 성령의 힘이다. 이 성령의 힘이 교회를 창조했다.

> 그런데 이런 말소리가 나니, 많은 사람이 모여와서, 각각 자기네 지방 말로 제자들이 말하는 것을 듣고서, 어리둥절하였다. 그들은 놀라, 신기하게 여기면서 말하였다. "보시오, 말하고 있는 이 사람들은 모두 갈릴래아 사람이 아니오? 그런데 우리 모두가 저마다 태어난 지방의 말로 듣고 있으니, 어찌 된 일이오?" (사도 2:6~8)

> 그들은 베드로의 말을 믿고 세례를 받았다. 그날에 새로 신도가 된 사람은 삼천 명이나 되었다. 그들은 사도들의 가르침을 듣고 서로 도와주며 빵을 나누어 먹고 기도하는 일에 전념하였다. (사도 2:41~42)

성서, 그리고 교리에 따르면 교회는 성 삼위일체의 세 번째 위격인 성령의 창조물로 하느님께서 섭리하신 바, 뜻하신 바를 이루어 가시는데 반드시 필요하다. 그리스도교에 관해 말하는 것은 곧 교회에 관해 말하는 것이다.

거대한 목적을 이루기 위한 수단으로서의 교회

그러나 교회가 그리스도교 신앙이 의미하는 모든 것인가? 그리스도교 신앙을 탐구하기 위해 교회를 탐구한다면 그 결과 놓치게 되는 의미는 없는가? 그리스도교는 교회, 혹은 교회'들'과 같은 말인가? 그리스도교인들은 자신의 신앙이 교회로 구현되며 교회와 불가분한 관련을 맺고 있다고 생각하는가? 충분히 교육을 받은 그리스도교인이 비그리스도교인에게 실제 그리스도교 교회에 관해서 설명해주는 것으로 그리스도교 신앙에 대한 설명이 충분히 가능할까? 비그리스도교인이 한 교회뿐만 아니라 여러 교회를 (깊이) 살펴본다고 해서 그리스도교를 충분히 알 수 있을까?

교회에 대한 교리를 강하게 긍정하는 사람 중에서도 이러한 질문에 곧바로 그렇다고 이야기하는 이는 거의 없을 것이다.[5] 그리스도교와 교회는 역사적으로나 신학적으로 불가분의 관계에 있지만 동의어는 아니다. 그리스도교가 더 큰 범주이고 교회는 더 작은 범주다. 그리스도교는 교회의 신앙으로서 언제나 교회

---

[5] 교회가 성육신의 확장이라고 주장하는 이들은 여기에 이견을 달지 모른다. 그러나 프로테스탄티즘은 그러한 견해를 택하지 않는다. 1943년 6월 29일 교황 비오 12세Pius XII가 발표한 회칙 『그리스도의 신비체에 관하여』Mystici Corporis Christi는 그리스도와 교회의 관계에서 '그리스도가 곧 교회'라는 원리를 너무나 강조해 그리스도께서 몸의 머리(바울의 은유)로 계신다는 것을 약화하는 것은 아닌지 의문이 든다.

를 넘어선다. 사람들은 교회가 그리스도교 신앙을 성실하게, 충실히 구현하고 구체화하기를 바란다. 하지만 또한 사람들은 교회가 참된 그리스도교 신앙을 온전히 구현하지는 못한다는 것을 아주 잘 알고 있다. 현실에서 교회는 그리스도교 신앙 이외에 다른 가치, 그리스도교 신앙에 속하지 않으며 그리스도교 신앙과 양립할 수 없거나 때로는 그리스도교 신앙에 반하는 국가적, 민족적, 인종적, 문화적, 역사적, 이념적 가치, 혹은 현실을 반영한다. 언젠가 G. K. 체스터턴G. K. Chesterton은 말했다.

> 그리스도교의 이상을 실천해 보았더니 부족함이 드러난 것이 아니다. 애초에 그리스도교의 이상은 시도조차 되지 않았다.

이 비평의 대상에는 암묵적으로 교회도 포함된다.[6] 교회 역시 (아니, 교회는 특별히) 그리스도교라는 말이 가리키는 실재에 미치지 못한다.

앞에서 살펴보았듯 교회는 그리스도교의 본질이 아닌 특정 문화를 반영하는 것 외에도 성서에서 상당히 의혹의 눈초리로 바라보는 인간 현상을 반영했다. 바로 종교다. 성서와 많은 현대 신학자들의 작업을 통해 종교란 궁극적인 힘이나 신성을 통제하려는 인간의 시도를 암시하고 있음이 드러났다. 본회퍼를 포함

---

[6] 다음을 보라. A. N. Wilson, *Tolstoy, Classic Biography* (London: Penguin, 1988), 337.

한 몇몇 학자들이 가르쳤듯 창세기 11장에 나오는 바벨탑 신화는 이러한 종교의 유혹을 상징적으로 보여준다. 그리고 오순절은 정확히 이 방향을 뒤집은 사건이다. 이는 인간을 향한 하느님의 은총 가득한 운동을 묘사한다. 다시 말해, 기원에서 그리스도교는 자신을 종교가 아니라 하느님의 은총 어린 활동에 대한 반응, 다시 말해 신앙의 공동체, "부름받은 백성"(에클레시아ἐκκλησία)으로 이해했다. 하지만 칼 바르트가 말했듯 "역사적 그리스도교자체는 종교다. 이 종교는 끊임없이 복음의 비판 아래 놓여야 한다".[7] 역사적 그리스도교에는 오순절 사건보다는 바벨탑의 사건이 더 많았을 것이다. 교회의 역사란 다양하게, 지속적으로 그리스도교 신앙이 타락한 모습을 보여주는 역사이며, 어떤 때는 철저하게 타락한 모습을 보여주기도 했다.

하지만 다른 측면에서 보면 그리스도교인들은 하느님의 집에서 심판이 시작된다는 것을(1베드 4:17 참조) 끊임없이 의식했다. 다른 수많은 역사적 종교들과 견주었을 때 그리스도교는 자신에 대한 지속적인 비판을 기꺼이 받아들였고 이를 위해 충분한 틀을 닦아 놓았다. 이를테면 이슬람과 달리 그리스도교는 자신에 대한 풍자와 조소를 허용한다. 요한 묵시록에 나오는 소아시아 교회들에 보내는 성령의 일곱 편지부터 쇠얀 키에르케고어의 『그리스도교 세계 공격』에 이르기까지, 그리스도교인과 교회는

---

[7] Helmut Gollwitzer, *Karl Barth's Church Dogmatics: Selections* (Edinburgh: T.& T. Clark, 1961), 50.

자신들이 잘못한 것이 무엇인지, 결점이 무엇인지에 대해 기이할 정도로 관심을 기울였다. 이는 예배의 필수 요소인 '죄의 고백'에서도 분명하게 드러난다.

> 자비하신 하느님, 우리는 생각과 말과 행실로 주님과 이웃에게
> 죄를 지었으며, 또한 자주 의무를 소홀히 하였나이다.[8]

그러나 그리스도교인들이 그리스도교를 교회와 동일시하기를 주저하는 것은 단지 현실 교회가 참된 그리스도교의 이상에 미치지 못한다는 사실을 알기 때문만은 아니다. (긍정적인 차원에서) 교회는 자신의 임무가 단순히 자신을 세우는 것보다 훨씬 더 커다란 것임을, 자신보다 훨씬 더 커다란 목적이 있음을 안다. 오순절, 성령의 부름을 통해 만들어진 공동체는 애초에 자신들이 복음의 궁극적인 목적이 아님을 알았다. 엄밀히 말해 교회는 목적이 아니라 수단이다. 복음은 그 안에 어떤 필연성을 갖고 있다. 즉 복음은 나누어져야 한다. 다양한 면모에도 불구하고 독특한 일치를 이루는 속성을 지닌 교회는 바로 이 사명을 이루기 위해 존재한다. 그러한 면에서 교회는 언제나 미완성일 수밖에 없다. 설사 자신이 어떤 경계를 긋더라도 교회의 사명은 그 경계를 훨씬 뛰어넘는다.

---

[8] 성공회 기도서 중 '죄의 고백'.

교회는 타자를 위해서 현존할 때 교회가 된다.[9]

이러한 사명은 교회가 세계(코스모스-χόσμος)를 향해 새롭고 철저하게 방향을 전환하게끔 한다. 널리 알려진 본문 요한 복음서 3장 16절은 하느님께서 "세상을 이처럼 사랑하셔서" 예수 그리스도를 보냈다고 말한다. 이러한 맥락에서 교회 자신이 하느님께서 선택하신 사랑의 대상처럼 행동할 때, 교회는 자신의 목적을 노골적으로 배반하는 것이라 할 수 있다. 요한 복음서에서 예수는 기도했다.

> 아버지께서 나를 세상에 보내신 것같이 나도 이 사람들을 세상에 보냈습니다. … 나는 이 사람들만을 위하여 간구하는 것이 아니라 이 사람들의 말을 듣고 나를 믿는 사람들을 위하여 간구합니다. 아버지, 이 사람들이 모두 하나가 되게 하여주십시오. 아버지께서 내 안에 계시고 내가 아버지 안에 있는 것과 같이 이 사람들도 우리들 안에 있게 하여주십시오. 그러면 아버지께서 나를 보내셨다는 것을 세상이 믿게 될 것입니다.
>
> (요한 17:18~21)

초대 교회가 이 가르침(교회의 존재는 교회의 사명에 종속된다는 것)

---

[9] Dietrich Bonhoeffer, *Letters and Papers from Prison*, 180.

을 기억했다는 사실은 비단 복음을 선포하기 위해, 길을 위해 자신의 생명을 내놓아야만 했던 순교자들의 활동으로만 입증되지 않는다. 이는 그리스도교 교리, 특히 니케아 신경의 교회에 관한 정식에도 분명하게 남아있다. 신경에 따르면 교회에는 세 가지 전통적인 표지('노타이'notae)가 있다.

하나이요 **거룩**하고 사도로부터 이어오는 **공교회**[10]

교회의 하나 됨, 교회의 구별됨(거룩함), 그리고 교회의 보편적, 초국가적(공교회적) 특징은 그리스도교 고백의 핵심에 속한다. 네 번째 표지(사도성)은 하나이고 거룩한 공교회가 신약성서에 나오는 하느님의 목적이라는 생각을 암묵적으로 (철저하게) 비판한다. 마태오 복음서 마지막에 분명히 나오듯 교회는 예수의 지상명령을 받아 세상으로 파견된 사람들이다.

너희는 가서, 모든 민족을 제자로 삼아서, 아버지와 아들과 성령의 이름으로 세례를 주고, 내가 너희에게 명령한 모든 것을 그들에게 가르쳐 지키게 하여라. (마태 28:19~20)

교회의 세 가지 표지는 네 번째 표지인 '사도성', 그리고 그 구

---

[10]　이 표지들은 니케아 신경으로 성문화되었다.

체적 실천인 선교를 위한 토대라 할 수 있다. 네 번째 표지를 되새기거나 실행하지 않는 교회, 세상으로 나아가는 백성이 되기보다 기관 혹은 제도로 고착되는 교회는 유혹에 빠진 교회, 인간조직이라면 으레 빠지기 쉬운, 자신의 생존에 집착하려는 유혹에 빠진 교회다.

교회는 역사에 걸쳐 이러한 유혹에 손쉽게 휘말렸고 이 부분과 관련해 이상한 자만심에 빠졌다. 자신들이 선택받은 백성이라는 생각 말이다. 많은 사람이 오해하듯 이러한 유혹의 뿌리는 유대교가 아니다(물론 역사적으로 유대인들 역시 동일한 유혹에 시달렸지만 말이다). 오히려 이러한 생각의 뿌리는 아테네의 철학적이고 종교적인 전통인 엘리트주의에 있다. 이 생각은 자신들이 구약과 신약에 나오는 하느님께서 선택하신 백성이라는 생각과는 다르다. 물론 예루살렘과 아테네가 어떤 가정을 공유하고 있지는 않은지, 둘 다 수많은 사람 중 소수만 실재의 더 깊은 의미를 파악할 수 있다는 가정을 공유하고 있지는 않은지 의문을 던질 수 있다. 엘리자베스 배럿 브라우닝Elizabeth Barrett Browning은 이러한 생각을 자신의 시에 담아낸 바 있다.

지구는 천국으로 가득 차 있다.

그리고 모든 덤불은 하느님으로 불탄다.

하지만 오직 본 사람만 자신의 신을 벗는다.

나머지는 둥글게 앉아 산딸기를 따고 있을 뿐이다.[11]

　　설령 아테네와 예루살렘이 '선택받은 소수'에 관한 (우울한) 생각을 공유했을지라도 이 생각에서 도출된 결론은 전혀 다르다. 아테네(헬레니즘 세계)에서 '소수'란 온 인류가 역사를 거쳐 다다라야 할 목표였다.[12] 이와 달리 예루살렘에서 '소수'는 나머지 사람들(산딸기를 따고 있는 사람들)을 위해 존재한다. 선택받은 백성은 (니체가 이야기한) '군중'the herd 위에 군림하는 이들이 아니다. 더 높은 차원에서 살아가는 엄선된 이들이 아니다. 예루살렘 전통에서 선택받은 소수는 자신의 존재와 운명을 무한히 넘어서는, 거대한 목적을 이루기 위해 선택받은 이들이다. 이 소수는 '모두'를 위한 새로운 현실을 증언하는 이들로 하느님의 선택을 받았다.

　　이 구분은 성서에 근거한 교회의 개념에서 매우 중요하다. 그리스도교 역사는 자주 선택이라는 성서의 개념을 엘리트주의의 또 다른 판본으로 해석했다. 모든 주요 교단들(로마 가톨릭, 개신교, 정교회, 복음주의, 자유주의, 심지어 유니테리언마저도)은 (계속 그러지는 않았다 할지라도) 매우 자주, 세속적인 집단들 사이에서 자신이 특별히, 배타적으로 하느님에게 더 가까이 다가간 집단인 것처럼 보이려는 경향을 보였다. 이러한 예외주의는 엘리트주의의

---

[11]　Elizabeth Barrett Browning, from *Aurora Leigh*.

[12]　영지주의가 그 대표적인 예다.

한 형태에 지나지 않으며 하느님의 선택이라는 성서의 개념과는 전혀 다르다.

위대한 신학자 칼 바르트는 언젠가 한 설교에서 성서에서 이야기하는 선택을 아름답게 해석했다. 이중 예정double predestination 이라는 칼뱅주의의 생각에는 비판적이었음에도 불구하고 그는 선택 교리doctrine of election를 강하게 옹호한 개혁주의 신학자였다.[13] 이 설교는 '모두!'All!라는 단순한 제목을 갖고 있는데 "하느님께서 모든 사람을 순종하지 않는 상태에 가두신 것은 그들에게 자비를 베푸시려는 것입니다"(로마 11:32)라는 바울의 본문을 설교 본문으로 삼았다. 그가 이 설교를 (1957년 9월 22일) 바젤 교도소에서 했다는 것은 주목할 만하다.[14] 설교 제목에서 알 수 있듯 그는 하느님의 선택교리가 엘리트주의와 연관이 있다는 생각을 효과적으로 거부한다.

> 우리는 하느님께서 자비를 베푸셨고 모든 이에게 자비를 베푸실 것이라는 사실에서 출발해야 합니다. 그분의 긍휼이 그분의 뜻과 활동을 결정하고 움직입니다. ⋯ 하느님께서는 우리에게 "그렇다"고 말씀하십니다. 그분은 우리 편에 서실 것이니

---

[13] 이중 예정이란 어떤 사람은 하느님께서 구원받을 이들과 저주받을 이들을 미리 정해놓으셨다는 생각이다.

[14] Karl Barth, *Deliverance to the Captives* (Eugene, OR: Wipf & Stock, 1961(2010)), 75~84.

다. 그분은 모든 역경에 맞서 우리의 하느님이 되십니다. … 아무리 친절하다 할지라도 인간의 자비는 전능하지 못합니다. 그러나 하느님의 자비는 전능합니다. … 우리는 그분의 사랑에 제한이 있다거나, 그분의 사랑을 받기 위해서 어떤 조건을 충족해야 한다고 두려워할 필요가 없습니다. 여기서 잠시 멈추어 봅시다. 예수 그리스도를 통해 전하신 하느님의 거룩한 말씀에 따르면 그분은 모든 이에게 자비를 베푸시며 우리 한 사람 한 사람은 '나도 그분의 사랑을 받는 이다'라고 이야기할 수 있습니다. 지금 우리의 죄 중 가장 커다란 죄는 '그분의 사랑은 나를 향하지 않는다'고, '하느님께서는 나에게 사랑을 베푸시지 않는다'고 생각하는 것입니다.

기다리십시오! 예수 그리스도를 통해 선언하신 하느님의 말씀에 따르면 그분은 모든 사람에게 자비를 베푸십니다. 우리는 이 진리를 마음에 새기고 또 새겨야 합니다. 하느님께서는 모든 사람에게 … 내 옆에 있는 이 사람과 저 사람, 내 앞에 있는, 내 뒤에 있는 동료에게, 내가 기억하고 싶지 않은 사람에게 자비를 베푸십니다. 하느님의 사랑이 넘치는 '그렇다'에서 누군가를 제외하려는 생각이야말로 거대한 죄입니다. … 본문에서 바울은 하느님께서 모든 이를 불순종의 상태에 두셨다고 이야기합니다. 이 주일 설교를 하는 저를 포함해서 말이지요. … 이는 우리 모두가 처한 상황입니다. 누구도 제외될 수 없습니다. 다른 사람을 지목할 필요도 없습니다. 불필요한 일입니다. 누구도 예외는 없습니다. 하느님의 목적은 우리를 타락시키는 것이 아닙니다. 그분은 우리가 수치를 느끼게 할 생각이 조금도 없으십니다. … 오히려 그분은 당신의 자비가 움직여 뚜렷이 드러나는 바로 그 자리에 우리를 두십니다.

경계를 넘어선 신앙?

앞서 언급한 바르트의 설교는 보편주의를 내포하는 것처럼 보인다.[15] 사람들은 이에 물을 것이다. 진실로 하느님의 사랑이 모두를 향한다면 이는 반드시 교회라는 매개를 통해서만 이루어진다고 생각할 필요가 있는가? 이 은총의 암시를 교회 밖에서도 발견할 수는 없는 것일까?[16] 자신을 의식적으로 그리스도교인으로 규정하는 공동체들의 경계 밖에서 그리스도교와 유사한 무언가, 그리스도교가 지향하는 것과 같은 것을 지향하는 무언가를 발견하는 것은 불가능한 일일까?

그리스도교가 교회를 넘어선다는 제안, 그리고 교회 바깥에서 이루어지는 활동이 때때로 교회 안에서 이루어진 활동보다

---

[15] 분명, 바르트는 보편 구원이라는 생각을 멀리했다. 그는 그러한 개념은 손쉽게 영적 이념이나 법으로 굳어져 하느님을 하느님 되게 하는 자유를 침해한다고 생각했다.

[16] 널리 알려져 있듯 바르트는 이러한 생각의 흐름에 동의하지 않았으며 계시의 중심성과 충분함을 강조했다. 그는 인간이 하느님에게서 분리되고 하느님을 향해 반항하는 와중에도 하느님의 어떤 능력('카파스 데이'capax Dei)을 드러낼 수 있다고 생각한 에밀 브루너Emil Brunner의 견해를 신뢰하지 않았다. 하지만 두 견해는 함께 생각해 볼 만한 가치가 있다.

더 빛날 수 있다는 제안을 단순히 교회에 대한 냉소의 산물, 신중하지 못한 신학적 자유주의의 산물이라고 단정할 수는 없다. 이러한 생각은 매우 오랜 역사를 지니고 있으며 그리스도교 전통에도 깊게 뿌리를 내리고 있다. 실제로 이 주제는 그리스도교와 유대교 역사에서 반복해서 나타난다(신약성서에서는 아주 분명하게, 히브리 성서 중 예언서에서 빈번하게 등장한다). 구약에서 예언자들은 "선택받은 이들"이 하느님께 선택받은 것을 봉사와 고난을 감당하라는 소명보다는 일종의 특권으로 여기는 경향을 강도 높게 비판한다.

> 나는 이 땅의 모든 족속 가운데서
> 오직 너희만을 선택하였으나,
> 너희가 이 모든 악을 저질렀으니
> 내가 너희를 처벌하겠다. (아모 3:2)

심지어 예언자 이사야는 이스라엘의 악명 높은 적들을 하느님의 백성이라고 부르고 축복을 베푼다.

> 그 날이 오면, 이스라엘과 이집트와 아시리아,
> 이 세 나라가 이 세상 모든 나라에 복을 주게 될 것이다.
> 만군의 주님께서 이 세 나라에 복을 주며 이르시기를
> "나의 백성 이집트야, 나의 손으로 지은 아시리아야,

나의 소유 이스라엘아, 복을 받아라" 하실 것이다.

(이사 19:24~25)

종교적 가정과 편견이라는 경계를 넘어서 하느님의 활동, 그분의 백성을 찾는 시도는 신약성서에서 보다 강력하게 드러난다. 그리스도를 예고하기 위해 이 땅에 온 세례자 요한은 세례를 받기 위해 그를 찾아온 바리사이인과 사두가이인을 향해 외친다.

> 독사의 자식들아, 누가 너희에게 닥쳐올 징벌을 피하라고 일러 주더냐? 회개에 알맞은 열매를 맺어라. 그리고 너희는 속으로 주제넘게 '아브라함이 우리 조상이다' 하고 말할 생각을 하지 말아라. 내가 너희에게 말한다. 하느님께서는 이 돌들로도 아브라함의 자손을 만드실 수 있다. (마태 3:7~9)

평판, 자격, 회원 등재 여부 같은, 특정 공동체에 소속되어 있다는 외적 표지들은 중요하지 않다. 오히려 이는 자신과 외부인 모두를 속이는 역할을 한다. 앞서 살펴보았듯 예수는 마태오 복음서 7장에서 같은 주제를 다루며 특정 집단에 소속되었다는 외적 표지와 그리스도교인임을 입증하는 진짜 시험, 즉 실제 행동과 대조한다.

> 너희는 그 열매를 보고 그들을 알아야 한다. (마태 7:16)

많은 이는 "열매"를 도덕적 혹은 윤리적 행동을 뜻한다고 가정한다. 하지만 "열매"는 윤리적 행동으로 한정되지 않는다. 신앙의 열매는 선한 행동뿐만 아니라 진실하고 지속적인 이해를 향한 추구, 진리를 향해 나아가는 것, 시대의 징조를 식별하는 것, 희망을 품고 용기를 내는 것, 무엇보다도 바울이 고린토인들에게 보낸 편지에서 주장했듯 사랑의 정신까지를 아우른다. 거짓되고 위선적인 그리스도교, 명목상의 그리스도교는 좋은 열매를 기대할 수 있는 좋은 나무가 아니다. 그러한 나무는 "찍어서 불속에" 던져야 할 나쁜 나무다.

> 좋은 나무가 나쁜 열매를 맺을 수 없고 나쁜 나무가 좋은 열매를 맺을 수 없다. (마태 7:18)

달리 말하면, 참된 그리스도교 신앙은 선한 행동을 빚어낸다. 우리가 특별히 선해서가 아니라, 이기주의를 넘어서는 원초적인 선함이 우리 안에서 활동하기 때문이다. 그러한 면에서 열매는 "성령의 열매"이기도 하다. 성서는 이를 "선"(에페 5:9), "올바른 일"(필립 1:11), "평화"(야고 3:18), "사랑"과 "기쁨"(갈라 5:22) 등 다양한 방식으로 표현한다.

참된 그리스도교가 언제나 교회에서 발견된다고 보장할 수 있는 것은 아무것도 없다. 또한 교회 밖에서 참된 그리스도교를 발견할 수 없다고 단정할 수도 없다. 그리스도교 신앙이 역사 속에서 교회를 통해 현실화되지 않은 적이 있다면, 우리는 반대의 경우도 진지하게 고려해야 한다. 즉 자신이 그리스도교인이라고 주장하지 않는 이들(비그리스도교인 뿐만 아니라 반그리스도교인) 사이에서도 그리스도교 신앙이 구현되는 모습을 발견할 수 있다는 것이다.

마태오 복음서는 분명하게 이러한 가능성이 있다고 이야기한다. 이 복음서에서 예수는 좋은 나무와 나쁜 나무, 그리고 열매에 관한 이야기 다음으로 경건한 언어를 쓰는 것, 그리고 그리스도교 무리에 구성원으로 속해있다는 사실은 누군가가 참된 그리스도교인이라는 것에 대해 어떤 보증도 해주지 못한다고 이야기한다.

"나더러 '주님, 주님!' 하고 부른다고 다 하늘나라에 들어가는 것이 아니다. 하늘에 계신 내 아버지의 뜻을 실천하는 사람이라야 들어간다. 그 날에는 많은 사람이 나를 보고 '주님, 주님! 우리가 주님의 이름으로 예언을 하고 주님의 이름으로 마귀를 쫓아내고 또 주님의 이름으로 많은 기적을 행하지 않았습니까?' 하고 말할 것이다. 그러나 그 때에 나는 분명히 그들에게 '악한 일을 일삼는 자들아, 나에게서 물러가거라. 나는 너희를 도무지 알지 못한다.' 하고 말할 것이다."(마태 7:21~23)

그리고 복음서 마지막 부분에서 마태오는 외양과 실재를 구별하는 것에 대해 더 분명하게 말하면서 놀라운 이야기를 전한다. 즉, '소마 크리스투'(그리스도의 몸)σῶμα χριστού의 구성원이라는 자격을 지니지 않은, 어떠한 연결점이 없는 완전한 외부자들이, 그들이 결코 "주님"으로 알지 못했던 분에게 "창세 때로부터 너희를 위하여 준비한 이 나라를 차지"(마태 25:34)하도록 초대를 받는다고 말이다.

이는 분명 신약성서에서 가장 급진적인 구절이다. 그렇다고 경건한 사람들, 종교인들을 하느님께서 거부하신다는 주장을 하는 것은 과장이겠지만, 이 구절에서 선택받은 이들이 주님을 모를 뿐 아니라 자신의 선함도 의식하지 못하는 이들로 묘사되고 있다는 점은 분명해 보인다. "오른손이 하는 일을 왼손이 모르게"(마태 6:3) 하는 이처럼, 그들은 자신이 해야 할 일을 알았고 이를 했다. 그들이 특별한 보상을 받은 것도 아니다. 그들이 다가간 사람들은 중요한 사람들이 아니라 "아주 작은 자들", 사회의 밑바닥에 있는 이들, 굶주린 사람, 목마른 사람, 벌거벗은 사람, 병든 사람, 감옥에 갇힌 사람이기 때문이다. 이 급진적인 가르침에서 제외되는 사람은 없다. 교회의 구성원들, 특히 '신앙생활'을 열심히 한 사람들은 마태오 복음서 25장에 나오는 비유를 보고 자신들이 심판받는 듯한, 무언가 부족하다는 듯한 느낌을 받을지도 모른다. 어떠한 면에서는 그렇다. 자신들이 내세운 교회론에서 제외되는 이들, 자신들이 공언하는 믿음에서 제외되는 이들을 하느님께서 먼저 살피신다는 것을 기쁨으로 반기지 못하는 이들은 이 본문의 충격적인 의미를 결코 견디지 못할 것이다. 그러나 그러한 이들, 예수를 비롯해 모든 외부인에게 의문을 품는 사제들과 장로들에게 예수는 외쳤다.

내가 진정으로 너희에게 말한다. 세리와 창녀들이 오히려 너희보다 먼저 하느님의 나라에 들어간다. (마태 21:31)

교회 밖에는 구원이 없다

고대 지중해 세계라는 다문화 사회로 확장되면서 그리스도교 운동은 혼란에 빠졌다. 교회들은 분열되었고 파편화되었다. 초기 가톨릭 교회의 가르침인 '엑스트라 에클레시암 눌라 살루스'(교회 밖에는 구원이 없다)extra ecclesiam nulla salus가 성립된 데는 의심할 여지 없이 위와 같은 경험이 배후에 있다.

이 가르침은 3세기까지 거슬러 올라간다. 초기 그리스도교 '운동', 즉 '코무니오 비아토룸'(길을 걷는 백성으로서의 교회)communio viatorum는 그리스도교의 경계를 명확하게 해야 할 상황에 놓이게 되었다. 그리하여 그리스도교는 빠른 속도로 제도화되었다. 콘스탄티누스와 그의 후계자들이 그리스도교를 공인하면서 이러한 경향은 불가피한 일이 되었다. 제국의 통치자들은 그리스도교의 잠재력에 주목했다. 그들은 이 종교가 부족주의, 다신주의, 전쟁, 정치적 혼란에 빠지기 쉬운 인간 집단의 경향을 극복하기에 충분히 심오하며 통일성을 이루고 있다고 생각했다. 당시 로마 제국은 붕괴 직전이었다. 독특한 유일신론을 지닌 그리스도교는 문화적 다양성을 흡수하거나 최소한 용인할 수 있었기에 통치자들은 아우구스투스Augustus와 그의 군대, 그리고 기술자들이 이룬 저 제국을 과거처럼 회복하지는 못할지라도 파멸하는 것을 막게 해줄 수 있다고 생각했다.[17] 또한 교회의 일치를 위협하는 영토 및 교리상 분열이 이루어지고 있는 상황 속에서 교회 지도자들은 그리스도교의 경계를 좀 더 분명히 할 필요가 있었다. 그러므로 콘스탄티누스 황제가 그리스도교를 합법적인 종교로 인정한 뒤 그리스도교 교회의 모든 지도자를 모아 공의회를 개최한 것은 자연스러운 일이었다.[18] 공의회는 당시 심각한 교리

---

[17] 유일신을 주장하는 모든 종교가 관용적이지는 않다. 실제로, 특히 세속 권력과 결부되었을 때 그리스도교 유일신론은 이슬람처럼 사람들에게 한 분 하느님에 대한 엄격한 복종을 요구하는 경향이 있다(이를 교회와 국가 모두가 요구한다). 4세기 '삼신론'tritheism이라는 위험에 대항하기 위해 신학 논쟁이 일어난 데는 부분적으로 '획일성'을 향한 종교적, 정치적 욕망과 다양성이 혼란을 낳을 것이라는 우려가 작용했다. 그러나 성서가 묘사하는 유일신론은 대화와 다양성을 존중한다. 성서는 신성the Godhead의 하나 됨을 주장하면서도 인간 영혼이 진실할 수 있음을 인정한다. 신자들은 한 분 하느님을 경외하며 예배하지만, 동시에 때로는 정직하게, 필요하다면 하느님과 논쟁하고, 의심을 표현하고, 이유를 묻고, 질문을 던진다. 이러한 하느님과 인간이 맺은 관계의 대화적, 변증법적 성격은 교회를 특징짓는 인간과 인간이 맺은 관계에도 반영된다.

[18] 이른바 '밀라노 칙령'Edict of Milan으로 그리스도교인들에 대한 제국의 박해는 끝났다. 칙령 직후 그리스도교라는 종교가 로마의 국교가 되지는 않았지만, 칙령은 그러한 방향으로 나아가게 한 결정적인 계기가 되었다. 그리스도교를 로마 제국의 공식적인 국교로 승인한 사람은 테오도시우스Theodosius 황제였다. 그리스도교란 종교가 로마의 최우선 종교로 바로 확립되진 않았지만, 이런 방향으로 나가는 계기가 됐다. 그러나 325년 콘스탄티누스 황제가 니케아 공의회를 소집했다는 사실은 그가 그리스도교를 사실상 국교로 선언했음을 보여준다.

상 분열에 종지부를 찍고 그리스도교 신앙이 무엇을 의미하는지를 정의하는 분명한 설명(신경)을 공포하는 데 그 목적이 있었다.

그리스도교의 정의와 경계에 대한 관심은 그리스도교가 국교였던 시기 내내 이어졌다. 종교개혁은 바로 이러한 관심에 대한 근본적인 도전이었다. 하지만 종교개혁을 지지하는 개신교인들조차 내부에서 위협적인 분열이 일어났을 때 '교회 밖에는 구원이 없다'는 원칙을 내세웠다. 이러한 정의定義의 필요성에 크게 놀랄 필요는 없다. 정의와 경계에 대한 관심은 중단되지 않았다. 그리스도교가 더는 국교가 아닌 오늘날에도 우리는 과연 어디까지 그리스도교라는 용어가 의미 있게 쓰일 수 있는지 그 한계에 대해 물어볼 필요가 있다. 그렇지 않으면 그리스도교라는 말은 너무 단편적이거나 모호해져서 사실상 아무것도 의미하지 않게 될 것이다. 이는 서구 사회에서 결코 이론상의 문제가 아니다. 다양한 세계관을 존중해야 한다는 사고를 (누군가를 적대시하거나 배제할 수 있는) 경전, 교리에 대한 관심보다도 가장 우선시하는 극단적인 자유주의 환경 속에서 이는 너무나 현실적인 문제다. 이러한 풍토에서는 교리의 특수성을 강조하는 일뿐만 아니라 교리에 대한 연구, 심지어는 신학 자체가 '편협한 사고'라는 의구심을 받는다. 결과적으로 이러한 상황에서 그리스도교는 다수의 '합의'를 중시한다. 어떤 믿음의 내용과 관련해 교회 혹은 교파의 구성원들 다수가 찬성한다면 그것은 참이라고, 적어도 받아들일 만한 것이 된다. 이러한 맥락에서 진보적인 교회들에서는 엄청난 혼란이 일어나고 있음을, 끊임없는 유동 상태가 이어지고 있음을 관찰할 수 있다. 많은 이에게 그리스도교, 그리고 그리스도교인은 상당히 모호한 명칭이다. 탈그리스도교 사회에서도 사람들은 이 용어들에 특정 가치를 부여하고 인구조사에 참여할 때는 자신을 기꺼이 그리스도교인이라고 밝히기까지 한다(심지어는 특정 교파를 대기도 한다). 아무리 세속화된 사회라지만 여전히 자신이 그리스도교에 포함된 이라고 여기고 싶은 이들이 존재한다. 하지만 그들 중 상당수는 성서와 전통에 대해 거의 알지 못한다. 신학적 토대를 묻지 않는 교회는 혼합적인 세속사회에 흡수될 것이다. 이는 단지 시간문제일 뿐이다.

오늘날 상당수 교회는 진퇴양난에 빠진 것처럼 보인다. 어떠한 공동체든 자신의 미래를 준비하려면 어느 정도 경계를 세워야 한다. 하지만 안타깝게도, 그 경계 세우기, 정의는 너무 자주 배타적인 방식으로, 공격적인 방식으로 진행된다. 양쪽 모두에는 함정이 있다. 극단적으로 진보적인 그리스도교인들은 자신들이 속한 사회에서 가장 대중적으로 합의된 바를 따르기 바라며 자신들이 이에 배타적인 태도를 갖고 있지 않음을 보이려 애쓴다. 그러다 보니 궁극적으로 사회에 흡수되는 길, 특유의 공동체성을 상실하는 길을 자초한다. 반면 극단적으로 보수적인 그리스도교인들은 자신들을 점점 더 배타적인 (근본주의적, 율법주의적) 용어로 자신들을 정의해 고립을 자초한다. 극단적으로 보수적인 교회들의 게토화 현상은 서구 사회(특히 미국)에서 손쉽게 발견된다. 이러한 상황에서 성찰하고 책임감 있는 그리스도교인들은 그리스도교라는 용어가 분명 무언가를 가리키는 용어임을 의식하면서도 이를 정의할 때 분명한 경계선들을 세우는 방식보다는 충분한 여백을 남기는 방식을 택해야 한다. 복음과 충돌하지 않으면서도, 이를 반영하는 신앙은 우리의 생각보다 더 유동적일 수 있다.

누가 알까? - 보이는 교회, 보이지 않는 교회

그리스도교의 가장 두드러진 제도적 표현(교회)이 성립되는 동안 전통적인 교회론은 충분한 상상력을 발휘하지 못했다. 이 장에서는 현실에 비추어 전통을 숙고해 봄으로써 기존보다 한 걸음 더 나아간 교회론을 모색해보려 한다. 개신교 전통에서 가장 중요한 교회론은 이른바 보이는 교회와 보이지 않는 교회의 구별이다. 많은 이는 이 이론의 기원이 히포의 아우구스티누스에게 있다고 생각한다.

303~304년 디오클레티아누스Diocletian 황제 시기에 일어난 그리스도교인 박해를 계기로 신학 논쟁이 일어났고, 아우구스티누스는 이 논쟁을 해결하는 책임을 맡았다. 당시 일부 그리스도교인들은 박해를 피하려고 도망하거나 제국에 대한 충성을 맹세했다. 이러한 행동이 주교 도나투스 마그누스Donatus Magnus가 이끄는 일부 북아프리카의 신자들에게는 '신앙의 타협', 혹은 '배신'으로 보였다. 박해가 시들자, 교회에서는 위와 같은 '변절자

들'(트라디토레스traditores)을 어떻게 대해야 하는지에 대한 문제가 떠올랐다. 이에 대해 이른바 도나투스파Donatists의 입장은 단호했다. 그들은 교회가 그들을 받아들여서는 안 된다고 주장했다. 자신이 얼마나 오랜 기간 하느님께 순종하지 않았는지를, 그리고 그럼에도 하느님께서 자신에게 과분한 은총을 베푸셨는지를 의식했던 아우구스티누스는 이 엄격한 견해(누군가는 청교도적 견해라고도 할 수 있을 견해)에 반대했다. 그가 쓴 세례에 관한 글은 이러한 맥락에서 나온 것이다.

> 하느님께서 갖고 계신 많은 것을, 교회는 갖고 있지 않다.
> 교회가 가진 많은 것을, 하느님께서는 갖고 계시지 않다.[19]

아우구스티누스가 실제로 보이는 교회와 보이지 않는 교회의 구별을 제안했는지 여부를 떠나 이 이론은 분명 동일한 사고에 뿌리를 두고 있다.

어떠한 경우든 16세기 주요 종교개혁가들이 보이는 교회와 보이지 않는 교회를 구분한 일은 자연스러운 일이었다. 이러한 구분에는 교황제 교회의 진정성에 대한 근본적인 회의가 내포되어 있기 때문이다. 종교개혁에서 나온 여러 교회를 고려해 보

---

[19] 헨드리쿠스 베르코프는 아우구스티누스의 라틴어 문장을 조금 다르게 번역했다. "없을 것 같은 많은 이들이 실제로 그 안에 있고, 안에 있을 것처럼 보이는 많은 이들이 실제로는 그 안에 없는 것처럼 보인다." *De Baptismo*, 398.

앉을 때 종교개혁 시기 이러한 회의는 계속 이어졌다고 볼 수 있다. 성서 교육을 받은 그들은 새로 등장한 교회가 의심의 여지 없는 권위와 궁극성을 주장할 수 있다고 감히 이야기하지 못했다. 참된 교회, 칼뱅의 표현을 빌리면 "선택받은 이들의 공동체"는 오직 하느님만 아신다. 참된 교회는 성령의 피조물이다. 인간은 그가 아무리 높은 학식을 지니고 권위를 지니고 있다 하더라도 이를 확인할 수 없다. 누군가는 참된 교회가 보이는 교회에서 발견될 수 있다고 믿을 수 있다(혹은 그렇다고 희망하고 믿으며 행동할 수 있다). 하지만 어떤 인간이나 교회도 자기가 성령이 안에서 증언하심으로써 움직이고 변화되었음을 입증하거나 확신할 수 없다. 누가 바람을 볼 수 있는가? 누가 거룩한 영의 예측할 수 없는 움직임을 쫓아갈 수 있는가?[20] 누가 인간 마음에서 일어나는 생각과 충성심을 식별할 수 있는가? 누가 진정으로 그리스도의 몸에 속하는지는 하느님만이 아신다. 이러한 맥락에서 칼뱅은 말했다.

이 교회에는 그리스도와는 아무 관계가 없고 그저 이름과 외양 뿐인 많은 외식자가 뒤섞여 있다. 야망에 불타오르는 이들과 탐욕스러운 이들, 쟁투를 일삼는 이들, 악담하는 이들, 그리고

[20] '폐렴'pneumonia, '공기로 가득한'pneumatic은 그리스어 '프뉴마'πνεύμα에서 유래했는데 이는 '바람'wind 혹은 '숨'breath을 뜻하며, 더 나아가 '영, 또는 정신'spirit 혹은 '영혼'soul을 뜻하기도 한다. 성령Holy Spirit은 물질에 생명을 불어넣는 하느님의 바람 혹은 숨이다.

생활이 매우 부정한 이들이 섞여 있다. 이런 이들은 일시적으로 용납된다. 유능한 재판 기관을 통해서도 이들의 죄상을 처벌할 수 없으며 철저한 권징이 언제나 합당하게 시행되지 못하기 때문이다.

그럼에도 불구하고 칼뱅은 보이는 교회를 진지하게 받아들여야 한다고 말한다.

> 우리는 보이지 않는 교회는 오직 하느님의 눈에만 보이는 것으로 믿어야 함은 물론 사람들에게 '교회'라 불리는 이 보이는 교회를 존귀하게 여기고 더불어 교제를 유지하도록 명령받았다.[21]

그리하여 칼뱅은 그리스도교인들이 '그리스도의 참된 구성원들'은 오직 하느님만 아신다는 것을 되새기고 "믿음을 고백하고, 삶의 모범을 보이며, 성사에 참여함으로써 우리와 같은 하느님과 그리스도를 시인하는 이들을 교회의 지체"로 인정해야 한다고 이야기한다.[22]

---

21 John Calvin, *Institutes of the Christian Religion*, 4권, 1장, 7행.

22 위의 책, 8행. 칼뱅을 따라 칼 바르트는 보이는 교회를 진지하게 받아들여야 한다고 주장했다. "이 점에 유의해야 한다. 남자와 여자, 늙은 여자와 어린아이들이 있는 바로 이 구체적 공동체에 그리스도의 공동체가 존재한다는 것을 믿지 않는 목사는 교회의 존재를 전혀 믿지 않는

여기서 우리는 주요 종교개혁가들이 이 문제와 관련해 변증법적으로 접근했음을 알 수 있다. 그들은 보이는 교회에 "밀과 가라지"가 섞여 있다고 할 정도로 현실적이었지만, 보이지 않는 교회라는 개념이 보이는 교회에 대한 냉소나 태만의 근거로 기능해서도 안 된다고 생각했다.[23] 하지만 이 섬세한 균형감각은 이후 주요 개혁 운동들에서 별다른 존중을 받지 못했다. 17세기 중반부터 일부 개신교회가 국교회state church가 되면서 신앙의 확신을 결여한 채 신학에 대한 합리적 접근(개신교 정통주의)을 하는 것이 가능해졌고 이는 개신교 내부에서 커다란 반발을 낳았다. 이 반발을 대표하는 흐름이 바로 경건주의다.

루터교인 필리프 야코프 슈페너Philip Jakob Spener를 시작으로 유럽 그리스도교 세계의 영적 태만, 무관심, 부패를 깊이 우려한 그리스도교 사상가들은 만인사제직과 관련한 루터의 가르침을 현실화해서 교회를 새롭게 하고 활기를 불어넣으려 애썼다. 그들은 성서 연구, 기도, 설교 후 이야기 나눔, 그 외 몇몇 활동들을 통해 교회 내 부패하거나 냉담해진 집단에 새로운 생명을 불어넣을 수 있는 새로운 신자 집단이 성장하도록 유도했다. 이러한 '교회 안의 교회들'ecclesiolae in ecclesia은 정치화, 혹은 문화화된

것이다. '교회를 믿는다'credo ecclesiam는 여기서, 바로 이 특정한 장소에서 그리고 바로 이 볼 수 있는 모임 안에서 성령의 역사가 일어남을 믿는다는 뜻이다." Karl Barth, *Dogmatics in Outline* (London: SCM, 1949) 『교의학 개요』(복 있는 사람)

[23] 마태오 복음서 13장을 보라.

그리스도교의 몸을 정화, 갱신 혹은 개혁하는 오랜 그리스도교 전통을 반영한다. 영어권 세계에서 이러한 모습을 가장 분명하게 (그리고 성공적으로) 보여준 이는 존 웨슬리John Wesley다. 영국 국교회 사제였던 웨슬리는 생전에 결코 이 교회에서 나가겠다고 생각한 적이 없다. 그러나 그의 신실한 비판을 당시 영국 국교회는 받아들이지 않았고 받아들일 수도 없었다. 오늘날에도 대부분의 그리스도교 교파 안에서는 형태를 달리한다 할지라도 이러한 정화, 거부, 분리의 흐름이 지속적으로 나타나고 있다.

물론 교회를 개혁하려는 움직임 역시 독선, 광신, 분열과 같은 명백히 잘못되고 위험한 생각에 빠질 수 있다. 그러나 참된 교회가 무엇인지를 묻지 않는 교회는 자신의 본분(항상 개혁될 교회ecclesia semper reformanda)을 망각할 뿐 아니라 교회 안팎에 있는 사람들에게 신뢰를 얻을 수 없다. 그리스도를 진정으로 따르는 이에게 제자도는 선택사항이 아니다. 그리고 제자도는 보이는 교회의 구성원이 된다는 것만으로는 결코 충족될 수 없다. 헨드리쿠스 베르코프는 초기 프로테스탄티즘의 보이는 교회와 보이지 않는 교회의 구분이 여전히 유효한지 의문을 제기했다.

보이지 않는 교회는 용어상 모순되는 말이다. … 교회는 다른 인간 제도와 마찬가지로 눈에 보이는 외면과 눈에 보이지 않는 내면을 가지고 있다. 믿음과 소망과 사랑은 보이지 않는다. 그리고 모든 교회 구성원들이 다 신자가 아니라는 사실은 교회론적인 관심에서 나온 것이 아니라 진실이다. 이 오랜 세기에 걸친 문제는 성격상 신학적이라기보다는 사회적인 문제다. 콘스탄티누스의 시대는 끝났고 모든 곳에서 교회가 자발적인 공동체가 되어가면서 이 문제의 중요성은 점차 줄어들고 있다. 국교회에서 실현될 수 없었던 것들을 성취하는 보이지 않는 교회를 신학자들이 꿈꾸었다는 것을 이제 우리는 알고 있다.[24]

베르코프의 의견은 그리스도교가 문화로 정착한 미국, 캐나다, 호주, 뉴질랜드와 같은 곳보다는 수 세기 동안 그리스도교가 국교회의 형태를 취했던 유럽의 상황에 잘 들어맞는 것처럼 보인다(그렇다고 해서 이러한 견해를 결코 무시해서는 안 되지만 말이다). (불규칙적이기는 하나) 오랜 기간에 걸쳐 일어났던 역사적 현상인 콘스탄티누스 시대의 종말은 북미권에 잘 들어맞는 설명이 아니다. 게다가, 이러한 해체 과정이 분명하게 진행되고 있는 곳에서도 진지한 그리스도교인들은 진정성이라는 문제와 마주할 것이다. '참된 그리스도교는 어떤 모습일까? 혹은 어떤 모습이어야 할까?'

보이는 교회, 보이지 않는 교회의 구분을 오늘날(국교로서 그리스도교가 분명하게 해체되는 상황이든, "한때 문화로 확립되었으나, 어느 정도 흔적을 가진 채 해체되고 있는 모호하고 어중간한 단계든")에도 의

---

[24] Hendrikus Berkhof, *Christian Faith: An Introduction to the Study of the Faith*, 398~399.

미 있게 쓸 방법이 있다.[25] 이렇게 생각해 보자. 보이는 교회, 보이지 않는 교회의 구분은 역사적 개신교와 다른 상황에서 정확하지는 않았지만, 중요한 방식으로 기능했다. 하지만 그 기능은 대체로 부정적이었다. 다시 말하면, 이 구분은 대부분 (보이는) 제도교회의 위상과 관련이 있었다. (개신교회에서) 최악의 경우 이 구분은 로마 가톨릭 교회 및 다른 그리스도교 공동체들, 비신자들에 대한 비난의 근거로 작동했다. 이때 신자들은 자신이 특정 교회의 구성원이라는 이유만으로 우쭐해지곤 했다. 최선의 경우, 이 구분은 교회에 있는 정직한 영혼들이 자신이 내리는 판단의 한계를 깨닫게 해주었으며 그 가정들을 성찰하도록 인도했다. 달리 말하면, 이 구분은 보이는 교회에서 교만을 막는 주요 원리로도 사용되었다. 세례자 요한처럼 이 구분은 자신을 그리스도교인으로 여기는 이들에게 "하느님께서는 이 돌들로도 아브라함의 자녀를 만드실 수 있다"(루가 3:8)고 경고한다. "교회가 가진 많은 것을, 하느님은 갖고 계시지 않다."

교회가 겸손을 유지하는 일과 이 구분은 결코 무관하지 않다. 이는 성서의 예언자적 전통에 속하며, 폴 틸리히가 프로테스탄트 원리라고 부른 것의 핵심에 있다. 참된 교회는 오직 하느님만 볼 수 있다는 원리는 교회에 소속되어 있다는 데서 나올 수 있는 교만과 배타성에 대항한다. 이 구분은 보이는 교회가 언제나 '(성

---

[25]   George A. Lindbeck, *The Nature of Doctrine*, 134.

도와 죄인이) 뒤섞인 몸'corpus permixtum이며 그 진정성과 신실함이 언제나 당연시될 수는 없다고 주장한다. "자기 발로 서 있다고 생각하는 사람은 넘어지지 않도록 조심해야"(1고린 10:12) 한다. 안타깝게도 이러한 보이는 교회, 보이지 않는 교회 구분의 비판적 기능은 개신교에서 완전히 사라지지 않았지만 역사 속에서 성장과 발전의 밑거름이 되지도 못했다.

좀 더 건설적인 방향으로 나아가기 위해서는 우리의 관심을 보이는 쪽에서 보이지 않는 쪽으로 돌려야 한다. 소극적인 차원에서 보이는 교회와 보이지 않는 교회 구분이 참된 교회와 보이는 교회를 동일시하지 않게 해준다면, 적극적인 차원에서 이 구분은 보이지 않는 교회, 즉 하느님만 아시는 교회를 보이는 교회 경계 밖에서 발견할 수 있는지를 묻게 해준다(아우구스티누스의 말을 기억하라. "하느님께서 갖고 계신 많은 것을 교회는 갖고 있지 않다"). 이를 진심으로 받아들인다면 이는 단순히 이론적인 질문으로 끝날 수 없다. 우리는 그러한 일이 실제로 일어나고 있다고 간주하고 행동해야 한다. 참된 신앙이 경계 너머에 존재할지도 모른다는 전망을 진지하게 받아들이는 교회는 계속해서 세계를 향해 자신을 열 것이다. 그리고 자신의 신앙과 화합할 수 있는 (어쩌면 더 진실한) 신앙을 발견할지도 모른다고 기대할 것이다. 성서는 이러한 일이 일어나더라도 교회에게 놀라지 말라고 경고한다. 이와 관련해 사복음서에서 가장 초기에 일어난 사건 중 하나를 살펴보자.

요한이 예수께 말하였다. "선생님, 어떤 사람이 선생님의 이름으로 귀신들을 쫓아내는 것을 우리가 보았습니다. 그런데 그 사람은 우리를 따르는 사람이 아니므로, 우리는 그가 그런 일을 하지 못하게 막았습니다." 그러나 예수께서는 이렇게 말씀하셨다. "막지 말아라. 내 이름으로 기적을 행하고 나서 쉬이 나를 욕할 사람은 아무도 없기 때문이다. 우리를 반대하지 않는 사람은 우리를 지지하는 사람이다. 내가 진정으로 너희에게 말한다. 너희가 그리스도의 사람이라고 해서 너희에게 물 한 잔이라도 주는 사람은, 절대로 자기가 받을 상을 잃지 않을 것이다." (마르 9:38~41)

여기서 예수의 제자는 예수의 이름으로 "귀신들을 쫓아내는" 사람을 발견했다. 제자는 이에 분노해 그의 축귀 활동을 막는다. 그리고 전형적으로 종교적인 사고방식을 담아낸 언어로 예수에게 말했다. "그 사람은 우리(예수가 아니라 우리!)를 따르는 사람"이 아니라고 말이다. 이에 대한 예수의 응답은 두고두고 되새겨 볼 만하다.

우리를 반대하지 않는 사람은 우리를 지지하는 사람이다. 내가 진정으로 너희에게 말한다. 너희가 그리스도의 사람이라고 해서 너희에게 물 한 잔이라도 주는 사람은, 절대로 자기가 받을 상을 잃지 않을 것이다.

예수가 미움받는 로마 주둔군 중 한 장교와 만난 이야기에는 교회가 암묵적으로 하는 가정에 대한 더 날카로운 경고가 담겨있다. 이야기에서 백인대장인 한 남자가 예수를 찾아가 호소한다. 자신의 종(가족이 아니라 평범한 노예)이 중풍으로 집에 누워 "몹시 괴로워하고" 있다고 말이다. 백인대장은 예수에게 함께 집에 가자고 할 만큼 대담하지 않았다.

> 백인대장이 대답하였다. "주님, 나는 주님을 내 집으로 모셔들일 만한 자격이 없습니다. 그저 한마디 말씀만 해주십시오. 그러면 내 종이 나을 것입니다. 나도 상관을 모시는 사람이고, 내 밑에도 병사들이 있어서, 내가 이 사람더러 가라고 하면 가고, 저 사람더러 오라고 하면 옵니다. 또 내 종더러 이것을 하라고 하면 합니다."

예수는 이 이야기를 듣고 놀라워하며 사람들에게 말했다.

> "내가 진정으로 너희에게 말한다. 나는 지금까지 이스라엘 사람 가운데서 아무에게서도 이런 믿음을 본 일이 없다. 내가 너희에게 말한다. 많은 사람이 동과 서에서 와서, 하늘나라에서 아브라함과 이삭과 야곱과 함께 잔치 자리에 앉을 것이다. 그러나 이 나라의 시민들은 바깥 어두운 데로 쫓겨나서, 거기서 울며 이를 갈 것이다." 그리고 예수께서 백인대장에게 "가거

라. 네가 믿은 대로 될 것이다."하고 말씀하셨다. 바로 그 시각
에 그 종이 나았다. (마태 8:9~13)

연구자들은 이 이야기 및 이와 비슷한 마태오 복음서의 구절
에 저자의 반유대적 성향이 반영되었다고 본다. 분명 오랜 기간
에 걸쳐 그리스도교인들은 이 이야기 및 다른 신약성서 본문을
근거로 들어 '새로운 계약'을 맺은 백성이 '옛 계약의 백성'을 대
체했음을 증명하려 했다. 그러나 오늘날 교회가 성서에서 자신
을 향한 메시지를 듣지 못한다면, 예루살렘 전통 전체에 흐르고
있는 예언자적 요소와 연결되지 못할 뿐만 아니라 20세기에 쓰
라리게 얻은 반유대주의의 교훈도 충분히 되새기지 못하게 될
것이다. 로즈마리 래드포드 류터를 비롯한 많은 이가 보여주었
듯 홀로코스트는 이 대체주의와 불가분의 관계를 맺고 있다.[26]

그러나 제국주의적 그리스도교가 한때 거둔 승리가 세속주의
와 종교 다원화라는 현실 아래 모든 면에서 심판받고 있는 오늘
날, 우리는 이 본문의 저자가 가졌을지 모를 편견에 주목하기보
다는 멸시받은 저 이방인의 신앙에 대한 예수의 인정과 놀라운
반응을 보며 우리의 사명을 숙고하는 데 더 집중해야 한다. "하
느님께서 갖고 계신 많은 것을 교회는 갖고 있지 않다."

---

[26] 다음의 저작을 참조하라. Rosemary Radford Ruether, *Faith and Fratricide: The Theological Roots of Anti-Semitism* (New York: Seabury, 1974) 『신앙과 형제 살인』(대한기독교서회)

익명의 그리스도교

　제2차 바티칸 공의회 이후 로마 가톨릭 교회는 저 아우구스티누스의 말이 가리킨 현실을 향한 개방성이라는 점에서 동시대 개신교를 넘어섰다. 이 공의회는 분명 '교회 밖에는 구원이 없다'는 교리를 부인하지 않았다. 하지만 로마의 보수 세력이 이후 수십 년간 이 교리를 아무리 협소하게 적용하더라도 어찌할 수 없을 정도로 공의회에 참석한 상상력 넘치는 이들은 과거 로마 가톨릭 교회가 보인 배타성에 대한 대안을 제시했다. 이와 관련해 칼 라너Karl Rahner보다 더 분명하게 의견을 제시하고 영향력을 발휘한 신학자는 없다. 20세기 가장 중요한 로마 가톨릭 신학자라 할 수 있는 그는 말했다.

　이제 거의 남은 것도 없는 것을 보호한다는 명분 아래 오랜 기간 앞에 세워둔 방어벽을 포기할 용기가 있다면, 공적 영역에서 보편적인 그리스도교 세계라는 허울을 이제 벗어버리고자 한다면, 모든 이에게 세례를 주려, 모든 이를 교회에서 결혼시키려, 모든 이를 교적부에 등록하기 위해 열을 올리는 것, 참된 신앙과 내적 확신이 아니라 단순히 전통, 관습, 관례를 이어가려 신경을 곤두세우는 것을 멈춘다면, 이 모든 것을 내려놓음으로써 그리스도교라는 의복을 애써 입음으로써 일어나는 모든 일을 책임져야 한다는 부담에서 벗어난다면, 그리스도교가 모든 사람의 종교 본성을 그럴싸하게 만들어주는 것이라는 인상, (특정 집단의 문화와 같은 수준의) 특정 집단의 종교라는 인상을 지운다면 그때 비로소 우리는 참된 선교적 사명을 실행해 옮길 수 있을 정도로, 사도적 자존감을 되찾을 수 있을 정도로 자유롭게 될 것이다. "우리에게는 여전히 15%의 지분이 있다"고, 혹은 "우리는 17%까지 차지했다"고 말할 필요가 없을 것이다. 우리가 모든 것을 다 가져야 한다고 어디에 적혀 있는가? 모든 것을 가져야 할 분은 하느님이다. 우리는 하느님이 모든 것을 불쌍히 여기시고 그분이 모든 것을 가지시기를 소망한다. 그분이 교회라는 방식을 통해서만 모든 것을 가지실 것이라고 우리는 말할 수 없다.

성 아우구스티누스가 한 말, "하느님께서 갖고 계신 많은 것을, 교회는 갖고 있지 않다. 교회가 갖고 있는 많은 것을 그분은 갖고 계시지 않다"는 말을 따라 우리는 겸손하고 정직하게 우리의 용도를 바꿀 수 없을까? 왜 우리는 인류를 향한 사랑과 인류에 대한 혼란스러운 마음 가운데 갈피를 잡지 못하는 데서 비롯된 패배주의를 고수하려 하는가? 왜 교회 밖에 은총이 없다는 말은 진리가 아니라 이단임을 잊는가? 우리가 '서구' 그리스도교의 외적 환경의 영향을 받은 이러한 편견들을 제거한다면 우리는 '우리'가 100% 승리할 전투에만 참여하려는 움직임을 멈출 수 있을 것이다. 그렇게 된다면, 우리는 타조마냥 이미 그리스도교인이 된 사람들로 가득 찬 땅에 머리를 박고 있는 대신, 단 한 사람이라도 새롭게 그리스도교 신앙을 갖게 되었

을 때 이를 기뻐하고 감사할 수 있을 것이다.[27]

이 위대한 독일 가톨릭 신학자의 이야기에는 대다수 개신교 교
회론이 결여하고 있는 담대함이 있다. 주류 개신교 신자들에게
저 구절은 충격적으로 다가갈지 모른다. 라너의 생각은, 좀 더
진보적인 동시대 로마 가톨릭 신학자(이를테면 한스 큉Hans Küng)와
달리 보이는 교회가 가져야 할 진지함을 자신이 "익명의 그리스
도교"라고 부른 것이 대체하거나 대체해야 한다고 제안하지 않
는다는 점에서 더 도발적이다. 칼뱅이나 주요 개신교 종교개혁
가들처럼 라너 역시 그리스도교라는 이름을 갖고 있다는 것에
자긍심을 느껴야 한다고 생각했다. 하지만 라너는 그 자긍심을
느끼는 방식이 이 세상에서 활동하시는 하느님의 은총을 더 많
이 의식하는 것, 겉으로 보이는 교회의 생존, 그리고 교회의 경
계를 세우는 것에는 관심을 덜 기울이는 것이라고 생각했다.

그리고 이러한 라너의 생각은 여전히 찬란한 과거를 애타게
그리워하거나 이를 되찾기 위해 헛된 노력을 기울이거나, 영토
가 축소되었다는 이유로 굴욕감을 느끼거나 혹은 반대로 세상에
굴종하는 개신교 기득권 세력을 포함한 모든 교회에 적용될 수
있다.[28] 너무 많은 에너지가 계획, 인력 충원, 구조의 재정비, 건

---

[27] Karl Rahner, *Mission and Grace: Essays in Pastoral Theology*, vol. 1 (London: Sheed&Ward, 1963), 50~51.

[28] 다음을 보라. Douglas John Hall, *Waiting for Gospel*.

축과 유지, 청지기 직분이라는 미명 아래 이루어지고 있는 예산에 대한 쟁탈전, 그리고 마케팅(전도 대신 개신교회가 하는 방식) 등 '교회' 그 자체에 낭비되고 있다. 상황을 객관적으로 보는 이라면 오늘날 그리스도교인들은 교회를 더 큰 목적을 위한 수단이 아닌 목적 그 자체로 보고 있다고 생각할 것이다. 세상은 새로운 방식으로 재편되고 있음에도 불구하고 여전히 그리스도교인인 우리는 세상을 향해 그리스도교는 곧 교회라는 메시지를 전하고 있는 것이다.

달리 말하면, 제도가 여전히 그리스도의 몸이라는 유기적 개념에 승리를 거두고 있는 것이다. 종교는 여전히 신앙을 압도하고 있다. 계속 강조했듯, 바르트와 틸리히에서 몰트만에 이르기까지 신학자들은 예수 그리스도가 또 다른 종교를 창조하기 위해 지상에 온 것이 아니라고 말한다. 하지만 교회는 여전히 종교에 관심을 기울이는 것처럼 보인다. 후기 저술에서 디트리히 본회퍼는 교회로 대표되는 그리스도교가 "자신이 종교라는 것을 지나치게 의식"하고 있다고, 신앙이 아닌 종교가 그리스도교를 규정하고 있다고, 그리스도교가 종교에서 완전히 해방되어 자신이 진정으로 무엇인지를 반영하기 위해서는 상당한 시간이 걸릴 것이라고 이야기했다. 70여 년 전, 본회퍼가 진지한 그리스도교인들을 향해 "비종교적 그리스도교"를 발전시켜야 한다고 도전한 이래 적잖은 그리스도교 신학자들과 사상가들이 교회를 그러한 방향으로 움직이기 위해, 적어도 종교와 신앙의 차이에 대해 이야기하기 위해 노력했다.[29] 하지만 변화는 미미하다. 교회의 본래 개념에서 운동의 성격을 강조하려는 이들도 있었다. 하지만 오래된 교회 건물, 그리고 새롭게 지은 교회 건물들은 조용하지만 효과적으로 교회의 영속적인 성격을 알린다. 여기서 우리는 다시금 교회의 사도성에 주목해야 한다. 이는 고착화된 교회의 상태에 대한 급진적인 비판을 담고 있다. 그러나 학교 지하실에서, 평범한 가정에서 새로운 모임을 꾸릴 정도로 현 교회의 상태에 위기감을 느끼는 신자들은 거의 없다. 하지만 새로운 교회가 세워지기를 바라며 안주해서는 안 된다. 언제나 그랬듯 제자도란 "여우도 굴이 있고 하늘의 새도 보금자리가 있지만 사람의 아들은 머리 둘 곳조차 없다"(루가 9:58)고 말한 이를 따르는 것을 뜻하기 때문이다. 고대 이스라엘 백성과 마찬가지로 나자렛 사람이 시작한 운동은 방랑하는 사람들, 가장 안전하지 않을 때 가장 신실한 이들이 이어갔다. 그들이 머문 곳은 집이 아니라 천막이었다.[30] 하지만 고대 이스라엘이 그랬듯 교회도 영속성, 안전, 안정을 추구했다. 오랜 기간에 걸쳐 이러한 종교성의 추구에 비판적인 반응이 일어났던 것도 사실이다. 콘스탄티누스-테오도시우스에 이르러 그리스도교가 제도화되었을 때, 단순한 종교가 아닌 다른 것을 추구하던 남녀는 수도원 운동을 지지했다.

---

[29] Dietrich Bonhoeffer, *Letters and Papers from Prison*, 121.

[30] 이와 관련해 스데파노의 설교(사도 7:2~53)를 참조하라. 조지 맥레오드 George McLeod는 이를 신약성서에서 가장 뛰어난 설교라고 말했다.

하지만, 안타깝게도 수도원 운동과 같은 종교에 대한 대안들은 개신교 '운동'이 그러했듯 종교의 새로운 표현으로 이내 탈바꿈했다. 몇몇 설교자들이 대안적인 운동을 외치다가도 그 개혁은 비교적 짧은 기간 내 사그라들었다. 때로는 아이러니하게도 단순함과 규율을 바탕으로 개혁이 성공하자마자 가장 극적으로 타락하는 경우도 있었다. 아씨시의 프란치스코와 프란치스코회(작은형제회)는 세속적인 성공으로 인해 비전이 실패한 가장 대표적인 예다. 물론 프란치스코회의 실패나 타협이 프란치스코의 비전 자체를 무효화하지는 않는다. 역사상 가장 힘 있고 영민했던 교황은 프란치스코의 비전에 마지못해 귀를 기울이며 이를 마냥 불가능하고 위험한 이상주의로 치부할 수 없음을 깨달았다. 바로 이 교황, 인노켄티우스 3세Innocent III가 프란치스코회를 승인한 것은 순전히 실용적인 이유 때문이었는지도 모른다. 그러나 적어도 추기경 중 한 사람은 이 문제에 대해 더 깊게 생각했다.

추기경 산 파올로San paolo는 이 사안에 대해서 좀 더 논의가 필요하다고 생각한 것 같다. 고된 삶일지 모르나 이는 분명 복음서에서 이상으로 그리고 있는 삶이었다. 그 이상과 관련해 좀 더 현실적이고 인간적인 타협안을 마련해야 한다고, 그러나 사람들이 할 수 있는 부분에 대해서는 그 이상에 헌신하는 것을

막지 말아야 한다고 그는 생각했다.[31]

여기서 우리가 특별히 생각해 보아야 할 것은 프란치스코의
비전에 왜 그토록 많은 이가 불편함을 느꼈는지다. 가장 많이 언
급되는 이야기가 진짜 이유라고는 할 수 없다. 표면적으로 프란
치스코를 비판했던 이들이 불편함을 느꼈던 이유는 그가 제안
한 탁발수도사의 삶이 지나치게 엄격했기 때문이다. 평범한 인
간이 어떻게 커다란 희생, 그리고 불안정함을 감내하는 삶을 견
딜 수 있을까? 그러나 프란치스코가 활동하던 당시 맥락에서 교
회, 특히 (베네딕도회로 대표되는) 기존의 수도원 체제가 프란치스
코와 그를 따르던 이들에게 불편함을 느꼈던 이유는 그들이 당
시 수도원의 주요 원리, 즉 영속적인 장소에 대한 헌신, '스타빌
리타스 로키'stabilitas loci(한곳에 늘 머문다는 수도원의 기본 규율)에 도
전했기 때문이다. 프란치스코와 작은형제회는 수도원 생활의 다
른 요구 사항들(가난, 순결, 순명)은 기꺼이 받아들였다. 그들은 이
를 당연시했다. 그러나 프란치스코와 작은형제회는 재산과 소유
에 구애받지 않고 자유롭게 세상을 돌아다니기를 바랐다. 그들
은 자신들의 생계를 하늘과 낯선 이들의 환대에 의지하고자 했
다. 그들은 탁발수도사이자 거지였다. 이것이 당대 교회의 시선
에는 대담한 행동이자 범죄로 보였다. 이 세상에 사치스러운 삶

---

[31]   G. K. Chesterton, *St. Francis of Assisi* (Garden City, NY: Image, 1957), 100.

을 살지 않는다 하더라도 규칙적인 식사, 제대로 된 옷, 안전한 집 없이 살 수 있는 이가 누가 있겠는가? 조직을 이루지 않고서 어떻게 그리스도의 몸이 존재할 수 있을까? 어떻게 공동체의 다양한 요구에 부응하기 위해 조직을 세분화하지 않을 수 있단 말인가? 과연 제도라는 형태의 제정 및 재산의 유지에 대한 압박, 행정 소요의 증가를 피할 수 있을까? 이렇게 현실주의는 다르고 변화하려는 모든 꿈을 (미리) 짓누른다. 언제나 현상 유지가 중시되며, 그러한 생각이 혁신을 가로 막아선다. 그리스도교 역사에서는 대부분 이러한 논리가 승리를 거두었다. 그리고 이 승리는 그리스도교 운동의 헌장, "가라!"는 명령을 억압하고 억누르는 대가를 치르고서 이루어졌다.

"가라!"라는 헌장이 요구하는 것은 영웅적인 금욕주의나 끔찍한 희생이 아니다. 물론 저 명령을 진지하게 받아들인다면 어떠한 형태로든 금욕과 희생이 따를 것이다. 하지만 제자 공동체가 추구하는 것은 희생과 고통 그 자체가 아니다(물론 본회퍼는 제자도를 따르기 위해서는 커다란 대가를 치러야 한다고 강조했다). 제자 공동체가 추구하는 것은 자신이 기존에 의존하던 것들, 그리고 자기 자신에 대한 집착을 버리고 부르는 자에 순종하며 미지의 세상으로 나아가는 것이다. 그를 신뢰하는 차원에서, 그의 명령에 대한 복종은 프란치스코가 그랬듯 노숙과 굶주림, 성욕을 포기하는 것을 수반할 수도 있다. 하지만 이는 그리스도를 따를 때 그 결과(의 일부)일 뿐이다. 이러한 것들은 핵심이 아니며 목적이 아니다. 제자로 부름을 받은 모든 이가 따라야 할 의무는 태도와 방향의 전환이다.

'한곳에 머문다'는 옛 수도회의 규율로 대표되는 사고방식(오늘날 이 말은 가만히 서서 움직이지 말라는 말처럼 들린다)을 대신해 오늘날 순례 공동체는 세상으로 나아가는 위험을 감당하도록 부름받았다. 이것이 제 기능을 상실한 교회 자산을 과감히 없애라는 의미일까?[32] 어떤 경우에는 그렇고 어떤 경우에는 아닐 것이다. 적어도 그리스도교 세계의 붕괴로 일어난 양적 실패, 빈 회중석, 정치 권력에 미친 영향력을 상실했기 때문에 의기소침해지는 것을 거부해야 한다는 것만큼은 분명하다. 현상 유지가 불가능하다는 깨달음을 얻으면 교회는 수많은 새로운 문제와 맞닥뜨리게 될 것이고 그것이 앞으로 헌신적인 교인들이 관심을 기울여야 할 과제가 될 것이다. 그리스도교 세계 기간 축적된 물질들을 어떻게 해야 하느냐는 질문보다 중요한 질문은 그리스도교 세계

---

[32] 많은 사람이 잘 알지 못하지만, 디트리히 본회퍼는 생의 마지막 시기에 한 권의 책에 대한 개요를 남겼다. 그는 이 책을 "100쪽이 넘지 않는" 선에서 "그리스도교"를 "재고 조사"하고 그 결과물을 제시하려 했다. "교회는 모든 재산을 팔아 가난한 사람들에게 주어야 한다. 목사들은 전적으로 교회의 자발적인 헌금으로 살아야 하며, 때에 따라서는 세속적 직업을 가져야 한다. 교회는 인간 공동체의 세상 과제에 참여해야 하지만, 지배의 방식이 아니라 돕고 봉사하는 방식으로 참여해야 한다. 교회는 모든 직업에 종사하는 이들에게 그리스도와 더불어 사는 삶이 어떤 것이며, 또 "타자를 위한 존재"가 무엇을 의미하는지를 말해주어야 한다. 특히 우리의 교회는 모든 악의 근원인 교만, 권력과 오만, 그리고 환상주의라는 악덕과 싸워야 한다." Dietrich Bonhoeffer, *Letters and Papers from Prison*, 180.

이후에 교회가 세상을 어떻게 보아야 하느냐는 질문이다. 적어도 1,500~1,600년 동안 서구 그리스도교 세계는 비관주의가 팽배한 곳이 아니라면 어디든 세계를 자신의 활동 무대로 여겼다. 권위주의적인 방식이든, 복음주의적인 방식이든, 도덕적인 방식이든 교회는 세계가 필요로 하는 재화(정보, 윤리적 조언, 도덕, 영성)의 공급자로 기능했다. 적어도 세계가 이를 필요로 하거나, 혹은 필요로 한다고 생각하는 한 교회는 그 안에 자리를 잡았다. 그러나 세상의 수요는 감소하고 있고 이에 따라 종교의 공급 또한 점점 더 불필요해 보인다.

그렇다면 (보이는) 교회는 세상을 바라보는 저 시각을 근본적으로 바꾸었는가? 이제 교회는 자신이 구상한 과제를 성취하기 위한 장이 아니라 하느님께서 이미 현존하시고 활동하시는 은총의 영역으로 세상을 보아야 하지 않을까? 라너가 교회에 요청한 것, 그리고 본회퍼가 교회를 향해 호소한 것이 바로 이것이다. 언젠가 본회퍼는 편지에서 그리스도인에 관해 말했다.

인간은 진정으로 하느님을 상실한 세계 속에 살아야 하며 자신의 무신성을 종교적으로 숨기고 은폐해서는 안 되지. 인간은 '세상적으로' 살아야 하며 바로 그렇게 함으로써 하느님의 고난에 동참하지. 인간은 '세상적으로' 살도록 허락받았다네. 달리 말하자면, 인간은 잘못된 종교적 속박들과 장애들에서 해방되었지. 그리스도인이 된다는 것은 특정한 방식의 종교인이 되는 것이 아니라네. … 그리스도인이 된다는 것은 인간 존재가 되는 것이라네. … 종교적 행위가 그리스도인을 만드는 것이 아니라 세상적인 삶에서 하느님의 고난에 동참하는 것이 그리스도인을 만든다네.[33]

본회퍼의 미국인 친구였으며 지금은 세상을 떠난 신학자, 윤리학자 폴 레만Paul Lehmann은 본회퍼의 저 영감 넘치는 권고를 실천적인 윤리 언어로 번역했다. 하지만 안타깝게도 레만의 윤리학(실제로는 윤리학 이상의 것이었다)은 정작 이에 귀를 기울여야 할 북미권에서 별다른 반향을 낳지 못했다. 그는 그리스도교인이라면 이 세상을 자신들이 일하기 위해 부름받은 영역이 아니라 하느님께서 이미 "생명으로 인간을 만들고 유지하시는" 영역으로 여겨야 한다고 생각했다. 이렇게 생각을 전환한다면, 교회가 특정 시간과 공간(상황)에서 던져야 할 질문은 '우리가 무엇을 해야 하는가?'가 아니라 '하느님께서는 이 세상 어디에서 일하고 계시는가? 하느님은 지금 여기에서 인간의 삶을 인간답게 만들고 유지하기 위해 무엇을 하고 계실까?'여야 한다. 이 질문에 어떠한 대답을 내리느냐에 따라 교회는 그 활동의 성격과 적절성을 결정하게 될 것이라고 레만은 보았다. 이러한 방향을 따른다면, 그리스도교 공동체는 세상을 자신과 불연속적인 곳이 아니라 친숙

---

33 위의 책, 166.

한 영역으로, 어쩔 수 없이 머무르는 곳이 아니라 창조주이자 구원자이신 하느님께서 인정하시는 곳, 당신의 영으로 모든 피조물 가운데 신비롭게 움직이시는 친숙한 곳으로 받아들이게 될 것이다. 진실로, 교회와 세상의 유일한 차이는 세상이 모르는 세상 자신의 무언가에 대해 교회는 안다는 것이다. 바로 하느님께서 세상을 사랑하신다는 것이다. 자신의 본분에 관심을 기울이고 충실할 때 교회는 이를 드러낸다.

> 신자와 비신자의 차이는 교회의 공식 구성원이냐 아니냐가 아니다. 심지어는 세례 여부도 아니다. 신자와 비신자의 결정적인 차이는 인간, 인류의 성숙을 위해 이 세상에서 하느님이 어떤 일을 하고 계시는지 상상하는 힘, 그리고 그 활동을 감지하는 감각에 있다.[34]

교회의 본질과 사명에 대한 이러한 접근은 세상을 변화시키기 위해 교회가 적극적으로 세상에 참여해야 한다는 진보주의-행동주의적인 접근과는 전혀 다르다. 진보주의-행동주의자들은 교회의 목적이 세상을 더 정의롭게, 평화롭게 하고 생태학적 감수성을 키우며 소외된 이들에게 관심을 두는 것이라고 생각한다. 물론 이런 일이 가치가 있다는 점에는 이견의 여지가 없다.

---

[34] Paul Lehmann, *Ethics in a Christian Context* (New York: Harper & Row, 1963), 117. 『기독교 사회윤리 원론』(대한기독교출판사)

다만 진보주의-행동주의적 접근과 본회퍼 및 레만(그리고 다른 이들)식 접근의 차이는 율법과 복음의 차이다. 진보주의-행동주의 그리스도교인들에게 그리스도교의 메시지는 온갖 명령("가서 무언가를 하라", "우리는 이것저것을 해야만 한다")으로 이루어져 있다. 그러나 레만이 보기에 윤리적 명령은 미리 구체적으로 나열될 수 없다. 이는 신학적 성찰에서 나온 결과여야 한다.

> 하느님께서는 이 세상에서 인간의 삶을 인간답게 하고 유지하는 일을 하고 계신다. 이를 진정으로 믿는다면, 고난받는 하느님께서 이 세상에서 어떻게 활동하시는지 상상하고 주의를 기울인다면, 그때 자신이 해야 할 일이 무엇인지 식별할 수 있을 것이다. 그곳에는 반드시 우리가 해야 할 일이 있다.

이것이 법(혹은 이념)과 제자도 윤리의 차이다.

다시 한번, 교회와 세계가 서로 분리된 두 개의 영역이 아니라는 점을 되새겨야 한다. 사랑의 하느님께서 당신의 주권을 행사하시는, 당신의 드라마를 펼쳐 보이시는 무대는 하나다. 그분은 긍휼로 신음하는 전체 창조세계와 함께 고난compassio받고 계신다. 그렇게 당신의 주권을 행사하신다. 보이지 않는 교회는 다른 사람들이 어떻게 부르든, 누구를 섬긴다고 여기든, 수량화할 수 없고 익명으로 있으며 경계를 넘어서 여기저기서 하느님의 저 활동에 동참하는 이들, (레만의 표현을 빌리면) '성숙한 인간', 하느님을 상상하는 사람들이다.

과거 수 세기 동안, 보이지 않는 교회라는 개념은 주로 그리스도교 등장 이전에 살았던 이들(플라톤과 아리스토텔레스 같은 이교도 철학자들을 포함한다)을 현재 그리스도교에 통합시키기 위해 활용되었다. 우리는 이 개념을 (과거를 등한시하지 않으면서) 현재와 미래까지 확장해야 한다. 그래야만 보이는 교회에 소속된 이들, 현재 자신이 교회의 구성원이라고 주장하는 이들이 자신이 속한 세상에서 사랑의 하느님을 상상할 수 있게 해주는 수많은 사람과 사건을 일종의 징표로 경험할 수 있기 때문이다.

그러한 사람과 사건을 경험하면서 이를 '숨은 그리스도교인', '숨은 그리스도교'로 간주하는 것은 매우 빈곤한 상상력의 산물일 것이다. 무슬림, 유대인, 불자, 힌두교 신자, 세속인, 불가지론자, 무신론자 중 누구도 자신이 숨은 그리스도교인이 되는 것이 유익하다고 생각하지는 않을 것이다. 중요한 것은 그것이 아니다. 핵심은 다양한 종교와 문화가 있는 세상에서 자신의 위치를 돌이켜 보는 그리스도교인들이라면 이 세상에서 경계를 두지 않으시는 하느님의 활동을 식별할 수 있는 눈과 마음을 가져야 한다는 것이다. 그분의 활동(이것이 바로 하느님 나라일 것이다)은 그리스도교라는 경계, 그리스도교의 세력보다 훨씬 더, 무한히 더 크다. 이러한 맥락에서 북미권에서 가장 통찰력 있는 그리스도교 사상가 중 한 사람인 리처드 니버는 인상적인 말을 남겼다.

나는 하느님에 대한 신앙이라는 기적이 오직 예수 그리스도에
의해서만 이루어진다고, 그 영역 바깥에서 인간은 결코 이를
가질 수 없다고 말할 어떤 증거도 갖고 있지 않다. 그러나 하느
님의 현존을 주목할 때 그곳에서 나는 예수 그리스도와 같은
무언가의 현존을 발견한다.[35]

"하느님께서 갖고 계신 많은 것을, 교회는 갖고 있지 않다."

결론: 그리스도교 세계 이후의 교회

그리스도교는 교회가 아니다. 이러한 부정, 부정 신학적 사고
의 핵심은 단순히 일반적인 의미를 부정하는 데 있지 않다. 우
리의 사고를 자유케 하지 않는다면 이러한 부정의 방식은 의미
가 없다. 오늘날 서구의 종교 상황에서, 그리스도교의 미래가 눈
에 보이는 교회의 미래에 좌지우지되지 않는다는 깨달음은 앞으
로 신앙의 여정을 고민하는 이들이 더 자유로운 사고를 할 수 있
게 해준다. 그리스도교의 미래에 대한 희망은 교회조직의 미래
에 대한 낙관적인 생각에 기대서는 안 된다. 지난 2~300년 동안
이어진 교회들의 양적 감소, 질적 하락 추세가 갑자기 크게 변화
하리라 생각할 근거는 없다. 그리스도교 세계의 꿈, 만방에 교회
를 세우자는, 19세기에 정점에 달한 꿈은 오늘날 그리스도교인

---

[35] H. Richard Niebuhr, 'Reformation: The Continuing Imperative', *The Christian Century* 77 (1960) 249.

들이 꿀 수도 없고 (책임감을 갖고 있다면) 꾸어서도 안 된다. 다양한 종교가 있고 변화무쌍한 오늘날 상황에서 그러한 꿈은 향수를 자극하거나, 수사적으로만 기능하며 좀 더 안 좋게는 그리스도교 패권주의의 이념적 토대로 왜곡되어 기능할 수 있다. 세계를 '지배'하는 그리스도교는 신약성서에서 묘사한 제자 공동체를 왜곡한 것이다. 이는 언제나 잘못된 생각이었고 그리스도교 메시지와 사명을 심각하게 곡해한 것이었다. 그리고 오늘날 이러한 생각은 좋지 않은 착상에 근거한 무책임하고 불합리한 생각이다. 신앙을 진지하게 고민하는 그리스도교인들은 이전과는 다른 꿈을 꾸어야 한다. 구체적으로 얼마나 다양한 꿈을 꾸든, 그리스도교 세계 이후의 미래에는 보이지 않는 교회에 더 커다란 관심이 이어질 것으로 보인다. 우리가 아는, 눈에 보이고 역사적인 교회들은 혼란을 겪고 있다. 물론 교회는 오랜 기간 생존해 왔으며 일부는 매우 성공적으로 그 생명을 유지해 왔다. 하지만 (어떠한 면에서는 그렇기에) 교회 지도부는 교회가 쇠퇴하고 있는 현실을 무시하고 있다. 오늘날에도 그리스도교 세계(의 복원)를 주장하는 이들은 다종교 상황 (그리고 암묵적으로 서로를 적대하는 상황) 가운데 공식적으로 얼마나 그리스도교인이 많은지를 보아야 한다고 이야기한다. 전 세계에 그리스도교 신자는 20억 명 (전 세계 인구 중 3분의 1), 무슬림은 (겨우) 15억 명, 힌두교는 9억 명이라고 말이다. 그러나 이러한 통계가 우리에게 말해줄 수 없는 것들, 말하지 않는 것이 있다.

1) 그리스도교 인구성장률은 35년(1970년에서 2005년) 사이 1.64%에서 1.32%로 감소했다.

2) 어떠한 종교도 갖고 있지 않다고 밝힌 이들(상당수는 과거 그리스도교 국가들에 산다)이 전 세계 인구의 16%를 차지하고 있으며 눈에 띄게 증가하고 있다.[36]

3) 세계에서 가장 선진화된 나라들에서는 세속적 물질주의가 만연하며 노골적인 무신론자들이 늘고 있다.

4) 미국을 제외한 북반구에서 개신교와 로마 가톨릭은 모두 신자 수가 감소하고 있고 영향력을 잃고 있다. 내부 분열, 성 추문 및 여러 추문은 이러한 하락세를 부추겼다.

5) 무엇보다도 그리스도교 인구가 20억이라는 수치는 그중 얼마나 교회 활동에 참여하는지, 얼마나 기초적인 신앙 지식을 가르치고 또 배우고 있는지, 정치, 경제, 문화, 윤리 영역에서 이런저런 선택을 할 때 얼마나 신앙에 영향을 받는지 말해주지 않는다.

과거 가장 인상적인 승리를 거둔 서구 그리스도교는 수 세기 동안 쇠퇴하고 있다(어떤 이는 중세 말부터 쇠퇴했다고도 하지만 대다수 학자는 지리적 변화와 함께 근대(18세기)까지 그리스도교 세계가 확장되었다고 본다). 이 '콘스탄티누스 시대의 종말'을 그저 양

---

[36] 달리 말하면 그리스도교와 이슬람을 제외한 다른 종교 인구보다 많고 그리스도교인의 절반가량이 된다는 이야기다.

적으로만 이해해서는 안 된다. 어떤 면에서 양적 문제는 현실을 이해하는 데 별다른 도움이 되지 않을 수도 있다. 모든 종교적 믿음에서 정말로 중요한 것(신앙의 진정성, 이해의 깊이)은 측정할 수 없기 때문이다.

이런 이유로 근대를 거치며 그리스도교가 어떻게 변형 metamorphosis되었는지 이해하기 위해 노력한 이들은 통계에 거의 의존하지 않는다. 통계는 때로 끔찍할 정도로 현실을 오도할 수 있다. 교인 수가 많은 교회, 공적 영역에서 인정받은 교회, 특정 정당의 종교적 표현을 도맡아 하는 교회(오늘날 미국 공화당을 지지하는 교회들을 보라)는 다른 모든 종교 집단과 마찬가지로 신앙을 선포하는 것과는 아무런 관련이 없는 사회정치적 목적을 수행할 수 있다. 근대 유럽에서 최초로 이러한 그리스도교 세계를 비판한 이는 키에르케고어였다. 당시 그가 다니던 코펜하겐의 교회를 비롯한 덴마크 교회는 교인들로 가득했다. 모두가 그리스도교인이었고 덴마크는 그리스도교 국가였다. 유럽 전역이 그리스도교였다. 키에르케고어가 예수 그리스도의 이름으로 공격한 것은 바로 이 강력한 그리스도교 세계였다. 그리스도교 세계가 실패한 원인은 양의 손실이 아닌, 질의 손실에 있다. 미국을 포함한 서구 모든 나라의 교회에서 눈에 띄게 없는 집단이 지식인, 예술가, 대학 교수, 학생과 같은 진리를 추구하는 탐구 집단이라는 점은 결코 우연이 아니다. 몇몇 예외를 제외하면, 생각하고 탐구하는 사람들, 그러한 자질을 지닌 사람들을 교회에서 발견하기란 결코 쉬운 일이 아니다. 적어도 북미권에서 그리스도교의 대중적인 표현은 지적 욕구를 자극하거나 만족하는 데 거의 도움을 주지 않는다. 더 나아가 교리적이고 근본주의적인 표현들은 대중으로 하여금 그리스도교에 대한 관심을 잃게 한다. 물론 지식인들의 교회 이탈 현상에는 대중 매체(의 그리스도교 신앙에 대한 왜곡된 표현)가 한 몫을 차지하고 있는 것도 사실이다. 그러나 이것이 결코 새로운 현상은 아니다. 도로시 세이어즈Dorothy Sayers는 예수의 생애를 다룬 방송극 「왕으로 태어난 사람」The Man Born to Be King에서 말했다.

> 헤로데, 가야파, 빌라도, 유다는 결코 예수 그리스도를 무미건조하게 대하지 않았다. 그러한 면에서 예수에게 마지막으로, 진정한 굴욕을 안긴 이들은 바로 경건한 이들이다. 그들은 예수의 이야기를 별다른 놀라움도, 충격도, 공포도, 흥분도 없는, 그리하여 살아 있는 영혼을 고무하지 못하는 이야기로 만들어버림으로써 하느님의 아들을 새롭게 십자가에 못 박아 굴욕을 안긴다. 선한 그리스도교인들이여 기억하라. 역사상 가장 위대한 드라마를 동화 다루듯 다룬다면 이에 진심으로 부끄러워해야 한다.[37]

---

[37] 다음 책에서 재인용했다. Paul Scherer, *For We Have This Treasure*; The Yale Lectures on Preaching (New York: Harper, 1944), 134.

258 | 그리스도교를 다시 묻다

다시 한번 분명히 말하면, 이는 교회를 무시해야 한다거나, 교회를 비하하거나, 교회를 버려야 한다는 의미가 아니다. 종교 개혁가들의 교회론은 여전히 유효하다. 눈에 보이는 교회는 언제나 씨앗과 가라지가 섞인 혼합물이다. 그러나 모든 그리스도교인은 진지하고 책임감 있게 교회를 섬겨야 한다. 하느님께서는 한때 강력했던 그리스도교 세계의 잔재라는 마른 뼈를 가지고서도 무언가를 만들어내실지 모른다. 이 잔재 역시 하느님의 섭리 아래 속해있으니 말이다. 그러나 이러한 교회에서 이루어지는 돌봄, 교회에 대한 헌신, 노력이 신음하는 창조세계에서 일어나고 있는 더 거대한(그리고 눈에 잘 보이지 않는) 하느님의 활동을 퇴색하게 만들어서는 안 된다. 1,500년가량 서구에서 가정한 형태의 그리스도교, 즉 그리스도교 세계나 로마 가톨릭, 혹은 정교회나 개신교의 형태, 교단과 일정한 월급을 받는 성직자와 교단 본부, 건축 사업과 같은 모습으로 대표되는 그리스도교는 사라지고 있고, 점점 사라질 것이다. 언젠가는 완전히 사라질지도 모른다. 하지만 이것이 곧 그리스도교의 소멸을 뜻하지는 않는다. 19세기 성공회 신학자 F. W. 로버트슨F. W. Robertson은 다가올 그리스도교의 미래와 관련해 그리스도교인들이 갖추어야 할 태도에 관해 말한 바 있다.[38]

---

[38] 또 다른 성공회 신학자인 알렉 비들러Alec Vidler가 쓴 다음 책에서 재인용했다. *The Church in an Age of Revolution* (Middlesex, UK: Penguin, 1961), 239. 『근현대교회사』(크리스천다이제스트)

우리의 '비교할 수 없는 교회'와 관련해, 10년 후 교회는 더 파편화될 것이다. 그리고 하느님께서는 그 파편들을 취해 우리가 충분히 기다림을 감내할 만한 무언가를 빚어내실 것이다. 오늘 우리에게 필요한 것은 이를 볼 수 있는 예언자적 영이다.

한 세기 후, 폴 틸리히 역시 비슷한 말을 남겼다.

모든 형태를 넘어선 새로운 형태의 그리스도교가 도래할 것이다. 우리는 이에 이름을 붙일 수 없지만 준비할 수는 있다. 이를 구성하고 있는 요소들에 관해 기술할 수 있다.[39]

미래의 그리스도교가 어떠한 형태를 취할지는 여전히 확실하지 않다. 하느님의 활동은 오늘날 사회보다 훨씬 느리게 진행되고 있고 그 덕에 우리는 충분히 생각해 볼 기회가 있다. 그리스도교 역사에서 거대한 전환이 일어나는 데는 수 세기가 걸렸고, 이조차 대부분 그리스도교 세계 내부에서 벌어진 일이었다. 오늘날 일어나고 있는 변화(나는 변형이라는 말을 더 선호한다)는 그리스도교 세계 이후에 벌어지고 있다. 그리고 비종교적이면서 동시에 위험할 정도로 종교적인 사회, 전례 없이 세계화된 사회에서 이 변화는 일어나고 있다. 이러한 맥락에서 현재 그리스도교

---

[39] Paul Tillich, *The Protestant Era*, xxii.

상황에 대한 라너의 설명은 여전히 유효하다.

> 과거 동질적이었던 그리스도교 사회, 마찬가지 차원에서 동일
> 했던 교회, 민족, 혹은 국가 교회에서 나와 각자의 자리에서 분
> 명하고 책임감 있게 신앙의 결단을 내리기 위해 분투하는 이들
> 로 구성된 교회로 상황은 변화하고 있다.[40]

이를 고려해 보았을 때 미래의 그리스도교는 오늘날 그리스도교
보다 훨씬 덜 구조화되고 훨씬 더 개인의 성찰과 결단에 의존할
것이다. 남반구에서 성장 중인 교회들이 서구 그리스도교의 승
리주의를 답습하려는 유혹을 이겨낸다면 새로운 그리스도교는
그들과 성서의 새롭고도 신선한 만남이 낳는 산물이 될 것이다.
그리고 그리스도교인들이 다른 신앙 전통과 마주해 호전적인 태
도를 보이기에 앞서 그 전통의 신실함과 깊이를 만날 때 누군가
는 자기 신앙의 고유함을 더 깊이 숙고하게 될 것이다. 그 과정
에서 그는 창조세계를 사랑하실 뿐만 아니라, 타자를 긍휼히 대
하는 법과 청지기직을 수행하는 법에 대한 새로운 감각을 빚어
내시는 한 분 하느님을 다시 만나게 될 것이다.

혹자는 교회, 즉 그리스도교의 눈에 보이는 측면이 지금보다
더 쇠퇴할 것이며 그 결과 많은 사람이 교회를 떠날 것이라고 예

---

[40] Karl Rahner, *The Practice of Faith: A Handbook of Contemporary Spirituality* (New York: Crossroads, 1983), 33.

상한다. '크기'의 관점으로만 본다면, 한때 그리스도교 '세계'를 구축했던 과거와 견주어 미래에 그리스도교가 맞이할 것은 실패와 재앙(진정한 의미에서 '신들의 황혼'Götterdämmerung)밖에 없어 보일지도 모른다. 바그너가 그린 것처럼 극적이지 않을 뿐, 지난 2~3세기 동안 점진적으로 일어나고 있는 변화는 실제로 그런 것처럼 보인다. 하지만 그리스도교의 미래가 구체적으로 어떻게 드러나든지 성서의 증언과 위대한 신학 전통의 조언을 받아들이고 이에 닻을 내린 이들은 "교회가 갖고 있는 것을 하느님께서는 갖고 계시지" 않으며 (무엇보다도) "하느님께서 갖고 계신 많은 것을, 교회는 갖고 있지" 않음을 알기에 굳건하게 자신의 신앙을 이어갈 것이다.

제6장

진리가 아니다

빌라도는 예수께 "진리가 무엇인가?" 하고 물었다. (요한 18:38)

예수께서 말씀하셨다. "나는 … 진리다." (요한 14:6)

우리를 사로잡은 진리

진리에 다가갈 때 그리스도교인들에게는 부정의 방식으로 다가가야 할 분명한 이유가 있다. 그들은 진리란 살아있고 이를 제압하거나 해부할 수 없으며 심지어 적절하게 묘사할 수도 없음을 알고 있기 때문이다. 게다가 우리 또한 살아 있는 존재다. 우리는 끊임없이 움직이는 실재를 읽어내기 위해 분주하게 움직인다. 1939년 라인홀드 니버는 기포드 강연에서 한 내용을 바탕으로 쓴 『인간의 본성과 운명』The Nature and Destiny of Man 중 '진리를 가지면서 갖지 못함'Having, and Not Having, the Truth이라는 장에서 말했다.

인간 정신은 자연과 역사의 흐름을 넘어설 정도로 자유롭다. 이는 우리의 진리를 '진리'로 여기는 것을 불가능하게 한다.[1]

하지만 적어도 우리는 진리가 무엇이 아닌지는 말할 수 있을 것이다. 그리스도교인으로서 우리는 진리를 소유하지 않았고, 소유할 수 없음을 인정해야 한다. 그리스도가 진리라면, 그의 증인된 존재로서의 그리스도교는 결코 진리일 수 없다.

누구도 사랑을 소유했다고 자부할 수 없듯, 그 누구도(심지어 그리스도교 신자나 교회까지도) 진리를 소유했다고 자랑할 수 없다.[2]

이 장 첫머리에 나란히 소개한 짧은 두 문장이 분명하게 보여주듯, 그리스도교인으로서 우리가 알고 있는 위대한 진리는 오직 우리를 소유하는 진리뿐이다. 이따금 우리는 그 진리를 "거울에 비추어보듯이 희미하게" 힐끗 본다. 하지만 우리가 진리를

---

[1] Reinhold Niebuhr, *The Nature and Destiny of Man*, 2:214.

[2] Paul Tillich, *On the Boundary: An Autobiographical Sketch* (New York: Scribner, 1966), 51. 『경계선 위에서』(동연)

가질 수는 없다.[3] 그리스도교 신앙에서 자신이 진리를 갖고 있다고 주장하는 것만큼 오만하고 잘못된 주장은 없다. 우리 자신의 능력의 한계로 인해, 살아 있는 진리를 엿보는 것은 언제나 한계 가운데 있다. 그리고 좀 더 깊은 차원에서, 우리는 저 진리를 혐오한다(십자가의 복음을 '진실로' 갈망하기란 결코 쉬운 일이 아니다). 우리 자신을 정직하게 돌아보면 우리는 "우리의 진리가 '진리'가 아님"을 안다. 심지어 모세조차 야훼의 등만 볼 수 있었다(출애 33:23).[*] 모세처럼 어쩌다 하느님의 허락 아래 우리를 압도하는 궁극적인 그분의 현존을 감지한다면 우리는 하느님께 호의를 얻었다고 여길 수도 있다(물론 이로써 우리가 나아가게 되는 길은 우리가 생각하는 것과는 다른 길이겠지만 말이다). 그리스도교인인 우리는 하느님의 말씀이 성육신함으로써 진리가 우리 가까이에 오셨다고, 더 나아가 오셔서 "우리 가운데 사셨다"(요한 1:14)고 믿는다. 하지만 이로써 하느님의 진리는 더 신비로워진다. 이 사건은 우리의 상상력과 가치관을 완전히 넘어서는 하느님의 심판과 사랑을 드러내기 때문이다(이것이 사랑의 사건임과 동시에 심판의 사건이라는 점을 잊지 말아야 한다). 진리이신 유일한 분, 그분과 마주했을 때 우리는 오직 성 베드로처럼 말할 수 있을 뿐이다.

---

[3] 2장의 빌리 그레이엄 관련 일화를 참고하라.

[*] "내가 손바닥을 떼면, 내 얼굴은 보지 못하겠지만 내 뒷모습만은 볼 수 있으리라." (출애 33:23)

주님, 나에게서 떠나 주십시오. 나는 죄인입니다. (루가 5:8)

　"진리를 가지면서 갖지 못한" 우리에게, 빌라도가 예수를 향해 던진 질문은 결코 낯설지 않다. 새뮤얼 콜리지Samuel Coleridge는 진리에 관한 책에서 "빌라도가 던진 질문은 사실상 조롱이었기에 그는 답을 듣기 위해 기다리지 않았다"고 이야기한 바 있다. 살아 있는 진리의 편린을 힐끗 엿본 뒤 여기에 이끌린 그리스도교인 중 어떤 이는 "답을 듣기 위해 기다린다". 그러나 대다수는 곧바로 자신이 대답을 얻었다고 생각하고 그 답을 손에 쥐고 자기 마음대로 부릴 수 있다고 생각한다. 그리하여 우리는 형언할 수 없는 분과의 짧은 만남들을 모아 온갖 신학을, 그리스도론을, 성령론을 구축한다. 이는 길들일 수 없는 야생 동물을 길들이려 하는 것과 같은 어리석은 시도다. 하지만 그럼에도 불구하고 하느님께서는 이를 허락하셨다. 우리가 겸손하게 다시 살아 있는 답으로 나아가게 될 때, 답인 만큼이나 물음인 저 진리를 마주하게 할 때 우리의 신학화 활동, 그리고 그 활동의 산물인 신학은 진정성을 갖추게 된다. 저 답은 빛이자 우리의 신앙을 물들이는 거대한 질문이다. 빌라도가 기다리지 않은 '답'은 언제나 다양한 길에서 우리를 기다리고 있다(요한 복음서에서 예수의 답이 빌라도의 질문보다 네 장 앞서 제시되었음을 기억하라).

　나는 길이요, 진리요, 생명이다Ego sum via, veritas, et vita.

혹 이런 생각이 들 수도 있다. '예수의 저 말은 지독한 자기중심주의자의 발언은 아닌가? 아니면 조롱인가? 미친 사람의 말인가?' 도스토예프스키식으로 생각한다면 그럴지도 모른다. 하지만 널리 알려진 대로 다른 복음서들과는 어조와 내용이 현저하게 다른 요한 복음서에서, 이 발언은 전체 이야기에 완전히 부합하는 발언이다. 이른바 대사제의 기도high-priestly prayer로 알려진 부분에서 예수는 아버지에게 말한다.

> 아버지의 말씀은 진리입니다. (요한 17:17)

그리고 이 복음서의 아름다운 도입부는 태초에 하느님과 함께 하느님의 말씀(로고스)이 있었고 그 말씀이 예수 안에서 "육신이 되"(요한 1:14)었다고 노래한다. 요한에게 예수는 하느님의 말씀이었다. 성스럽고 살아있으며, 창조적이고 정의할 수 없는 그분의 말씀이 육신을 입고 이 땅에 왔다. 그러므로 그는 진리, 우리가 가질 수 없는 진리다.

생각의 다른 길

하지만 어떻게 그럴 수 있을까? "나는 진리다"라는 선언은 무슨 의미가 있을까? 오늘날 누군가가 우리 앞에서 그러한 말을 했다고 생각해보자. 우리 대부분은 그 말을 완전히 무시하거나, 아니면 당혹스러워할 것이다. 어떤 이는 눈썹을 치켜올리며 의심 가득한 표정을 지을지도 모른다. 그가 이 터무니없어 보이는 말을 계속한다면, 사람들은 서서히 그가 과대망상증 환자일지도 모른다고 생각할 것이다. 그를 상담사에게 보내거나 정신과 진료를 받게 해야 한다고, 약물치료가 필요하다고 이야기를 주고받을지도 모른다. 이런 예를 든 것은 예수의 저 말을 이해하기 위해서는 우리 자신이 속한 세계와 전혀 다른 사상의 세계, 적어도 현대 서구 사회에서 지배적인 사고방식과는 이질적인 사고방식의 세계에 들어가야 하기 때문이다. 그리고 저 세계를 이해하기 위해서는 다소 긴 분석이 필요하다. 상상력을 통해 저 세계가 제시된다면 그 세계는 우리의 의식 아래 은폐되고 억압된 다면적인 자아를 뒤흔들 것이다. 소설을 열심히 읽거나 이야기 듣기를 사랑하는 이라면, 좋은 영화를 즐기는 이라면 저 세계를 상상하는 데 많은 도움을 얻을 수 있다. 우리 삶에 의미를 건네는 한, 문학과 예술은 경험으로 입증할 수 있는 현실만이 진리를 담을 수 있다는 근대 세계의 전제에 사로잡힌 우리를 건져낼 수 있기 때문이다. 어쩌면 우리에게는 경이를 감지할 능력이 남아있는지도 모른다. 그리고 이 경이감은 한 인격체에게서 가장 높고도 깊은 차원의 진리를 본 사람, 파트모스섬의 요한이 있는 비밀의 정원으로 향하는 길이 되어 줄 것이다.[4]

---

[4] 삼위일체 하느님("한 본질 안에 세 위격")을 말할 때 쓰이는 인격(위격)person 이란 단어는 본래 고대 그리스 극에서 나온 말이다. 하나의 소리('소나'sona)는 세 개의 다른 가면들을 통해('페르'per) 나온다.

어쨌든 신학적으로, 그리스도교적인 방식으로 생각하기를 바란다면 다른 사상의 세계로 순례의 여정을 떠나야 한다. 이러한 여정에서 가장 커다란 걸림돌이 되는 것은 앞서 언급한 문제, 과학적으로 입증 가능한 것만 진리로 여기는 오늘날의 풍조다. 이 풍조의 문제는 단지 이러한 사고가 이성을 중시하기 때문만은 아니다. 중세에서도 이성은 계시된 진리와 대화를 나눌 수 있게 해주는, 이를 식별할 수 있게 해주는 필수 불가결한 능력으로 여겨졌다. 하지만 근대식 사고는 이성을 특정 유형으로, 그 기능을 좀 더 축소하고 제한했으며 계시와의 상호 작용을 거부했다. 이러한 인식론적, 가치론적 전제는 오늘날 세계에 광범위하게 퍼져 있어서, 이러한 틀로는 인간 경험의 90% 정도를 파악할 수 없다 할지라도 오늘날 사람들은 이 틀을 충족하지 않는 논의에는 귀를 기울이려 하지 않는다. 우리는 과학적 탐구에 잡히지 않는 모든 인간 경험의 산물을 그저 하나의 견해, 혹은 문학, 혹은 느낌으로 치부해버린다. 무언가 진리가 있음을 주장하고 싶지만 이를 증명할 수 없을 때 우리는 망설인다. 이는 과학 방법론이 우리 삶의 모든 측면에 영향을 미치고 있음을 보여주는 좋은 실례다. 우정, 사랑, 동료애 등 정의상 주관적이고 정량화할 수 없는 것들은 이 사회와 보이지 않는 긴장 관계를 이룬다. 그러한 것들이 확실성을 거부하기 때문이다. 아내가 나를 사랑하는지, 친구가 나를 진실로 소중하게 여기는지, 동료가 나를 동료로서 진정으로 존중하는지를 어떻게 확실히 알 수 있을까? 사랑한다는 말, 소중하다는 말, 동료로 신뢰한다는 말은 그저 말이다. 물론 한 사람의 말을 통해 그 사람의 참된 의도를 알 수 있던 시대가 있기는 했다(19세기 소설들을 보면 이를 알 수 있다). 자신이 내뱉은 말을 지키지 못하면, 이를 자신이 속한 신분, 계급, 더 나아가 문명 전체에 폐를 미치는 일로 여겼던 시절이 있다. 이에 견주었을 때 우리 사회는 문서 중심 사회, 법률 중심 사회이며 암묵적으로 말이 무게를 잃고, 모두가 모두에게 의혹의 시선을 보내는 사회다. 범죄를 저지르는 사람뿐만 아니라 모든 사람은 자신의 행동이 기록으로 남는다. 인간관계의 영역에서 참된 것이라 할지라도 이를 경험적으로 입증할 수 없다면 그와 비슷한 무어라도 해야만 한다. 그래서 구체적 증거가 가치 중립적 실험과 검사 다음으로 중요한 것이다.

실증을 중시하는 흐름은 종교에도 영향을 미쳤다. 그리고 이는 다른 사유 세계를 이해하려 하는 그리스도교인들에게는 커다란 걸림돌이 된다. 종교적 신념의 문제는 실증의 대상이 될 수 없다. 그러나 현대인 대다수는 지적으로나 심리적으로나, 진정한 지식과 진리는 과학이라는 황금률을 통해서만 얻을 수 있다고 생각하고 그리스도교인들에게도 이를 강요한다. 그리고 이에 내몰린 그리스도교인들은 이를 좇아 과학적 검증 방법을 서툴게 모방하려 애를 쓴다. 이를테면 그들은 성서나 이런저런 교리 전통이 객관적이고 입증 가능한 진리라고 주장한다. 하지만 이는 자연과학에 대한 한심한 모방에 불과하다. 이러한 맥락에서 성서주의와 교리주의와 같은 종교적 근본주의의 탄생에는 사회의 모든 영역을 과학적 사고가 잠식한 것이 커다란 영향을 미쳤다. 진리에 대한 관념이 실증주의와 실용주의로 철저하게 제한된 상황에서 종교인들은 정의상 실증적 방법론을 따를 수 없을 때조차 이를 모방해야 한다는 압박감을 느낀다. 그렇기에 이 모방의 결과물은 아주 터무니없지는 않지만 투박할 수밖에 없다. 이를테면 북미권의 많은 그리스도교인은 창조주 하느님에 대한 신념이 참임을 입증하기 위해 그 근거로 창세기를 활용하는데, 이는 대중 진화론이 다윈의 이론을 활용하는 것과 크게 다르지 않다. 둘의 결론은 상반되지만 방법론은 놀라울 정도로 유사하다.

그러나 성서가 이야기하는 진리(이는 성서주의에서 이야기하는 진리와 전혀 다르다)에 다가가기 위해서는 출발 지점 자체를 달리해야 한다. 물론 성서에 바탕을 둔 신앙 역시(성서 자체의 신앙이든, 성서를 깊이 이해하는 전통이든) 사실 여부와 진리를 입증하는 데 어느 정도 관심을 둔다. 이를테면 복음서 저자들은 당시 문화 속에서 나자렛 예수의 이동 경로, 행동, 말과 관련해 자신들의 증언이 사실임을 전하기 위해 상당한 노력을 기울였다. 그럼에도 불구하고 그들의 핵심 지향점, 그리고 가장 중요한 방향은 '사실 입증'에 있지 않았다. 예루살렘 전통에서 이해하는 진리는 관계 및 삶의 범주, 즉 관계를 특징짓는 구체적인 상황의 범주에 있다. 그러나 이 논의를 계속 진행하기 전 좀 더 분명하게 살펴야 할 부분이 있다.

진리에 관한 성서적 사유 틀 - 관계성

성서에 바탕을 둔 사고에서 진리가 관계적 개념이라고 주장하는 것은 그리 특별한 일이 아니다. 성서에 바탕을 둔 사고의 모든 주요 범주는 관계성에 집중하고 있다. 그렇기에 이 존재론적 배경을 망각하면 성서의 주요 개념들은 왜곡되기 쉽다. 사랑, 신앙, 희망, 긍휼, 정의, 선처럼 한눈에 보아도 관계적인 범주, 즉 기본적으로 동사의 의미를 지니며 대상이 필요한 범주에 속하는 개념뿐 아니라 겉보기에는 명사처럼 보이는 범주에 속하는 개념 역시 관계적이다. 그 대표적인 예인 하느님과 인간(혹은 인류)을 떠올려 보자.

1) 히브리 성서와 그리스도교 성서에서 하느님은 하느님의 활동과 분리되지 않는다. 이 경전들에서 하느님은 피조물, 특히 인간과 연관된 활동을 펼치신다. 아리스토텔레스를 비롯한 다른 고대철학자들과 달리 성서는 '신'(야훼Yahweh, 혹은 테오스Theos)에 관한 추상적인 논의를 전개하지 않는다. 태초부터 하느님은 활동하시고 관계를 맺으시고 반응하시며, (특별히) 말씀하신다(말씀하시는 하느님Deus loquens). 하느님께서 하신 말씀이 바로 진리다(참조 요한 17장). 구약과 신약을 아우르는 전체 이야기는 피조물, 특히 인간과 하느님의 만남에 초점을 맞춘다. 인간은 창조주 하느님의 대화 상대(말하는 인간Homo loquens)로 창조되었다. 이 전체 이야기는 결국 아래의 물음과 답으로 요약될 수도 있다.

아담아, 너 어디에 있느냐? (창세 3:9)

당신의 소리를 듣고 알몸을 드러내기가 두려워 숨었습니다.

(창세 3:10)

하느님은 결코 독야청청 계시는 분이 아니다. 결코 "나는 나, 홀로인 나이고, 앞으로도 영원히 그러할" 분이 아니다.[5] 물론 하느님은 타자, 루돌프 오토Rudolf Otto의 표현을 빌리면 전적 타자 totaliter aliter다. 그러나 이처럼 타자이신 하느님은 인류를 찾고 인류와 마주하신다(프랜시스 톰슨Francis Thompson은 이러한 모습을 보고 하느님을 '천국의 사냥개'Hound of Heaven라고 표현했다). 성서가 증언하는 하느님은 관계 맺는 분이다. 그분은 인간인 나와 우리를 찾아와 말씀을 건네시는 (마르틴 부버의 표현을 빌리면) "영원한 당신"Eternal Thou이다.

심지어 하느님 자신과 관련해서도 성서는 그러한 묘사를 하고 있다. 그분은 자기 자신과 대화하고, 관계를 맺는다. 이러한 맥락에서 예루살렘 전통의 유일신론은 숫자 '하나'에 대한 이념적 헌신이 아니다. 이슬람과 몇몇 다른 유일신 종교에서는 그러한 성향이 보이지만, 예루살렘 전통 중 유대교와 그리스도교에서는 이신론二神論(그리스도교 신학의 경우 삼신론)의 위험을 무릅쓰

---

[5] 영국 민요에 나오는 가사로, 그 유래는 찾기 어려우나 노래의 시작은 한 분 하느님을 가리키는 듯하다. 그러나 일부 주석가가 지적했듯, 고대 영국 그리스도교 신앙에서 삼위일체 하느님 개념은 전통적인 삼위일체 개념이라기보다는 이슬람의 신론에 가깝다.

고서라도 하느님 안에서 대화가 이루어진다고 이야기한다. 이를테면 초기 유대교에서 하느님을 부른 호칭 중 하나인 '엘로힘'Elohim은 복수형으로 문자 그대로 번역하면 "하느님들"Gods 혹은 "신성"the Godhead이 될 것이다. 히브리 성서는 하느님을 자기 자신과 대화를 나누고, 이런저런 가능성을 저울질하며, 분노를 누그러뜨리고 자비를 베풀며, 이해하려고 애쓰고, 결단하는 분으로 묘사한다.[6]

같은 맥락에서 말씀의 성육신인 예수는 자신의 아버지와 자주 대화하고, 심지어 논쟁(기도)한다. 그리고 자신이 드러낸 진리(자신이 바로 진리라는 것)를 인간이 이해할 수 없음을 고려해, 예수는 "도와주는 분"인 "진리의 영"을 보낼 것이며 그가 제자들을 "진리 가운데로 인도"할 것이라고 약속한다(요한 14장, 16장 참조). 그러므로 그리스도교의 성육신과 삼위일체 교리는 히브리 성서에서 이야기하는 하느님의 자신의 진리 즉 자기 자신과 소통하고자 하는 근원적 갈망, 그리고 기이하고 불가능해 보이지만 자신이 사랑하는 피조물인 아담(흙으로 만들어진 인간)과 소통하고자 하는 갈망에서 나왔다고 할 수 있다. 전통적으로 유대교에서는 성육신과 삼위일체론이 모두 히브리 사상의 유일신론에 위배 된다고 보지만 이 교리들의 지적, 신앙적 배경은 분명 대화적 성격을 지닌 유대교 유일신론(틸리히의 표현을 빌리면 신비적 혹은 변증법

---

[6] 과정 신학에서는 바로 이러한 신성과 인간의 자유, 그리고 예측 불가능성을 강조한다. 이에 따르면 창조주 역시 경험을 하며 배움을 얻는다.

적 유일신론mystical or dialectical monotheism)이다.[7,8]

여기서 전제하는 바는 모든 철학적 개념의 근간이 되는 존재론ontology 혹은 존재에 관한 이론(아리스토텔레스는 이를 '제일 학문', 형이상학이라 불렀다)이 관계적이라는 것이다. 다른 책에서 이야기했지만, 아테네 전통과 달리 예루살렘 전통은 존재한다는 것을 '더불어 존재하는 것'being-with으로, '공동 존재'Mitsein로 이해한다.[9] 만물의 속성에 대한 이러한 이해는 무수한 결을, 그리고 다양한 측면을 지닌 현실에 자연스럽게 부합한다. 지금 이 순간 살아 있는 존재라면 그것이 무엇이든 타자들과의 관계, 상호연결된 전체와의 관계 속에서 정의된다. 오늘날 그리스도교인들이 쓰는 '통전적'holistic, '상황적'contextual이라는 표현에는 모두 이 성서에 바탕을 둔 친교의 존재론ontology of communion이라는 형이상학이 내포되어 있다(이러한 표현들이 현대 생태학자들의 일부 생각과 비슷하게 들린다면 이는 생태학이 (그리스도교를 옹호한 이들이 이를 제대로

---

7   "삼위일체적인 유일신론은 3이라는 수의 문제가 아니다. 3이라는 수는 하느님의 양적 특성이 아니라 질적 특성이다. 이는 살아 계신 하느님에 대해서 말하려는 시도다. 여기서 하느님은 궁극적인 것과 구체적인 것이 결합되어 있는 분이다.", Paul Tillich, *Systematic Theology* (Chicago: University of Chicago Press, 1951), 1:228. 『조직신학』(한들)

8   삼위일체론과 그리스도론을 설명하기 위해 쓴 언어 때문에 두 신학의 히브리적 배경은 가려졌다. 삼위일체론과 그리스도론이 구축되는 과정에 쓰인 언어는 히브리어가 아니라 그리스어였으며 자연스레 그리스어 사고 세계가 반영되었다. 물론 당시에는 유대교 역시 헬레니즘에 사로잡혀 있었지만 말이다.

9   Douglas John Hall, *Thinking the Faith: Christian Theology in a North American Context* (Minneapolis: Augsburg, 1989), 288, 359~360, 382.

알지 못했음에도 불구하고) 성서에 바탕을 둔 신앙이 내내 알고 있던 생명체의 상호연결성을 탐구하기 때문이다. 생태학은 애초에 과학('스키엔티아'scientia)이 검증 가능한 자료만 연구하는 학문으로 축소되고 특수화되면서 발생한 거대한 문제들을 해결하기 위해 생긴 학문이다).

2) 인간('호모 사피엔스'homo sapiens)은 분명 명사다. 그럼에도 불구하고 성서에서 인간은 본질적으로 동사적 특성을 갖는다. 이 기이한, 말하는 동물은 무언가를 지향하는 존재이며 무언가와 더불어 사는 존재다. 창조주는 인간을 창조한 뒤 이렇게 말했다.

> 인간이 혼자 있는 것이 좋지 않다. (창세 2:18)

인간은 본질적으로 홀로 있을 때 만족을 얻을 수 없다. (다른 모든 피조물처럼 본성을 따라, 그러나 그 고유한 연약함 때문에 더더욱) 인간은 본래 타자를 지향한다. 그중에서도 눈에 띄는 것은 성욕이지만, 이는 피할 수 없는 방향성의 한 차원일 뿐이다. 성서에 바탕을 둔 신앙에 따르면, 인간이 지향하는 타자는 크게 셋(창조주, 그리고 다른 인간(여자, 남자, 이웃), 그리고 다른 부류의 피조물)이다. 그리고 가장 근본적인 타자는 모든 탐구와 말의 원천이 되는 창조주 하느님이다. 수도사가 되기 전에 여성과 함께 살기도 했던 아우구스티누스는 (평생을 독신으로 살았던 안셀무스나 아퀴나스보다) 이

점을 더 잘 이해하고 있었다. 그러한 면에서 그가 남긴 가장 널리 알려진 문장이 인간을 찾는 하느님("아담아 너 어디에 있느냐?")과 두려움에 휩싸인 채 숨어있는 인간("당신의 소리를 듣고 알몸을 드러내기가 두려워 숨었습니다") 모두를 다루고 있다는 것은 결코 놀라운 일이 아니다.

> 주님, 당신을 향해서 저희를 만들어놓으셨으므로 당신 안에서 쉬기까지는 저희 마음이 안달합니다!
>
> Tu fecisti nos ad te, Domine, et inquietum est cor nostrum donec requiescat in te![10]

가장 마지막에 창조되었으며 고도로 실험적인 피조물인 인간은 하느님의 형상('이마고 데이'imago Dei)을 따라 만들어졌다고 한다(창세 1:26~27). 이 말과 더불어 제사장 문서 이야기에 나오는 창조에 대한 몇몇 용어는 오랜 기간 잘못 해석되었으며 그 결과 강력한 해석으로 남아 서구 그리스도교 세계와 여기서 파생된 문화들에 영향을 미쳤다.[11] 이는 바로 인간을 다른 모든 피조물과

---

[10]   *The Confessions of Saint Augustine* (New York: Modern Library, 1949), 3.

[11]   창세기 1장 28절이 그 대표적이다. 여기서 하느님은 한 쌍의 인간에게 "충만하라", "번성하라", 그리고 모든 다른 생물을 다스리라고 명령한다. 하느님의 형상과 다스림이라는 개념을 필두로 이러한 표현들은 발췌되어 아테네와 로마부터 근대 유럽과 미국에 이르기까지, 제국주의적 야망의 원료로 활용되었다. 이 표현, 개념들을 예루살렘 전통의 관계적 존재론에 다시 자리매김하는 작업이 절실히 필요하다. 나는 여러 저서와 글들을 통해 일부 작업을 했는데 특히 '다스림'을 청지기직의 관점으로 해석한 책은 다음과 같다. Douglas John Hall, *Imaging God:*

는 완전히 다르며 위계질서의 정점에 선 존재로 보는 것이다. 이러한 해석은 앞에서 언급한 성서의 관계적 존재론을 무시하거나 거부하고 상실한 결과로 보아야 한다. '하느님의 형상'이라는 표현은 인간이 태어나면서부터 갖게 되는 자질(이를테면 합리성, 의지)이 아니라 창조주를 향한 인간 고유의 지향성을 뜻하는 말이다. 칼뱅은 거울을 보는 것과 같이 우리가 하느님을 향해 방향을 틀 때만 비로소 그분의 모습을 볼 수 있다고 이야기한 바 있다. 아우구스티누스가 깨달은 대로 우리의 피조된 본성은 하느님을 향해 우리 자신을 돌이키게 되어 있다. 하지만 우리의 타락한 본성은 하느님에게서 멀어지려 하고 그 와중에 보게 된 무언가를 하느님으로 상상한다. 틸리히의 말을 빌리면 "궁극적 관심"의 대상이 잘못된 것이다.

성서에서 인간을 주목하는 이유는 하느님께서 인간을 다른 피조물보다 '더' 사랑하시거나 존재의 위계 서열에서 가장 높은 자리에 놓으셨기 때문이 아니라, 거대한 생명의 (생태학적) 그물망에서 구체적이고 독특한 소명을 받았기 때문이다. 성서에서는 이를 사제직, 혹은 청지기직의 소명으로 표현한다. 이러한 소명을 실현하려면 인간이 다른 피조물과 분리된 피조물이 아니며, 더 '우월한' 피조물도 아니라 모든 타자와 더불어 사는 피조물이라는 깨달음이 필요하다. 자신이 다른 타자들과 하나의 망을 이

Dominion as Stewardship (Eugene, OR: Wipf & Stock, 1986(2004))

루고 있음을 깨달을 때 비로소 인간은 타자들을 위해 말하고 행동할 수 있다. 그렇기에 하느님께서 인간에게 주신 선물들(이성, 의지, 손을 사용할 수 있는 능력 등)은 인간의 소명을 이루는데, 즉 하느님과 다른 인간과 다른 피조물을 사랑하는 데 쓰여야 한다. 그리고 인간의 다른 고유한 특징들(생각, 앎, 기억, 예견, 희망, 표현) 역시 마찬가지다. 언젠가 C. F. 폰 바이츠제커C. F. von Weizsaecker는 근대 인간의 모습에 관해 인상적인 말을 남긴 바 있다.

> 근대 인간이 성취한 과학 기술 세계는 인간의 대담하지만 위험한 활동, 즉 사랑을 결여한 앎의 산물이다.[12]

지금까지 우리는 성서에서 인간을 어떠한 존재로 바라보는지 살펴보았다. 그렇다면 이러한 존재론은 진리에 대한 그리스도교인의 이해에 어떠한 영향을 미칠까?

관계적으로 생각하는 진리

예루살렘 전통의 관계적 존재론을 가장 근본적이고도 구체적인 방식으로 표현해보자면 이는 바로 사랑(하느님의 사랑('아가페'agape), 인간이 서로 나누는 사랑, 그리고 피조물에 대한 사랑)이다. 성서는 존재론이 아닌 사랑을 말한다. 사랑은 성서의 존재

---

[12] C. F. Weizsaecker, *The History of Nature* (Chicago: University of Chicago Press, 1949), 190. 『자연의 역사』(서광사)

론이다. 이를 대체할 다른 말은 없다. 지금껏 아테네 전통의 형이상학 언어를 사용한 이유는 실체적이고 위계적인 존재 개념과 성서의 존재 개념(공동 존재)을 구별해야 했기 때문이다. 성서가 "하느님은 사랑이시다"라고 선언할 때, 그리고 예수가 율법과 예언자들이 한 말의 핵심을 두 가지 명령(하느님 사랑과 이웃 사랑)으로 이야기했을 때 우리는 예루살렘 전통의 존재론 위에서 이를 이해해야 한다. 이를 토대로 볼 때 진리는 기본적으로 사랑의 요소, 혹은 사랑의 속성이다. 그래서 성서는 거듭 하느님의 진리를 하느님의 변함없는 사랑, 하느님의 신실하심으로 표현한다. 구약에서 진리는 사실 하느님에게 속한 속성 중 하나다. 하느님은 진리의 하느님이다(시편 31:5, 예레 10:10). 그분은 "진리를 영원히 지키신다"(시편 146:6, 100:5 참조). 여기서 진리는 본질적으로 신뢰성, 의지할 만한 능력, 요구받는 것을 수행할 수 있는 능력을 뜻한다. '진리'로 번역된 히브리어 '에메스'אֱמֶת, '에무나'אֱמוּנָה는 때로 '신실함'(호세 2:20, 신명 32:4, 이사 25:1)으로 표현되기도 한다. 성서에서는 동사 '아만'אָמַן이 명사보다 더 자주 쓰이는데 '확인하다', '굳건히 서다', '신뢰하다' 등을 뜻한다.[13]

사랑의 하느님께서 사랑하시는 인간에게 요구하는 진리는 그러므로 "실존적인" 진리, "마음속의"(시편 51:6) 진리, 태어날 때부터 그에게 자리한 하느님의 사랑을 반영하고 현실화하는 진

---

[13]   Alan Richardson, *A Theological Word Book of the Bible* (London: SCM, 1950), 269.

리다.[14] 이 진리는 실제 삶에서 동떨어진, 혹은 동떨어질 수 있는 추상적인 진리가 아니라 대화 가운데, 함께 걷는 가운데 일어난다. 구약에 나오는 히즈키야(히스기야)의 기도는 이를 대표적으로 보여준다.

> 주님, 주님께 빕니다. 제가 주님 앞에서 진실하게 살아온 것과, 온전한 마음으로 순종한 것과, 주님께서 보시기에 선한 일을 한 것을, 기억해 주십시오. (2열왕 20:3)

진리는 단순히 동의해야 하는 것이 아니라 "살아" 내야 하는 것이다. 예수는 제자들에게 말했다.

> 너희가 이것을 알고 그대로 하면, 복이 있다. (요한 13:17)

진리는 신앙(신뢰)에 뿌리를 두고 있으며 동시에 삶으로 구현해 내야 할 무언가다. 그렇기에 진리는 신학적이면서도 윤리적인 개념이다. 이는 하느님과 인간의 관계뿐 아니라 인간과 인간의 관계에도 적용된다. 창조주 하느님을 향하든, 동료 인간을 향하든 사랑을 하기 위해서는 신뢰와 신실함이 필요하다. 과거 그리스도교 교회에서는 결혼 예식을 하며 다음과 같은 서약을 했다.

---

[14] "종교에서 이야기하는 진리는 실존적 진리다." Hendrikus Berkhof, *Christian Faith*, 18.

그리고 저는 당신에게 진실할 것을 맹세합니다

And thereto I plight thee my troth.

'트로스'troth(고대 영어로 '트루스'truth에 해당한다)에는 진실함과 신실함, 헌신이라는 뜻이 모두 담겨 있다. 그러므로 자신의 '트로스'를 맹세한다는 것은 상대방에게 자신의 진리를 주고, 진실하고 신실하기로 맹세한다는 뜻이다. 여기서 우리는 성서가 이야기하는 진리의 동사적이고 실천적인 특성을 분명하게 알 수 있다. 남편과 아내가 서로 약속하는 것은 단순히 진실만을 말하는 것, 즉 (이런 의미조차 오늘날에는 많이 퇴색했지만) 서로에게 숨기는 비밀이 없고, 모든 것을 나누겠다는 뜻이 아니다. 오히려 이는 상대방과의 관계 속에서 진실하고, 진실하게 살겠다는, 달리 말하면 상대방을 사랑하겠다는, 상대방을 위해 살겠다는, 자신을 상대방과 '함께하는 존재'로서 이 세상에 드러내겠다는, 그리고 함께 고난을 감내compassion하겠다는 뜻이다. 이러한 친교의 존재론은 다른 인간뿐만 아니라 '말하는 인간'homo loquens으로 대표되는 모든 피조물에게 적용된다.

만물의 상호연결성과 진리에 대한 이러한 사유를 받아들인다면 진리는 자료, 사실, 대상으로 축소될 수 없다. 가장 근본적인 차원에서, 관계성의 존재론으로 이해되는 진리, 사랑으로 표현되는 진리는 모든 대상화와 규범화에 저항한다.

진리의 어떤 측면, 어떤 표현들은 진정성 여부를 검증받아야 할 수도 있고 비판적 분석의 대상이 될 수도 있다. 그러나 모든 관계의 밑바닥에 흐르고 있는 진리는 실존적이다. 즉 삶의 문제, 기억의 문제, 희망의 문제, 고통의 문제, 갈망의 문제, 용서의 문제, 다시 시작함의 문제, 개인이 겪는 극도의 외로움과 소외에 맞서는 문제다. 진리가 근본적으로 신실하고 은총 가득한 생명의 원천의 부름에 응하는 것이라고 해서, 진리에 대한 평범하고 일상적인 탐구를 무시하고 격하하는 것은 아니다. 일상에서 진리는 실재에 올바르게 대응하는 것, 실재를 올바르게 인식하고 이와 현실 속 가치의 일치를 추구하는 것을 뜻한다. 신약 저자들은 지중해 세계의 공통어인 그리스어로 진리를 말할 때 '알레테이아'*ἀλήθεια*라는 말을 썼다. 그리고 다른 많은 그리스어 단어처럼 이 역시 '진리'를 뜻하는 히브리어와는 미묘하게 다른 존재론적, 신학적 세계관을 그리스도교에 도입했다. 이 말에 담긴 그리스, 헬레니즘 세계관 그리고 이에 근거한 진리라는 언어가 신약성서의 진리 개념에 반영되었고 이 개념이 (E. C. 블랙먼E. C. Blackman 이 지적하듯) 오늘날 진리 개념에 더 가깝다.[15] 하지만 (마찬가지로 블랙먼이 지적했듯) 이 '유대인' 저자들이 마음에 품고 있는 생각과 그들이 택한 ('알레테이아'를 포함한) 언어 사이에는 일정한 차이가 있음을 간과해서는 안 된다. 그리스어로 표현되었지만, 그 뒤에는 히브리적인 사유가 자리하고 있다. 어떤 의미에서 알레테이

---

15   Alan Richardson, *A Theological Word Book of the Bible*, 270.

아라는 말을 씀으로써 그리스도교는 명료한 사고를 추구하고 무지를 배격하는 플라톤적인 관심과 지적 정직함과 경험에 바탕을 둔 앎에 대한 아리스토텔레스적 관심에 세례를 주었지만, 우리는 그 말 배후에 있는 히브리적 의미에서의 '진리', 관계적이면서 윤리적인 진리의 울림에도 귀를 기울일 수 있어야 한다. 이는 신뢰하는 관계라는 틀 안에서 일어나며, 행동으로 표현된다(요한 3:21).

> 우리가 어둠 속에서 살아가면서 하느님과 사귀고 있다고 말한다면 우리는 거짓말을 하는 것이고 진리를 좇아서 사는 것이 아닙니다. 그러나 하느님께서 빛 가운데 계신 것처럼 우리도 빛 가운데서 살고 있으면 우리는 서로 친교를 나누게 됩니다. … (1요한 1:6~7)

이 구절은 관계적인 존재론에 바탕을 둔 진리를 정확히 반영한다. 그렇다고 해서 이 이야기가 진리란 자신이 가리키는 실재에 부합하는 것이란 일상적인 주장을 부정하거나 대체하지는 않는다. 궁극적이고 절대적으로 되려 하지 않는 한, 과학이나 경험적 방법론에서 논의하는 진리는 그리스도교가 말하는 진리와 충돌하지 않는다. 그러나 그리스도교 신앙의 주된 관심사는 "우리가 … 숨 쉬고 움직이며 살아가는" 궁극적인 진리의 진실성을 보존하는 데, 그리고 그 진리를 향해 돌이킨 모든 이들에게 필요한 진리의 신비로움과 순전함을 보존하는 데 있다. 이제 마지막으로 성서에서 생각하는 진리에 대해 살펴볼 차례다. 여기서는 "진리를 향해"라는 표현을 좀 더 숙고해 보아야 한다.

진리를 향한 지향

더불어 존재하는 것(공동 존재)Mitsein, 더불어 고통받는 것(연민)Mitleid 등과 같은 단어에서 볼 수 있듯 독일어는 우리가 앵글로색슨 사유 세계에서 벗어나는 데 많은 도움을 준다. 우리 언어는 라틴어의 영향을 깊게 받았을 뿐만 아니라(존재being, 긍휼compassion과 같은 말을 생각해보라) 영어권 사유 세계는 경험적이고 실용적인 생각을 더 선호한다. 성서가 이야기하는 진리를 좀 더 엄밀히 사유하기 위해, 여기서는 또 독일어로 된 복합어를 쓰고자 한다. 이 말은 독일인들이 일상 대화에서 쓰는 말은 아니지만, 독일어로 보았을 때 그 미묘한 의미를 더 잘 알 수 있다. 나는 이 말을 독일의 탁월한 물리학자이자 평신도 신학자인 C.F. 폰 바이츠제커에게 배웠다. 곧 '진리'Wahrheit와 '지향'orientierung을 합친 '진리를 향한 지향'Wahrheitsorientierung이라는 말이다.

앞서 살펴보았듯 그리스도교인에게 진리란 살아있고 실존적인 실재이며, 존재가 가장 충만하고 궁극적으로 표현된 것, "나는 길이요, 진리요, 생명이다"라고 말한 이와 온전히 더불어 사는 삶(연대)을 말한다.

따라서 우리가 계시된 진리의 수혜자라고 믿는다면, 우리는 신앙에 기대 힐끗 보고 들은 이 진리를 소유할 수 없음을 알아야 한다. 정확히, 하느님으로부터 오는 이 진리는 계시됨으로써 우리가 진리를 가졌다는 어떠한 주장도 하지 못하게 하며 우리가 만난 진리를 지극히 겸손한 태도로 증언하기를 요구한다. 바로 이 때문에 루터는 '계시하시는 하느님'Deus revelatus는 (계시하시면서) 동시에 '숨어계신 하느님'Deus absconditus이라고 말했다. 하느님은 자신을 드러내시는 가운데 동시에 자신을 숨기신다.

합리적인 논증을 중시하는 이들에게 이 역설paradox은 모순 contradiction으로 들린다. 그러나 이는 비합리적이거나 모순되지 않으며 일상을 살아가는 가운데 우리가 실제로 체험하는 것이다. 당신 주변에 있는 사람들을 생각해보라. 그들 중 당신이 가장 잘 알고 있는 이는 누구인가? 그리고 가장 모르는 이는 누구인가? 일반적으로 사람들은 자신이 잘 알고 있는 사람을 꼽으라면 하나 혹은 두 명, 많게는 네다섯 명 정도를 꼽을 것이다. 이때 내가 상대와 깊이 관계 맺을수록, 그 상대와의 관계가 고유해질수록 상대의 인격, 상대 존재의 핵심은 더 신비로워진다. 달리 말하면, 감추어진다. 내가 상대를 결코 소유할 수 없음을 깨닫도록 상대는 자신을 충분히 드러낸다. 상대에 대한 나의 인상은 어떤 면에서 내가 만들어낸 왜곡된 '상'이며, 상대가 상대로서 나와 온전히 관계 맺기 위해서 이 '상'은 끊임없이 파괴되어야 한다. 그럴 때만 상대는 고유한 인격 그대로 남을 수 있다. 나의 정의定意가 '당신'을 침해해서는 안 된다. '당신'은 내가 조종하고 지배하고 무시할 수 있는 그것it, 대상으로 바꾸어서는 안 된다. 내가 상대의 살아 있는 인격을 내가 이해한 상대에 기초한 자료로 바꾸어버리는 순간, 이를 진리로 여기는 순간, 그러한 일이 일어나자마자 나는 내 삶에서 상대가 지닌 고유한 역할을 박탈하게 된다. 이로써 상대는 나에게 흥미를 불러일으키지도, 나를 매혹시키지도, 내 이해의 틀을 위협하지도 않는 대상이 된다. 그러한 면에서 내가 가장 잘 알고 있는 이를 나는 가장 모른다(가장 신비롭다). 신비, 알 수 없음은 (역설적으로) 상대를 향한 나의 신뢰, 신실함, 사랑을 보증한다.[16]

이러한 맥락에서 우리는 진리를 가질 수 없다. 니버가 말했듯 우리의 진리는 '진리'가 아니다.[17] 우리 자신조차 온전히, 혹은 제대로 알 수 없는데 어떻게 타자를 알 수 있다고 하겠는가? 우리는 진리를 이해할 수 없고 오직 예수 그리스도라는 진리 아래 서 있을 뿐이다. 마찬가지 차원에서 우리는 우리가 사랑하는 사람을 이해할 수 없다. 다만 상대 아래 서서, 상대와 함께 살아갈 수 있을 뿐이다. 상대에게 감사하며, 상대가 우리에게 보여준 사랑에 사랑으로 응답하면서 말이다. 이는 인간뿐만 아니라 인간 외 다른 피조물, (제임스 러브록의 주장을 따른다면) 살아 있는 지구라는 타자와의 관계에도 마찬가지로 적용될 수 있다.[18]

---

[16] 이에 대해 '나가며'를 보라.

[17] 이 장 각주 1을 보라.

[18] 서론의 각주 5를 보라.

물론, 상대를 아는 만큼 모르는 부분이 있음을, 때로는 모르는 부분이 더 많음을 깨달을 때 우리는 깊은 좌절감을 느낄 때가 있다. '나'는 '나'의 상대에 대한 이해가 완전하기를, 상대에 대한 앎이 확실하기를, 그 과정이 종결되기를 바라고 때로는 이를 상대에게 요구한다. 하지만 그러한 요구는 관계에 위협이 된다. 그러한 요구는 상대가 자신을 '나'에게 (더) 드러내기를 거부하는 것이기 때문이다. 내가 진실로 상대를 믿는다면, 진실로 내가 상대를 신뢰한다면 나는 상대를 더 온전히 이해하고자 분투하게 된다. 신앙은 이해를 추구한다. 안셀무스의 저 말에는 하느님을 신뢰한다는 뜻과 하느님과 분투를 벌인다는 뜻이 모두 들어있다 (이스라엘이라는 이름은 '하느님과 겨룬 사람'이라는 뜻임을 기억하라).

우리는 진리를 소유할 수 없다. 이는 인간으로서, 그리고 그리스도교인으로서 받아들여야 할 분명한 한계다. 그러나 우리는 진리를 향해 나아갈 수 있다. 우리는 진리에 초점을 맞추고, 진리에 궁극적인 관심을 두고, 이를 향해 삶의 방향을 돌이킬 수 있다. 그리고 '하느님의 형상'이라는 개념이 알려주듯 우리의 타락한 지향성이 성령을 통해 제자리를 찾고 하느님을 향하도록 방향이 바뀔 때, 그리하여 희미한 거울을 통해 보듯 하느님을 보게 될 때 우리는 진리를 향해 나아갈 수 있게 된다. 하느님의 말씀이 진리이기 때문이다. 중요한 것은 지향성이다. 인간은 언제나 무언가를 지향하는 피조물이다. 최상의 경우, 인간은 자신의 한계를 깨닫고 방향을 바꾸어 진리를 지향한다. 하지만 대부분의 경우 왜곡된 상태에서 불안정에 대한 두려움 때문에 가능한 한 빨리 확신을 얻으려고, 안정을 찾으려고, 어딘가에 소속되려고 아무런 가치도 없는 이 대상을 지향했다가 저 대상을 지향한다. 인류의 역사, 그리고 한 사람의 생애는 끊임없이, 다양하게 이루어지는 지향과 전환으로 이루어져 있다고 해도 과언은 아니다. 우리는 걸신들린 듯 거짓 신에서 또 다른 거짓 신으로, 이 이념에서 저 이념으로, 이 유행에서 또 다른 유행으로, 이 세계관에서 저 세계관으로, 진리라 부르는 이것에서 진리라 부르는 저것으로 지향을 바꾼다. 이렇게 우리는 (아구스티누스의 표현을 빌리면) 안식하지 못한 채, 끊임없이, 참된 안식처이자 진리인 그분, 안정 대신 우리를 긍휼히 여기고 신실함으로 대하는 그분에게서 도망친다. 구약에서 신약에 이르기까지 성서가 우리에게 지속적으로 들려주는 이야기는 다른 무엇보다도 바로 저분에 관한 이야기다. 이분은 자신을 향해 우리가 방향을 돌이기를 기다리지 않고 지극한 겸손으로 우리를 향해 몸소 다가오시며 수난을 감내하는 끈질긴 사랑으로 우리를 당신에게로 돌이키게 하신다. 이 순전한 은총의 활동, 이 철저한 방향의 전환을 성서는 메타노이아 즉 회심, 회개, 거듭남이라고 부른다.

다시 한번 강조하자면, 우리는 진리를 가질 수 없다. 그리스도교는 진리를 가질 수 없다. 다만 그리스도교는 다른 종교, 이념, 삶의 방식처럼 우리에게 진리를 향할 것을 요구한다. 그리고 어떤 종교, 이념, 삶의 방식이 진실로 이를 요구하는지를 확인할 수 있는 첫 번째 좋은 방법은 자신(종교, 이념, 삶의 방식)이 진리를 소유하고 있지 않음을 분명하게 알고, 인정하는지를 살피는 것이다. 진리에 대한 겸손함은 해당 종교, 이념, 삶의 방식의 진정성을 드러낸다.

두 번째 방법은 진리에 대한 모든 과장된 주장에 대해 비판적인 경계를 세우는 공동체가 있는지 여부다. 예루살렘 전통은 그 특성상 모든 이념을 경계한다. 이념은 본래 환원주의적이다. 이념은 개인, 혹은 집단에게서 자신을 넘어선 진리를 상상하는 능력을 앗아가 버린다.

마지막 방법은 공동체가 모든 진리를 향한 여정과 탐구, 그리고 그러한 탐구 과정에서 나온 산물, 달리 말하면 각자가 바라본 빛을 따라 고유한 방식으로 진리로 나아갔을 때 그 원천에서 길어 올린 것을 가치 있게 보고 감사를 드릴 줄 아는지 여부다.

그리스도교인들은 자신이 알지만 동시에 알지 못하는 진리(이 진리를 하느님이라고 부르든, 생명의 근원이라고 부르든, 절대자라고 부르든, 단순히 알려지지 않은 분으로 부르든)를 지향하는 모든 이를 알고 사랑한다. 그들은 자신이 지향하는 진리에 관해 얼마나 알지 못하는지를 알고 있으며 그렇기에 신비와 겸손에 대한 (아주 초보적인 수준에서라 할지라도) 일정한 감각을 갖고 있기 때문이다. 이러한 감각을 지니고 있는 이들은 진리와 마주해 자신이 발견한 진리의 파편, 자신이 가진 지식, 자료, 자신이 신중하게 검증해 나가고 있는 가설을 절대화하지 않는다. 그리스도교인, 그리고 진리를 추구하는 모든 이는 앞선 이들이 진리의 여정을 걷는 가운데 남긴 과학, 역사, 인간학, 사회, 경제 지식을 받아들이고 이 기여에 감사할 수 있다. 자신이 진리를 알지 못함을 아는 겸손은 예루살렘 전통뿐만 아니라 아테네 전통(적어도 진정 지혜로운 이는 자신이 현명하지 않음을 아는 이라고 주장하는 소크라테스와 플라톤의 전통)에서도 덕으로 간주된다.

결론

중심에 있는 한 얼굴

성화 속 그 얼굴은 많은 사람에게 밟혀 거의 닳아 없어지고 오그라져 있었다. 그 얼굴은 슬픈 듯한 눈길로 신부를 바라보고 있었다. … 이 발의 아픔. 그때, 밟아도 좋다고, 동판에 새겨진 얼굴은 신부에게 말했다.

"밟아라. … 밟아라. 나는 너희에게 밟히기 위해 여기 있다."[1]

---

[1] Shusaku Endo, *Silence* (Tokyo: Sophia University, with the cooperation of Rutland, Vermont: Tuttle, 1969), 276. 『침묵』(홍성사)

부정 신학

그리스도교는 문화-종교가 아니다. 좀 더 적절하게 말하면 종교도 아니다. 그리스도교는 분명 성서를 매우 중시하지만, 그렇다고 그리스도교를 성서의 종교로 묘사할 수는 없다. 실천이 없는 그리스도교는 불완전하고, 우스꽝스러울 것이다. 그러나 그리스도교는 도덕 체계가 아니다. 교회와 진리를 향한 열정은 그리스도교 신앙의 중심에 있지만 그리스도교가 곧 교회는 아니며 그리스도교가 진리를 소유하고 있다고 말할 수는 없다. 이러한 맥락에서 부정의 작업은 계속 이어갈 수 있다. 그리스도교는 전통도 교리도 아니며 어떤 지혜의 가르침도 아니다. 그리스도교는 특정한 유형의 경건 생활이 아니다. 종교적 현인과 예언자들의 작업을 모아놓은 것도 아니며 순교자와 사회 운동가들의 증언들을 모아놓은 것도 아니다.

이 책의 목적이 이 세계에서 실제로 그리스도교가 어떠한지를 기술하는 게 아니라 그리스도교의 핵심을 규명하는 것뿐이라면 이내 하나의 문제에 봉착하게 된다. 이 책에서 그리스도교가 종교가 아니라고 했지만 현실에서 그리스도교는 너무나 심각하게 종교에 물들어 있다는 것이다.[2] 누군가가 그리스도교를 긍정의 방식으로 정의하기 위해서는 그리스도교에 대한 무수한 오해

---

[2] 이 주제에 관해 래리 라스무센Larry Rasmussen은 디트리히 본회퍼의 생각을 설명한다. 이 책 맨 앞에 언급한 구절을 참조하라. Larry Rasmussen, *Dietrich Bonhoeffer - His Significance for North Americans* (Minneapolis: Fortress, 1992), 67.

와 편견을 걷어내야 한다. 이 현실에는 그리스도교가 무엇인지 정확하게(그것도 매우 간결하게) 말할 수 있다고 생각하는 이들이 있는 것도 사실이다. 좀 더 그리스도교 역사를 아는 이들(그리고 자기 자신에 대해서도 잘 아는 이들)이라면 좀 더 신중한 반응을 보이겠지만 말이다. 누군가 (바울, 아우구스티누스, 토마스 아퀴나스, 루터, 칼뱅, 슐라이어마허, 바르트, 틸리히와 같은) 그리스도교 신앙에 관련된 위대한 사상가들, 그리고 재능있는 신학자들이 그리스도교를 적절하게 정의했냐고 묻는다면 나는 그렇다고 답할 것이다. 하지만 대다수는 그들의 제안에 곤혹스러워할 것이다. 그리스도교는 너무나 신비로운 실재(그리스도교 자체가 아니라 그리스도교가 가리키는 실재)이기에 아무리 지적으로 탁월한 그리스도교인들이라 할지라도 긍정의 방식으로는 만족스러운 정의를 내리기 힘들다. 부정 신학은 자신이 다루는 대상의 거대함, 그리고 자신의 근본적인 한계를 깨달은 데서 나온 겸손함이 빚어낸 신학이다.[3] 따라서 부정 신학은 대상에 대한 잘못된 개념, 오해의 소지가 있는 개념, 부분에 불과한 개념을 부정함으로써 대상에 다시 관심을 기울일 것을 요청한다. 특히 부정 신학은 역사와 맥락에서 대상과 관련된 과장된 개념, 의심스러운 영향력을 가질 수 있는 개념들에 주의를 기울인다. 앞에서 문화-종교, 성서, 도덕 체계, 교회 등과 같은 개념들을 택한 것은 바로 이 때문이다. 사람들은

---

[3] '나가며'를 보라.

'그리스도교'라는 말을 들었을 때 위의 것들을 즉각적으로 떠올리며, 그것들은 실제로도 그리스도교와 분명한 연관이 있다. 그러나 이 요소들은 모두 그리스도교에 관한 오해를 일으킬 수 있다. 이 요소들은 모두 각각의 정당한 자리를 넘어 그리스도교의 핵심으로 간주된다. 책 맨 앞에 있는 '바치는 글'에서 나는 이러한 현상이 나타나는 이유로 많은 사람이 설명할 수 없고, 이해하기 힘든 것들을 마주하고 이를 감내하며 살아가기를 어려워하기 때문이라고 이야기한 바 있다. 우리보다 거대한 것, 우리보다 위대한 것에 우리는 매혹되면서 동시에 두려움을 느낀다. 그것은 한편으로는 우리의 통제를 거부하면서 동시에 우리의 한계를 깨닫게 하기 때문이다. 그렇기에 우리는 우리보다 거대한 그리스도교를 성서를 믿는 것, 특정 도덕 윤리 및 정치적 입장을 택하는 것과 동일시하려 한다. 이러한 맥락에서 우리가 이해하고자 한 주제가 어떠한 방식으로 축소되었는지를 살피는 것 역시 부정 신학을 하는 이유 중 하나라 할 수 있다.

중심의 공간

그러나 부정 신학에는 또 다른, 그리고 더 중요한 목적이 있다. 바로 잘못된 대안들을 제거함으로써 지적이고 영적인 장場에서 더 활발한 논의가 이루어지게, 가정과 편견은 줄이고 열린 마음으로 실재에 대한 논의가 이루어지게 하는 것, 이상적으로는 실재 그 자체가 말하고 이에 귀를 기울일 수 있는 분위기를 조성하는 것이다. 이러한 과정에 좀 더 적절한 이름을 붙인다면, 그것은 중심에 공간을 형성하는 것이라 할 수 있을 것이다. 수년 전, 신학방법론 수업에서 한 대학원생이 말했다.

> 부정 신학은 무언가가 알려지는 곳에 규정되지 않은 영토(혹은 공간)를 남겨두는 것이다. 이 공간은 역동적인 가능성을 품고 있다.[4]

이 함축적인 표현을 좀 더 설명해보자면, 누군가가 중요하지만 규정하기 어려운 주제들(하느님, 가장 가까운 친구, 복잡한 사건이나 생각 등 단순한 탐구 대상이 되기를 완강히 거부하는 주제들)의 핵심을 이해하고 이를 진술하기 위해서는 곧바로 파고들기보다는 핵심이 아닌 것들을 제거할 때 참된 이해에 좀 더 가까이 다가갈 수 있다. 부정의 방식을 통해 대상에 대한 긍정의 방식에 다가가는 것이다. 가능성을 하나씩, 차례로 제거함으로써 우리는 주제를 논의하는 장의 중심에 여백을 남길 수 있다. 이 공간은 논의 중인 실재가 스스로 말을 할 수 있게끔 열어놓은 공간이다.

현실에서 우리가 종종 겪는 문제를 통해 이를 좀 더 살펴보자. 가까운 이들과 관계를 맺을 때 어떻게 하면 그들의 자유와 타자성otherness를 빼앗지 않은 채 그들을 이해할 수 있을까? 친구

---

[4] 안타깝게도, 이 이야기를 한 학생의 이름이 기억나지 않는다.

와 '나'의 관계는 내가 그를 얼마나 신뢰하느냐에 달려 있다. 우정은 결코 수량화할 수 없다. 그리고 나에게 내 친구에 대한 이런저런 선입견이 있을 때, 이를 고수한다면 친구와의 우정은 파괴될 것이다. 이러한 위험성을 깨닫고 우정이 이어지고 깊어지려면 '나'는 친구라는 존재에게서, 그리고 그 존재와 맺은 관계에서 경이감을 느끼는 법을 익혀야 한다. 친구의 행동과 말, 친구의 독특하고 고유한 성격은 불가피하게 내가 만들어낸 친구의 상像을 거부하게 하고, 친구에 대한 나의 암묵적인 판단을 재고하게 한다. 내가 친구의 정체성을 어떻게 보든, 어떠한 성격을 지녔다고 판단하든 이는 내 친구가 지닌 풍요롭고 다채로우며 결코 예측할 수 없는 성격을 온전히 반영하지 못한다. 친구에 관한 모든 답과 추측을 거부할 때, 내 마음속에 있는 거짓 대안들을 제거할 때 점차 친구에 관한 이해의 장 중심에는 경계가 생기며 공간, 여백이 창조된다. 이 여백이 있는 공간에서, 여전히 정의할 수 없고 명백히 정의되지 않는 내 친구는 자유롭게 나의 상상력, 기억, 기대를 돌아다니며 공간을 채워나갈 것이다. 나는 그에 관한 결정적인 상이 내 안에 자리 잡지 않게 한다. 내가 그를 이해하려 하는 가운데 내가 그린 상을 그에게 투영하고 있음을 발견했기 때문이다. 친구라는 살아 있는 실재는 그에 관한 나의 잠정적인 결론을 언제나 초월한다. 그는 거듭 자신을 드러냄으로써, 지금 여기에 자신이 있음을 폭로함으로써 그에 관한 나의 (빠른 관찰, 연구를 통해 만들어진) 상(여기에는 물론 그에 관한 진리의 파편이 담겨 있기는 하다)을 끊임없이 파괴한다. 마르틴 부버의 표현을 빌리면, '당신'인 친구는 필연적으로, 그리고 끊임없이 그를 '그것'으로 만들려는 나의 시도를 거부한다. 거듭 그를 정의하는 데 실패하면서 나는 친구가 지닌 형언할 수 없는 타자성과 신비를 끊임없이 성찰할 수 있게 된다. 분명 이 과정은 '나'에게 많은 좌절감을 안겨주지만, 동시에 '우리의 우정'을 유지해준다. 내가 내 친구를 완전히 이해했다고 믿는 바로 그 순간, 나는 그로부터(그리고 나 자신에게서) 우리의 우정을 가능케 한 매력, 위험, 신뢰를 빼앗는다. 그리고 이로써 친구와 나는 더는 의미 있는 관계를 맺지 못하게 된다. 그러한 면에서 친구에 대한 나의 이해에 여백을 마련하는 것, 그와 나 사이 관계의 중심에 공간을 마련해두는 것은 친구의 진실뿐만 아니라 관계의 질을 보존하기 위해 반드시 필요한 일이다.

물론 이 공간은 텅 빈 공간이 아니며 백지가 아니다. 이 공간에 아무것도 없다면, 아무런 색도 칠해지지 않고 어떠한 윤곽도 없다면, (친구와 나의 관계를 예로 들었을 때) 친구의 정체성과 의향을 반영하는 어떠한 요소도 없다면, 그를 내 '친구'라 부를 수 있는지 진지하게 물어야 한다. 중심에 무색무취한 공간만 있는 관계는 일시적인 관계거나 공허한 관계, 순전히 관습적인 관계이기 때문이다. 공통의 기억, 공통의 경험, 그리고 기존의 앎을 넘어설 수 있게 해주는 징표가 없다면 그 우정은 허구다. 어떤 상, 생각, 언어로 분명하게 인지할 수 없고 단정할 수 없으며, 온전히 표현할 수 없다 할지라도 상대에게서 매우 실제적이며 자신의 마음을 사로잡는 무언가를 본 사람에게만 중심에 자리한 공간이 제 기능을 할 수 있으며 그러한 사람만 공간에 관심을 기울일 수 있다. 그리고 이는 '나' 뿐만이 아니라 '상대'에게도 마찬가지다. 우정의 관계는 '나'뿐만 아니라 '친구'에게도 의미가 있어야 한다. 이 관계는 단순한 호기심이나 막연한 관심사가 아닌 친구와 더불어 깊이와 의미를 추구하고 기본적인 욕구를 충족하려 할 때만 유지될 수 있다.

이러한 생각을 그리스도교 신앙에도 적용해 보자. 그리스도교에서 부차적인 요소들을 제거한 후 그 중심에, 그곳에서 신앙을 통해 볼 수 있는 중요한 것에 대해 우리는 어떻게 말할 수 있을까? 그리스도교를 종교적 관습과 동일시했던, 그리고 하고 있는 많은 이(이들 중에는 명목상 그리스도교인도 포함된다)에게, 그리스도교 신앙을 가져야 할 이유에 대해 우리는 어떻게 이야기할 수 있을까?

중심에 있는 한 이름

이 질문에 모호한 답을 낼 필요는 없다. 이에 대해 어떠한 방법으로 접근하든 간에 답은 예수여야 한다. 그리스도교라는 말의 중심에 저 이름이 자리하고 있지 않다면 그리스도교에 대해 더는 논의할 이유가 없다. 이와 관련해 폴 틸리히는 그의 저술 중 가장 체계적인 저작에서 이야기했다.

그리스도교는 '그리스도'라고 불렸던 나자렛의 예수가 실제로 그리스도라는, 그가 만물의 새로운 상태를 가져온 이, 곧 새로운 존재라는 주장을 확증함으로써 그리스도교가 된다. 예수가 그리스도라는 주장이 울려 퍼지는 곳이라면 어디든 그리스도교의 메시지가 있다. 이 주장이 부인되는 곳이라면 어디든 그리스도교의 메시지는 없다.[5]

예수스 크리스토스 퀴리오스Ἰησοῦς Χρῆστος Κούριος, 즉 '예수 그리스도는 주님이다'라는 고백은 제자 공동체의 기본적인 고백, 신경 이전의 고백이다. 초기 그리스도교인들은 조용히, 은밀하게 이를 고백했다. 당시 주변의 모든 사람은 "황제가 주님이다!"라고 부르짖었기 때문이다. 예수의 이름을 전달하는 이가 있는 한, 그가 사랑받고 신뢰받는 한, 궁극적인 지위에 오르려는 다른 모든 중심(이는 '황제'로 대표되는 모든 세상의 권위뿐만 아니라 그리스도교의 성립 기간, 그리고 그 이후에 형성된 소중한 그리스도교 신조와 상징도 포함된다)은 그 정체가 폭로되고 강등된다. 그리스도교인에게는 문화, 경전, 도덕 체계, 교회, (어떠한 면에서는) 진리도 (틸리히의 표현을 빌리면) '궁극적 관심'이 될 수 없다.

예수스 크리스토스 퀴리오스Ἰησοῦς Χρῆστος Κούριος. 그리스도교인에게 이 이름은, 유대인에게 신명사문자처럼 무언가를 드러냄과

---

5 Paul Tillich, *Systematic Theology*, 2:97.

동시에 숨긴다. 이 이름은 궁극성을 주장하는 다른 모든 것을 부정하거나 상대화한다. 다른 모든 것(그중에서도 '종교적인 것')은 이 이름이 사랑하는 피조물들을 노예로 만든다. 그러나 주님은 사랑으로 피조물들을 다스리신다. 그분에게 묶임으로써 피조물들은 자유를 얻는다.

흥미로운 점은 그리스도교의 교세가 눈에 띄게 감소하는 상황에서도 그리스도교의 평판 자체가 나빠지지 않는 한 예수라는 인물은 남고, 오히려 더 두드러지는 모습을 보인다는 것이다. 활동과 가르침을 포함해 이 인물에게는 그리스도교인뿐만 아니라 자신을 그리스도교인으로 여기지 않는 이들까지도 끊임없이 주목하게 만드는 무언가가 있다.

물론 탈종교, 탈그리스도교 세계라는 상황에서 예수의 흔적이 언제까지 유지될 수 있을지 우리는 진지하게 물어야 한다. 이는 어쩌면 과거에 대한 향수에 지나지 않을 수도 있고, "신의 죽음을 애도하는" 허무주의나 무신론자들(그러나 이들은 이 사건에 수반해 일어나는 의미의 죽음과 마주하기를 꺼린다)을 억누르는 간편한 미봉책일 수도 있기 때문이다.[6] 종교성에 대한 20세기의 잔재를 넘어서기 위해서, 그러한 가운데 그리스도교의 중심에 있는 예수라는 이름에 관심을 기울이기 위해서는 나를 위한, 그리고 우리 인간을 위한pro me, pro nobis 저 이름에 담긴 의미를 감지할 수

---

[6] 사뮈엘 베케트Samuel Beckett의 구절.

있는 감각이 필요하다. 그리고 우리에게는 저 이름과 마주했을 때 우리 안에서 일어나는 무언가가 있다. 그리스도교 세계 이후 예수에 대한 의식이 어떻게 새로워졌는지, 혹은 갱신되었는지 알아보는 측면에서 이제부터는 최근에 나온 두 개의 글을 간략하게나마 살펴보려 한다.

다른 많은 그리스도교인처럼, 나는 두 저자의 문제의식에 공감한다. 노골적인 그리스도교 변증가들과는 달리, 이들은 그리스도교를 포함해 종교적 신념에 관한 기존의 변론이 다수의 현대인에게 특별한 호소력을 발휘하지 못한다는 사실을 잘 알고 있다. 또한 둘은 종교(및 유사 종교)와 관련해 여러 복잡다단한 사건들이 일어나고 있음에도 불구하고 오늘날은 근본적으로 전혀 종교적이지 않은 시대임을, 혹은 그러한 시대가 오고 있음을 통감하고 (종교가 아닌) 예수에게로 눈을 돌리고 있다는 점에서도 주목할 만하다.

나자렛 예언자, 예수

성공회 주교 리처드 할로웨이Richard Holloway는 널리 알려진 저작인 『의심과 사랑』Doubts and Loves: What Is Left of Christianity에서 그리스도교 세계의 흥망성쇠를 성찰한다. 이 책에서 그는 콘스탄티누스-테오도시우스 기간 그리스도교가 로마 제국의 지배 종교(결국 제국의 유일한 종교)로 확립된 것을 300년 동안 박해당하고 거부당한 신앙의 위대한 승리로 보는 전통적인 그리스도교 역사가들의 견해를 비판적으로 언급한다.

그리스도교 세계는 너무나도 영광으로 가득 차고 강력한 나머지, 바깥에 있는 한 사람을 잊어버렸다. 저 한 사람, 갈릴래아 출신의 농민은 저 세계의 권세에 움츠러들기를 거부했으며 이에 권세는 그를 십자가에 못 박아 죽였다. 그리고 이후에는 공식적으로 그와 그를 따르는 이들을 탄압했다.

지난 2세기 동안 그리스도교 세계는 굴욕을 당했고, 몇 가지 예외를 제외하면 웅장했던 과거의 그림자로 전락했다. 하지만 이로써 우리는 그리스도교가 진실로 무엇이었는지, 무엇인지를 더 잘 식별할 수 있게 되었다고 할로웨이는 말한다.

그리스도교 세계의 정치 및 신학적 구조가 무너진 이때, 우리는 다시금 수백 년간 쌓인 돌무더기와 먼지를 뚫고 나자렛 예언자의 분명한 모습을 볼 수 있게 되었다. 그러한 면에서 오늘날 우리는 이 상황을 반겨야 할지도 모른다.[7]

할로웨이의 모든 발언에 동의할 필요는 없다. 하지만 그리스도교 세계가 몰락한 뒤 그리스도교에 '남는 것'이 무엇인지 이름

---

[7] Richard Holloway, *Doubts and Loves: What Is Left of Christianity* (Edinburgh: Canongate, 2001), 172.

을 붙일 때, 내 식으로 말하면 그리스도교라는 개념 중심에 공간을 만들기 위해 그의 논의는 참고할 만한 충분한 가치가 있다. "돌무더기와 먼지", 달리 말하면 그리스도교의 주변적이고 부차적인 요소를 걷어내면 중심에 남은 공간에는 "나자렛 예언자" 예수라는 하나의 이름만이 있을 뿐이다, 우리는 그곳에 그 이름만을 남겨야 한다. 앞서 이야기했듯 이 이름은 우리가 신앙을 신앙으로 부를 수 있는 이유이자 그리스도교를 정의 내리기 위해 우리가 애써야 할 유일한 이유다. 왜 그 명사를 써야 하는가? 이 이름을 제외하면 결코 그리스도교를 설명할 수 없기 때문이다. 그러나 그것이 중심 공간에 예수 그리스도만 남겨야 할 진짜 이유는 아니다. 여기서 다루는 것은 의미론이 아니다. 그리스도교를 떠난 이들, 떠나고 있는 이들의 대열에 우리가 합류하지 않는 것은 '그리스도'와 '그리스도교'라는 말 사이의 지워지지 않는 연결 고리만큼 순전히 이론적인 문제 때문이 아니다. 우리가 그리스도교에 머무르고 있는 이유는 우리가 그의 실제 존재, 그의 말과 행동, 그의 삶과 죽음이 우리에게 너무나도 중요하고 여전히 우리를 사로잡기 때문이다. 우리는 주위를 둘러보며 기억할 수 있는 것을 기억하며 이 작은 행성에서 인간이라는 종이 어떻게 살았고 살고 있는지를 본다. 그리고 생각한다. '이 삶에는 결코 잊히지 않는 특별한 무언가가 있지 않을까? 삶을 살아가는 동안 마주하게 되는 여러 도전을 회피하지 않으면서 정직하게 응할 수 있는 방식이 있지 않을까?' 물론, 그럴 수 있다. 다른 삶이 있고 다른 삶을 살 수 있는 길이 있다. 역사적인 우연이든, 아니면 좀 더 헤아리기 어려운 방식을 통해서든 그 삶과 길을 보여준 이, 길이자 진리이자 생명인 이는 예수 그리스도이고 나는 결코 이 사실을 무시할 수 없다. 설령 내가 이에 끊임없이 저항한다 할지라도 말이다. 이 삶에서 나는 예수 그리스도를 보며 나 자신의 삶이 처한 난관 너머에 있는 길, 미래를 향하는 길을 엿본다.

그리스도교 세계의 종말과 점점 커져 가는 서구의 상실감에 대한 할로웨이의 반응에 던져야 할 질문이 있다. 과연 '나자렛의 예언자'가 찰스 테일러Charles Taylor가 '세속의 시대'secular age라고 부른 시대를 살아가는 이들이 '여전히 우리 가운데 있는 한 사람(예수 그리스도)'을 주목하게 할 만큼 충분히 설득력 있는 표현인가?

분명 교회는 2,000년에 걸쳐 예수의 인격(위격)과 활동을 숙고하며 이를 셋(왕, 사제, 예언자)으로 나누어 설명했다. (나를 포함해) 일부 신학자는 그리스도론과 구원론에서 그리스도의 삼중직 중 예언자 직분에 관한 논의가 가장 덜 발전되었다는 점에 불만을 표한다. 몇 가지 예외(이를테면 사회 복음)를 제외하면, 대부분의 기간 교회는 삼중직 중 예언자로서의 활동보다 사제이자 왕으로서의 활동에 더 초점을 맞추었다.

할로웨이 주교와 일부 학자들이 문제를 제기했듯, 이러한 현상이 예수의 예언자/선생으로서의 역할이 지닌 급진성과 어떠한 관련이 있는지 물을 수 있다. 이 역할은 그리스도교를 채택한 부유하고, 강력하고, 사제 중심적인 교회 및 제국주의 국가들에게 근본적인 의문을 제기하기 때문이다. 그럼에도 불구하고 그리스도교 전통에서 예수 그리스도의 인격(그리스도론)과 활동(구원론)을 논의할 때 그의 인간성 혹은 예언자적 활동에만 국한하지 않은 충분한 이유가 있었다. 공의회들의 복잡한, 그리고 우리에게는 잘 이해되지 않는 신학적, 철학적 여정과 초대 교회의 선언들, 중세 및 종교개혁가들의 신학까지… 이 모든 것을 이해하기 위한 실마리는 결국 나자렛 예수에 대한 신자들의 기억과 경험이다. 그들은 모두 이 한 사람이 독특한 방식으로 자신들을 궁극자, 절대자와 이어준다고 믿었다. 그들은 모두 세례자 요한이 예수에게 던진 질문과 같은 질문을 던졌다.

오시기로 되어 있는 분이 바로 선생님이십니까? 그렇지 않으면 우리가 또 다른 분을 기다려야 하겠습니까? (루가 7:19)

진실로, 궁극자(하느님)가 이 필멸하고 유한하며 특정한 한 사람에게 임하신 것일까? 그는 인간(심지어 참 인간 vere homo), 모범이 되고 진정성 있는, 강력한 인상을 남기는 인간이었다. 이를 믿기란 그리 어려운 일이 아니다. 그러나, 이 인간을 통해 위대한 예루살렘 전통의 창시자인 아브라함, 야곱(이스라엘), 모세, 예언자들에게 자신을 드러내신 것보다 비교할 수 없을 정도로 분명하게 하느님이 자신을 드러내셨다면 어떨까? 이 인간의 인간성에는 너무나도 밝게 빛나고 신비로운 무언가가 있어서 동시에 형언할 수 없는 신성을 드러낸다면 어떨까? 역사 속에서 그가 한 사람의 예언자였다는 사실을 받아들이기란 그리 어려운 일이 아니다. 하지만 예언이 그가 한 활동의 전부일까? 아니라면, 왜 그의 예언적인 가르침과 선언이 우리의 궁극적인 관심의 대상이 되어야만 하는 것일까?

초대 교회의 공의회들, 중세 스콜라 신학, 종교개혁 신학, 그리고 각 교파 선각자들의 주장들은 오늘날 우리 귀에 거슬리고, 지나치게 과장되어 보일지도 모른다. 하지만 그들의 작업은 왜 다른 누구도 아닌 예수에 온 관심을 기울여야 하는지 그 근본적인 이유를 규명하기 위해 분투한 산물이라는 것을 명심해야 한다. 그들은 예수를 신앙의 주춧돌이자 기초로 보아야 한다고, 그리스도 즉 (틸리히의 표현을 빌려 말하면) '새로운 존재'New Being, (본회퍼의 표현을 빌리면) '새로운 삶'을 가져온 이로 봐야 한다고 생각했다. 종교개혁가들과 몇몇 현대 신학자들의 논의까지를 포함해 고전적인 그리스도교 전통을 따르는 이들이라면 예수를 단순히 '나자렛 예언자'라고 보는 것은 그에 대한 충분한 설명이 되지 못한다고 생각할 것이다.

물론 예언자이자 선생, 그리고 새로운 인간성의 모범으로서 예수의 면모가 오랜 기간 방치되었다는 데는 많은 이가 동의할 것이다. 삼위일체 하느님의 한 위격, 그리고 그의 왕과 사제직에 관한 거대하고 복잡한 신학적 담론들이 쏟아지는 가운데 계시를 다양한 방식으로 이 땅에서 살아내 그 목적을 성취하는 이로서 예수의 예언자적 활동은 충분히 드러나지 못했다. 그러나 위격과 왕 및 사제직에 관한 논의 역시 그의 면모를 드러내기 위해 반드시 필요한 수단이었음을 잊어서는 안 된다. 그러나 앞(특히 4장)에서 이야기했듯 단순히 예수가 전한 말을 좋은 가르침으로, 예수를 여느 탁월한 인간과 같은 일종의 모범으로, 그의 활동을 단순히 선한 실천으로 간주해서는 결코 이 예언자의 말에 제대로 귀 기울일 수 없고, 그가 가르치는 바를 따라 살 수 없다. 이를 위해서 우리는 우리 자신을 돌이켜야 한다. 이는 하느님께서만 하실 수 있으며, 율법이 아닌 복음만 이룰 수 있다.[8]

단순한 그리스도교

2012년 「뉴스위크」Newsweek 부활절 판에 언론인이자 로마 가톨릭 신자인 앤드루 설리번Andrew Sullivan은 '위기의 그리스도교'Christianity in Crisis라는 장문의 글을 썼다.[9] 할로웨이보다 더 명료하게 그는 그리스도교의 핵심이 예수라고 주장했다. 교회와 전

---

[8] 최근 캐나다 공영방송Canadian Broadcasting Corporation에서 할로웨이 주교와의 대담을 방송한 적이 있다. 거기서 그는 자주 "…할 수 있다면 좋았을 텐데"라고 말했다. "우리가 이룬 지적인 성취와 긍정적인 측면을 본다면…"이라는 말도 자주 했다. 그의 접근은 앵글로-색슨인(특히 영국인)이 현실에 접근하는 방식의 전형이라 할 수 있다. 달리 말하면 그는 인간에 대해 펠라기우스적인 견해를 보인다. "우리는 변화할 수 있습니다. 그러므로 변화합시다!" 하지만 펠라기우스를 반박하며 아우구스티누스는 말했다. "문제는 우리가 그럴 수 없다는 것이지요." 나는 아우구스티누스의 편이다.

[9] Andrew Sullivan, 'Christianity in Crisis', *Newsweek*, April 2, 2012.

통에 관한 그의 논의는 다소 혼란스럽고 모순을 일으키는 부분
도 있지만 그가 독자들에게 전하려는 메시지는 분명하다.

정치인들, 사제들, 그리고 부유해진 복음주의자들이 그리스도
교를 파괴하고 있다. 이들은 무시하라. … 그리고 예수를 껴안
아라.

설리번의 글에는 오늘날 사회, 그리고 그리스도교에 대해 다
시 한번 생각해 보게 하는 인상적인 구절이 많이 있다.

그리스도교는 권력을 내려놓아야 한다. 권력이 효과적으로 발
휘되기 위해서는 필연적으로 폭력을 수반하기 때문이다.

로마 가톨릭 교회는 1968년 교황 바오로 6세Paul VI가 일방적으
로 피임을 금지한 뒤 미국 신자들에게 그 권위를 상당 부분 잃
었다.

오랜 기간 종교적인 절제를 강조했던 주류 개신교 교회들은 지
난 50년간 급격하게 쇠퇴했다. 이 틈을 타 복음주의 개신교가
세를 확장했지만 이는 그 나름대로 심각한 문제를 안고 있다.
복음주의 개신교는 근대성에 대한 혼란스러움, 그리고 비정형
의 타자에 대한 두려움을 반영한다.

이러한 위기를 맞이한 가운데 젊은이들 사이에서 가장 빠르게 성장한 신념이 무신론이라는 것은 그리 놀라운 일이 아니다. … 또한 많은 사람이 제도화된 그리스도교를 외면하고 '영성'을 지향한다는 것도 그리 충격적인 일은 아니다.

제도화된 그리스도교의 위기에 대한 설리번의 해결책은 토머스 제퍼슨Thomas Jefferson, 아씨시 프란시스코, 그리고 아일랜드 출신인 그의 할머니가 옹호했던 그리스도교로 돌아가는 것이다. 그의 글에는 '단순한'simple이라는 표현이 자주 등장한다. 제퍼슨을 인용하며 설리번은 말한다.

우리는 우리의 목소리를 줄이고 '단순한' 복음, 더 나아가 예수의 말만 선택해 이에 귀 기울여야 한다. … 진흙탕에서 보석을 찾듯 말이다. … 제퍼슨은 바로 이러한 그리스도교, 좀 더 단순하고 순수하며 비정치적인 그리스도교를 꿈꿨다. … 21세기미국에서 그리스도교는 너무나도 심각하게 정치화되었다. 우리의 정치 영역은 종교로 물들어 있다.

이와 달리 "제퍼슨은 예수의 가르침의 핵심에는 지극히 단순한 가치가 있음을 발견했다". 그는 성육신 교리, 부활, 그리고 다양한 기적들을 복음서에서 벗겨내면 예수의 가르침만이 남으며 그것이야말로 가장 심원한 기적이라고 생각했다. 그리고 그

가르침은 철저하게 단순했다. 예수는 엄청나게 복잡한 신학 교리가 아니라 이야기, 비유, 은유를 활용해 자신의 가르침을 전했다. 그리고 정당하지 못한 처형에 기꺼이 응함으로써 그는 자신의 가르침을 스스로 실현했다. 설리번에 따르면 여기서 핵심은 십자가가 아니다. 그가 그 와중에 얼마나 극심한 고통을 겪었느냐는 것도 그리 중요한 문제는 아니다. 핵심은 그가 자신이 가르친 바대로, 자신이 받은 하느님의 명령을 따라 삶을 살았다는 것이다. 그는 불의한 상황 가운데서도 침착을 잃지 않았고, 다른 이들을 사랑했고, 하느님의 명령에 철저하게 순종했다(그렇다면 십자가에서 아버지를 향해 왜 자신을 버렸냐고 울부짖은 대목은 어떻게 보아야 할까?).

설리번의 이야기는 (단) 한 가지 이유에서 공감할 만하다. 즉 그리스도교인들이 돌아가야 할 그리스도교의 핵심, 현실 그리스도교의 모습을 보고 "이것은 참된 그리스도교가 아니야"라고 말하는 많은 이가 돌아가야 할 그리스도교의 핵심은 바로 예수라는 주장이다. 이 점에서만큼은 설리번의 견해가 옳다. 예수란 그리스도교의 중심에 있어야 할 단 하나의 이름이다. 이 이름은 그것을 자신의 목적에 이용하는 이들의 온갖 부패와 어리석음, 추문으로 지워지거나 훼손되지 않는다. "오늘날 끊임없이 재잘대는 영혼들의 불안 가득한 삶, 후기 자본주의 체제 아래 계속해서 밀려드는 공허함", "정신을 산만하게 만드는 문화", "종말을 가져올 것만 같은 전쟁의 위협"에도 불구하고 그리스도교는 여전히 살아남아 "머리나, 내장이 아니라 영혼에서 나와 … 조용히 (인류를) 해방"시키고 있다. 예수를 통해 이러한 움직임은 여전히 계속되고 있다. 그렇기에 설리번은 전망한다. "언젠가 정치와 교리와 교만이 물러나면, 그리스도교는 다시 떠오를 것이다."

마지막 표현에 담긴 기이한 유토피아주의(오늘날 현실 그리스도교에 이토록 냉소적인 태도를 보이는 이가 미래에는 이토록 낙관적인 태도를 보인다는 것은 기이한 일이다)는 논외로 하더라도 설리번의 전망에는 심각한 결함이 있다. 그리고 이는 비단 설리번의 논의에서만 발견되는 문제는 아니므로 여기서 진지하게 논의할 필요가 있다. 재치 있는 풍자를 제외하면 설리번의 생각은 그다지 독특한 생각이 아니다. 이 생각에는 두 가지 문제점이 있다.

우선 설리번은 순수하고 비정치적인 예수, 프란치스코, 제퍼슨을 옹호하고 권력을 지향하고 부패한 교회를 비판한다. 그는 암묵적으로 예수만 신실하게 따를 수 있으면(과연 그럴 수 있을까?) 교회라는 공동체는 아무래도 좋다고 이야기하는 듯하다. 물론 (5장에서 이야기했듯) 그리스도교는 교회가 아니다. 그러나 눈에 보이는, 온갖 가치가 뒤엉킨, 마냥 신실하지 않은 교회를 마냥 무시할 수 없으며 무시해서도 안 된다. 심지어 제퍼슨처럼 예수의 "순수하고, 귀한 도덕적 가르침"을 그리스도교의 중심으로 여기는 신자라 할지라도 이와 비슷한 생각을 나누는 이들이 생기면 교회가 형성될 수밖에 없다. 좀 더 커다란 문제는 앤드루 설리번이 예수에 대한 개인의 신앙을 치켜세우는 반면 그리스도교 공동체의 정치적 행동에 대해서는 지나친 혐오감을 보인다는 것이다. 일정한 신학적 기반을 두고 있는 다른 공동체, 집단이 그러하듯 교회 또한 정치적인 성격을 지니고 있음을 그가 충분히 의식하지 못하는 것이 아닌가, 그리고 부러 신앙을 사적인 영역으로만 한정하는 것이 아닌가 의구심이 든다.

그다음 문제는 예수가 전한 가르침의 단순함과 구원 가능성에 대한 설리번의 견해가 지나치게 안이하다는 것이다. 설사 예수의 가르침이 단순할지라도(실제로는 결코 그렇지 않지만) 우리는 단순하지 않다. 개인적인 차원에서나 집단적인 차원에서나 선과 악이 복잡하게 얽혀 있는 인간은 단순히 예수를 모방하라는 권고, 가르침을 따르라는 권고로는 결코 바뀌지 않는다. 자기 자신을 정직하게 대면한 이라면 바울처럼 고백할 수밖에 없다.

> 나는 내가 원하는 선한 일은 하지 않고, 도리어 원하지 않는 악한 일을 합니다. (로마 7:19)

4장에서 말했듯 그리스도교는 도덕 체계로 축소되어서는 안 된다. 사보나롤라Savonarola에서 설리번에 이르는 도덕주의자들의 이야기대로 예수 그리스도에 대한 신앙이 그리스도를 단순히 모방하는 것으로만 환원된다면, 이는 오직 자기 자신(자신이 지닌 갈망의 깊이와 복잡함)을 충분히 알지 못하는(혹은 알 수 없는) 이들에게만 호소력을 발휘할 것이다. 설리번의 문제의식은 눈여겨 볼 만한 측면이 있으나 그리스도교 신앙을 도덕적 이상주의로 축소, 혹은 환원해버린다는 커다란 문제가 있다. 이는 현실 그리스도교를 비판하고 대안을 제시하는 이들에게 흔히 발견되는 문제다. 타락한 인류에게 (자신을 가장 정직하게 직면했을 때, 그리하여 개방성을 갖게 되었을 때) 진실로 필요한 것, 그리고 인류가 애타게 고대하는 것은 법이 아니라 복음이다. 예수가 십자가에서 보여준 "침착을 잃지 않았고, 다른 이들을 사랑했고, (하느님의 명령에) 철저하게 순종"한 모범이 복음은 아니다. 설리번은 핵심을 놓쳤다. 핵심은 "십자가"다. 거기에 복음이 있다.

중심, 그 공간에 있는 한 얼굴

그리스도교의 중심, 그 공간에 한 이름이 있다는 것을 아는 것만으로는 충분하지 않다. (앞에서 보았듯) 우리는 그 이름에 우리의 감상주의, 도덕적 이상주의를 붙이고 이를 종교적으로 활용한다. 그러나 저 이름이 실제로 향하는 것은 우리 인간의 가장 깊고, 가장 심오하고, 가장 추하고, 가장 비극적인 차원이다.

이 이름에는 반드시 얼굴이 있어야 한다. 하지만 그 얼굴이 지혜롭고 윤리적인 교사의 얼굴, 예언자의 얼굴이기만 할 수는 없다. 우리가 이끌리게 되는 이 얼굴은 우리의 얼굴을, 그리하여 우리의 모습을 안다. 우리의 허물을 알고 우리가 흙에서 나와 흙으로 되돌아가는 존재임을 안다. (헨리 데이비드 소로Henry David Thoreau의 표현을 빌려 쓰자면) "조용한 절망" 가운데 살아가는 우리의 모습을 가장 정확하게 보여주는 그림은 아마도 에드바르 뭉크Edvard Munch의 《절규》Scream일 것이다.[10] 이 작품의 중심에 있는 얼굴은 지금 여기를 살아가는 우리의 얼굴이다. 이에 앤드루 설리번 같은 이들은 북미 개신교 대다수 교회 예배당을 장식한 워너 샐먼Warner Sallman의 《그리스도의 얼굴》Head of Christ(전형적인 백인 젊은 남성으로 예수를 그린 대표적인 작품), 혹은 하인리히 호프만Heinrich Hoffman의 《게쎄마니 동산의 그리스도》Christ in the Garden of Gethsemane(마찬가지로 전형적인 백인 젊은 남성 예수가 게쎄마니 동산에서 기도하고 있는 장면을 그린 그림)을 예수의 얼굴로 제시한다. 이 그림은 신자들의 경건한 마음을 북돋울 수는 있겠으나 죄인들에게는 아무 말도 하지 않는다. 세상만사가 아름답고 빛난다고 느끼는 이들, 절제와 금욕의 군사들에게는 자극을 줄 수 있지만 가난한 이들을 위한 정의를 추구하는 이들, 질병을 치유하기 위해 애쓰는 이들에게는 어떠한 도전도 되지 않는다. 예수 그리스도를 시각적으로 표현한 작품은 예수 그리스도에 대한 고백보다 훨씬 더 '종교'에 물들어 있다. 달리 말하면 인간의 종교성을 고양하되 저속하고 얕다. 이 그림들은 동산에서 홀로 "고뇌"에 잠긴 채, "땀이 핏방울이 되어서 땅에 떨어" 질 정도로 기도하는

---

10 뭉크의 대표작인 이 그림의 네 번째 판은 최근 1억 2천만 달러에 거래되었다. 언론인과 역사가들은 이 작품을 레오나르도 다빈치의 《모나리자》에 이어 두 번째로 대중적인 사랑을 받는 작품으로 꼽았다. 물론 이를 객관적인 지표라 할 수는 없다. 그러나 적어도 무수한 현대인이 인간이 처한 조건을 드러낸 이 작품에 매력을 느낀다는 것은 알 수 있다.

이를 보여주지 않는다(루가 22:44 참조, 이를 "침착함을 잃지 않았고, 다른 이들을 사랑했고, 하느님의 명령에 철저하게 순종" 하는, 높은 도덕을 보여주는 모범의 한 사례로 보기는 힘들다).

우리에게 필요한 얼굴은 샐먼이나 호프만, 혹은 르네상스 화가들이 그린 영광스러운 그리스도의 얼굴이 아니라 렘브란트 Rembrandt의 그리스도다.[11] 그리스도교의 중심으로 정직한 인간의 관심을 향하게 해줄 수 있는 그리스도의 형상imago christi은 우리가 인간이 처한 모든 현실이 지닌 끔찍한 어둠과 아름다운 빛, 인간의 절망 어린 모습과 갈망하는 모습에 담긴 진실을 보게 해준다. 그리스도께서 우리가 처한 곤경(하이데거의 말을 빌리면 "죽음을 향하는 존재"Sein-zum-Tode)을, 우리가 사랑의 영원한 배신자라는 사실을, 우리가 절망이라는 말을 할 수 없을 정도로 절망 속에 살아간다는 사실을 나눌 수 없다면, "이 죽음의 몸"에 참여할 수 없다면 우리를 이 속박에서 해방시킬 수 없을 것이다.

---

[11] 예를 들어, 렘브란트의 그림 중 루가 복음서 22:43~44를 그린 《게쎄마니 동산의 고뇌》Agony in the Garden(1657년경)는 렘브란트의 그리스도 이해를 가장 잘 보여주는 작품이라 할 수 있다. 20세기 위대한 교회 일치 운동가인 W. A. 피서르트 호프트W. A. Visser 't Hooft는 널리 알려지지는 않았지만, 렘브란트에 관한 탁월한 책을 남겼다. 책에서 그는 말했다. "루터는 영광의 신학과 진정한 십자가 신학을 분명하게 구분했다. 그에 따르면 영광의 신학은 고난보다 행위를, 십자가보다 영광을, 약함보다 능력을, 어리석음보다 지혜를, 선함보다 악을 선호한다. 하지만 십자가 신학은 십자가의 수난과 어리석음을 통해 하느님을 바라본다. 영광과 위엄으로는 하느님을 온전히 알 수 없다. 우리는 렘브란트의 십자가 그림에서 이와 유사한 인식을 엿볼 수 있다." W. A. Visser 't Hooft, *Rembrandt and the Gospel* (London: SCM, 1957), 115~116.

결론을 시작하며 나는 지금은 세상을 떠난 일본의 그리스도교 소설가 엔도 슈사쿠Endo Shusaku의 탁월한 소설 『침묵』Silence에 나오는 구절을 인용했다. 그는 '하느님의 아픔'으로 널리 알려진 신학자 기타모리 가조Kitamori Kazoh에게 많은 것을 배웠다. 역사적 사실을 바탕으로 쓴 이 작품에서 엔도는 오늘날 신앙이 발견하고, 발견해야 할 그리스도교의 중심 공간에 있는 얼굴, 성서에서 증언하는 바로 그 얼굴(그리스도의 수난passio Christi)을 내가 아는 어떤 소설보다도 탁월하게 형상화했다. 물론 십자가의 복음에 대한 이해를 도와주는 원천은 많다. 이스라엘의 예언서, 복음서와 바울 서신들, 아우구스티누스와 루터, 키에르케고어의 저작들, 그리고 몇몇 현대 신학자와 문필가들의 저작들까지 … 이들은 모두 (내 첫 주요 신학 저작에서 쓴 표현을 빌리면) 십자가의 신학theologia crucis이라는 '희미한 전통'을 대변한다.[12] 하지만 여기서는 이를 좀 더 생생하고 선명한 언어로 표현하는 데 관심이 있으므로(지난 40년 동안 나는 이 작업에 끊임없는 관심을 기울였다) 엔도 슈사쿠의 독특하고 매혹적인 이야기를 살피는 것이다.[13]

『침묵』은 간단히 말하면 어느 젊고 독실한 예수회 사제에 관한 이야기다. 포르투갈에서 태어나 예수회 사제가 된 세바스티

---

[12] Douglas John Hall, *Lighten Our Darkness: Towards an Indigenous Theology of the Cross* (Philadelphia: Westminster, 1976).

[13] 『침묵』에 대한 좀 더 상세한 분석을 보고자 하는 이는 다음을 보라. Douglas John Hall, 'Theological Reflections on Shusaku Endo's *Silence*', *Interpretation* 33/3(1979), 254~267.

앙 로드리고 신부는 예수회에서 추구하는, 예수를 향한 순수하고 성실한 헌신의 모범이 되는 인물이다. 그는 경건하게 예수를 예배한다. 그의 정신과 마음에는 그리스도의 얼굴, 그리스도가 누구인지에 대한 분명한 상이 자리 잡고 있다. 그 얼굴은 널리 알려진 예수 그림들이 그러하듯 순수하게 아름다운 모습을 지니고 있다.

> 씩씩하고 마음 든든한 얼굴 … 저는 그 얼굴에 애정을 느낍니다. 남자가 그의 연인의 얼굴에 끌리듯이 저는 그리스도의 얼굴에 언제나 마음이 끌립니다.[14]

그러나 여기에는 문제가 하나 있다. 그 얼굴은 젊은 신부에게 아무 말도 하지 않는다는 것이다. 이때 로드리고 신부가 그린 예수의 얼굴은 순전히 그가 주관적으로 그린 모습일 뿐이다. 일본의 통치자들은 예수회의 선교를 막으려 끔찍한 탄압을 가한다. 그리고 "일본이라는 늪지대"에 뿌리를 내리지 못하는 종교, '수입 종교'에 저항하는 차원에서 로드리고를 감금한다. 그들은 로드리고 앞에 예수의 모습이 새겨진 청동판(후미에踏み絵: 밟는 그림)을 내놓은 다음 자신의 신앙을 버렸음을 입증하는 차원에서 청동판의 얼굴을 짓밟으라고 명령한다. 그들은 그러한 방식으로

---

[14] Endo, *Silence*, 46.

다른 선교사들을 회유하고 있었다. 물론 로드리고에게 이는 배교를 뜻했다. 청동판 속 예수의 얼굴은 전혀 아름답거나 씩씩하지 않으며, 마음을 든든하게 해주는 얼굴도 아니다. 그 얼굴은 수백 명의 배교자에게 짓밟혀 닳아 없어지고 오그라져 있다.

자신의 신앙과 교회의 명예를 수호하기 위해 로드리고 신부는 후미에를 거부한다. 그러나 한때 그리스도교 신앙을 가졌으나 여러 차례 배교한 농부 세 명이 구덩이에 머리를 박고 힘겹게 숨을 쉬고 있다는 이야기를 듣는다. 로드리고가 계속 후미에를 거부하면 농부들은 죽음을 맞이할 것이다. 로드리고 개인의 승리가 그들에게는 죽음인 것이다. 끔찍한 선택의 갈림길 앞에서 사제는 고뇌한다. 이윽고 발을 움직이려 하자 그는 무거운 통증을 느낀다. 그런데 바로 그 순간, 청동판의 닳고 일그러진 얼굴, "흠모할 만한 아름다운 모습"이란 조금도 없는 그 얼굴(이사 53:2 참조)에서 절망에 빠진 젊은 사제는 어떤 목소리, 아니 그리스도의 목소리를 듣는다. 이제 그는 침묵하지 않는다.

동판에 새겨진 그리스도는 신부에게 말했다.
"밟아라. 밟아라. 네 발의 아픔을 내가 제일 잘 알고 있다. 나는 너희에게 밟히기 위해 이 세상에 태어났고, 너희의 아픔을 나누기 위해 십자가를 짊어진 것이다."[15]

---

[15] 위의 책, 271.

폴 틸리히는 "새로운 형태의 그리스도교"를 기대하고 준비해야 한다고, 그 요소들이 무엇인지 설명할 수는 있지만 "아직 이름을 붙일 수는 없다"고 말했다.[16] 이 위대한 선생의 지혜로운 말에 나는 이 말을 덧붙이고 싶다. 틸리히가 저 말을 남긴 지 50년이 흘렀지만 우리는 여전히 새로운 형태의 그리스도교가 무엇인지 확신할 수 없다. 그러나 적어도 무엇이 되지 않을 것이고, 무엇이 되어서는 안 되는지는 분명해졌다. 미래의 그리스도교는 승리주의적 그리스도교, 과거 그리스도교 세계를 좇는 제국주의적 종교일 수는 없다. 시간이 흐르면서 많은 "종교적 껍데기"와 찬란하고 웅장한 전망은 사라졌고, 점점 더 위계의 최상단에서 내려온 우리 인간에게 진정으로 남아 있는 것이 무엇인지도 점점 더 명확해지고 있다. 여전히 우리는 도래할 그리스도교에 이름을 붙일 수 없다. 그러나 우리는 그리스도교가 어떤 이름을 가져야 할지에 대해 예전보다 더 분명하게 알고 있다. 오늘날 인류와 이 작고 푸른 행성이 처한 곤경, 그 얼굴을 정직하게 마주한다면, 이 혼란과 위협, 공허한 약속들로 가득 찬 이 세상에서 그리스도교가 그 이름을 이야기해야 한다면, 그 이름이 전해야 하는 얼굴은 "십자가에 달리신 그리스도"(1고린 1:23)의 얼굴이다.

---

[16] Paul Tillich, *The Protestant Era* (Chicago: University of Chicago Press, 1948), xxii (author's introduction).

나가며

이 지식이 내게 너무 기이하니

높아서 내가 능히 미치지 못하나이다. (시편 139:6)

부정 신학과 관련해 한 가지 덧붙일 이야기가 있다. "이해할 수 없다"는 고백은 이해라는 과제에 몸과 마음을 다하고 나서만 할 수 있다. 이해하지 못함의 전제는 이해를 위한 깊은, 그리고 기나긴 탐구다. 달리 말하면, 부정의 감수성은 앎에 관한 긍정을 배경으로 한다. 대학교에 갓 입학한 신입생이 성서가 진리가 아니라고 주장하는 것과 성서를 통해 (성서가 가리키는) 살아 있는 말씀에 관한 무언가를 엿본 뒤 일평생 성서 연구에 매진한 학자가 성서가 진리가 아니라고 이야기하는 것은 전혀 다른 문제다.

내 생애 마지막 저작이 될 이 책은 그전까지 쓴 20여 권의 책 (그리고 그보다 더 많은 논문) 속에서 일어난 실존적 투쟁을 전제로 한다. 신학을 시작한 이래 나는 늘 아우구스티누스의 현명한 지시를 따르려 애썼다. '나는 이해하기 위해 믿는다.' 이해는 신앙을 전제한다. 신앙(참된 신앙!)이 있다면 당신은 이해하려 노력하게 될 것이다. 쉽게, 혹은 너무 빨리 포기하지 않을 것이며 브니엘에서 야곱이 신비로운 존재와 겨루었듯 이해의 천사와 겨루게 될 것이다. 천사가 축복을 베푼다면 (하느님의 은총에 따라) 당신은 어느 정도 필요한 만큼 단편적인 앎을 얻게 될 것이다. 하지만 신비로운 존재와 겨루고 난 뒤 야곱이 절뚝거리며 걷게 되었듯, 당신은 앎을 위해 분투하는 가운데 절뚝거리게 될 것이다. 그리고 당신이 얻게 된 미약한 앎은 지속적으로 당신이 지닌 앎의 한계를 상기시켜줄 것이다. 이러한 맥락에서 부정 신학은 긍정 신학을 깊게 파고든 결과, 신실하게(그리고 끈질기게) 추구한 결과라 할 수 있다. 그리스도교에 관한 오해들에 대한 나의 지적이 그러한 견해를 쉽게 무시하는 계기가 되거나, 그러한 견해를 가진 이들에 대한 경멸을 정당화하는 수단이 되지 않기를 바란다. 나의 지적은 신앙의 핵심에 있는 신비와 관련해 내가 가진 앎은 정말 미미하고 초라하다는 사실을 깨달은 데서 나온 것이기 때문이다. 그럼에도 불구하고, 이 앎은 아무리 빈약하다 할지라도 신앙을 통해 얻을 수 있는 지혜란 너무 "높아서 내가 능히 미치지 못"한다는 것을 깨닫게 할 만큼 심오했다. 84세에, 나는 44세였을 때는 알지 못했던 것을 알게 되었다. 지금 내가 알지 못하는 것을 더 잘 알기 위해서는 아마도 20년은 더 살아야 할 것이다. 예수를 통해 알려진 것과 관련해 내가 알고 있는 것은 정말 작고도 미미하다. 어쩌면 그리스도교 전체 역사는 너무나도 깊고 눈부신 저 계시를 파악하기 위해 미약한 영혼들이 서툴게나마 시도한 노력의 역사에 지나지 않을지도 모른다. "예수 그리스도 곧 십자가에 달리신 그분"(1고린 2:2)을 이해하기 위해 그리스도교인들은 2천 년 동안 노력을 기울였고 일정한 흔적을 남겼다. 대다수는 엉망진창이었고 어떤 흔적은 평범하기 그지없으며 어떤 흔적은 흐릿하게나마 빛을 머금고 있다. 하지만 저 빛, 깊이에 "능히 미치지"는 못한다. 그러므로 카렌 암스트롱이 "부정의 침묵"apophatic reticence이라 부른 것을, 종교에 관해 이야기할 때면 세련된 현대인들이 으레 들이미는 불가지론과 혼동해서는 안 된다. 이는 "언어라는 굴레를 넘어선 '타자성'을 마주했을 때 나오는 전율과 경이"의 표현이다.[1]

여기서 또 다른 말을 하나 붙여야겠다. 부정의 침묵을 낳는 알 수 없고 말할 수 없는 타자성에 대한 깨달음이 이해를 위한 노력을 가로막는 구실이 되어서는 안 된다. 이는 젊든 나이가 들었든 신학을 하지 못하게 하는 이유가 될 수는 없다. 오늘날 교회에는 이미 신학에 대한 회의론(언젠가 칼 바르트는 이를 "신학을

---

[1] Karen Armstrong, *The Case for God* (New York: Knopf, 2009), 320. 『신을 위한 변론』(웅진지식하우스)

부끄러워하는 소아병"이라고 부른 바 있다)이 지나치게 만연해 있다. '진리는 정의에 저항하고 이를 넘어선다'는 결론이 전제로 바뀌면 안 된다. 하느님과 하느님께서 하시는 일들에 대한 부정 신학적 사고는 우리가 믿는 것에 대한 더 깊은 이해를 추구하는 제자도에 지속적으로 헌신할 때만(그 과정에서 불가피하게 좌절을 맛본다 할지라도) 신뢰할 수 있다.

+++

이해를 추구하는 제자도에서 가장 중요한 것은 그리스도교 공동체의 삶의 핵심인 신앙에 관해 지속적인 대화를 나누는 것이다. 이 책 또한 많은 이들이 내 이야기를 듣고 응답해주었기에 나올 수 있었다. 이 과정에 참여해 준 모든 이의 공헌을 기억한다. 서론과 1, 2, 4장의 초고는 2006년 밴쿠버 신학교에서 카예 강연Kaye Lectures에서 발표했다. 이후 나는 이 원고를 호놀룰루 크로스로드 교회, 마이애미 플리머스 회중 교회, 루터교회 시노드에서 주최한 바이버그 강연Byberg lectures에서 발표하기 위해 다듬었다. 이 모든 강연에 대한 (솔직한 비평을 포함한) 반응에서 나는 많은 도움을 받았다. 하지만 현재 내용은 전면적인 수정을 거친 결과물이며 서론 대부분과 바치는 글, 3, 5, 6장과 결론은 완전히 새로운 내용임을 밝혀둔다.

더글라스 존 홀D.J.H.

참고 문헌

Augustine. *The Confessions of Saint Augustine.* New York: Modern Library, 1949. 『고백록』(경세원)

Armstrong, Karen. *The Battle for God.* New York: Knopf, 2000.

―――. *The Case for God.* New York: Knopf, 2009. 『신을 위한 변론』(웅진지식하우스)

Bachman, E. Theodore. *Introduction to 'A Brief Instruction on What to Look for and Expect in the Gospels' In Luther's Works.* Philadelphia: Muhlenberg, 1960.

Barth, Karl. *Anselm: Fides Quaerens Intellectum.* 1960. Reprinted, Pittsburgh: Pickwick Publications, 1975. 『이해를 추구하는 믿음』(한국문화사)

―――. *Church Dogmatics, I/1: The Doctrine of the Word of God, Part One.* Edinburgh: T. & T. Clark, 1936. 『교회교의학 I/1』(대한기독교서회)

―――. *Church Dogmatics, I/2: The Doctrine of the Word of God, Part Two.* Edinburgh: T. & T. Clark, 1956. 『교회교의학 I/2』(대한기독교서회)

―――. *Deliverance to the Captives.* 1961. Reprinted, Eugene, OR:

Wipf & Stock, 2010.

————. *Dogmatics in Outline.* London: SCM, 1949. 『교의학 개요』
(복 있는 사람)

————. *Church Dogmatics: Selections.* Edited by Helmut Gollwitzer.
1961. Reprinted, Louisville: Westminster John Knox, 1994.

Bennett, John C. *The Radical Imperative: From Theology to Social
Ethics.* Philadelphia: Westminster, 1975.

Berger, Peter L. *The Noise of Solemn Assemblies: Christian Commitment
and the Religious Establishment.* Garden City, NY: Doubleday,
1961.

Berkhof, Hendrikus. *Christian Faith: An Introduction to the Study of
Faith.* Grand Rapids: Eerdmans, 1979. 『교의학 개론』(크리스천다
이제스트)

Bonhoeffer, Dietrich. *Letters and Papers from Prison.* Edited by
Eberhard Bethge. London: SCM, 1953. 『저항과 복종』(대한기독교
서회)

Calvin, John. *Institutes of the Christian Religion.* Philadelphia:
Presbyterian Board of Christian Education, 1936. 『기독교 강요 상,
중, 하』(크리스천다이제스트)

Chesterton, G. K. *St. Francis of Assisi.* Garden City, NY: Image, 1957.

Clark, Kenneth. *Civilization: A Personal View.* Harmondsworth, UK:
Penguin, 1982. 『예술과 문명』(문예출판사)

Dowland, Seth. *The Encyclopedia of Protestantism.* New York:
Routledge, 2004.

Ebeling, Gerhard. *Luther: An Introduction to His Thought.*

Philadelphia: Fortress, 1970.

Ellul, Jacques. *Living Faith*: *Belief and Doubt in a Perilous World*. San Francisco: Harper & Row, 1983.『의심을 거친 믿음』(대장간)

Endo, Shusaku. *Silence*. Tokyo: Sophia University, with Rutland, VT: Tuttle, 1969.『침묵』(홍성사)

Hall, Douglas John. *Imaging God*: *Dominion as Stewardship*. 1986. Reprinted, Eugene, OR: Wipf & Stock, 2004.

———. *Lighten Our Darkness*: *Towards an Indigenous Theology of the Cross*. Philadelphia: Westminster, 1976.

———. *The Messenger*: *Friendship, Faith, and Finding One's Way*. Eugene, OR: Cascade Books, 2011.

———. *Remembered Voices*: *Reclaiming the Legacy of "Neo-Orthodoxy*. Louisville: Westminster John Knox, 1998.

———. "Theological Reflections on Shusaku Endo's Silence." *Interpretation* 33 (1979) 254~267.

———. *Thinking the Faith*: *Christian Theology in a North American Context*. Minneapolis: Augsburg, 1989.

———. *Waiting for Gospel*: *An Appeal to the Dispirited Remnants of Protestant "Establishment."* Eugene, OR: Cascade Books, 2012.

Holloway, Richard. *Doubts and Loves*: *What Is Left of Christianity*. Edinburgh: Canongate, 2001.

Jenkins, Philip. *The Next Christendom*: *The Coming of Global Christianity*. Oxford: Oxford University Press, 2002.『신의 미래』(도마의 길)

Kepler, Thomas S., editor. *The Table Talk of Martin Luther*. New York:

World, 1952.『탁상 담화』(컨콜디아사)

Kerr, Hugh Thomson, editor. *A Compend of Luther's Theology.* Philadelphia: Westminster, 1943.

Lehmann, Paul L. *Ethics in a Christian Context.* New York: Harper & Row, 1963.『기독교 사회윤리 원론』(대한기독교출판사)

Lindbeck, George A. *The Nature of Doctrine: Religion and Theology in a Postliberal Age.* Philadelphia: Westminster, 1984.

McFague, Sallie. *Life Abundant: Rethinking Theology and Economy for a Planet in Peril.* Minneapolis: Fortress, 2001.『풍성한 생명』(이화여자대학교출판문화원)

Mead, Sydney. *The Lively Experiment: The Shaping of christianity in America.* New York: Harper & Row, 1963.

Niebuhr, H. Richard. *Christ and Culture.* New York: Harper, 1951.『그리스도와 문화』(IVP)

Niebuhr, Reinhold. *An Interpretation of Christian Ethics.* New York: Harper, 1935.『기독교 윤리의 해석』(종문화사)

———. *The Nature and Destiny of Man.* 2 vols. New York: Scribner, 1953.『인간의 본성과 운명 I, II』(종문화사)

Rahner, Karl. *Mission and Grace: Essays in Pastoral Theology.* Vol. 1. London: Sheed & Ward, 1963.

———. *The Practice of Faith: A Handbook of Contemporary Spirituality.* New York: Crossroads, 1983.

Rasmussen, Larry L., with Renate Bethge. *Dietrich Bonhoeffer: His Significance for North Americans.* Minneapolis: Fortress, 1992.

Richardson, Alan, editor. *A Theological Word Book of the Bible.*

London: SCM, 1950.

Ruether, Rosemary Radford. *Faith and Fratricide: The Theological Roots of Anti-Semitism.* 1974. Reprinted, Eugene, OR: Wipf & Stock, 1996.『신앙과 형제 살인』(대한기독교서회)

―――. *Gaia & God: An Ecofeminist Theology of Earth Healing.* San Francisco: HarperSan-Francisco, 1992.『가이아와 하느님』(이화여자대학교출판문화원))

Sayers, Dorothy L. *The Man Born to Be King: A Play-cycle on the Life of Our Lord and Saviour Jesus Christ.* 1943. Reprinted with a new introduction by Ann Loades, Eugene, OR: Wipf & Stock, 2011.

Scherer, Paul. *For We Have This Treasure.* The Yale Lectures on Peaching, 1943. New York: Harper, 1944.

Tillich, Paul. *On the Boundary: An Autobiographical Sketch.* New York: Scribner, 1966.『경계선 위에서』(동연)

―――. *The Protestant Era.* Chicago: University of Chicago Press, 1948.『프로테스탄트 시대』(대한기독교서회)

―――. *The Shaking of the Foundations.* New York: Scribner, 1948. 『흔들리는 터전』(뉴라이프)

―――. *Systematic Theology.* 3 vols. Chicago: University of Chicago Press, 1951, 1957, 1963.『조직신학』(한들)

Uchimura, Kanzo. *Selected Works of Uchimura Kanzo.* Tokyo: Iwanami, 1953

Vidler, Alec. *The Church in an Age of Revolution.* Middlesex, UK: Penguin, 1961.『근현대교회사』(크리스천다이제스트)

Vissert t' Hooft, W. A. *Rembrandt and the Christ.* London: SCM,

1957.

Weizsacher, C. F. von. *The History of Nature*. Chicago: Univesity of Chicago, 1949. 『자연의 역사』(서광사)

Wiesel, Elie. *The Town beyond the Wall*. New York: Atheneum, 1964.

Wilson, A. N. *Tolstoy: Classic Biography*. London: Penguin, 1988.

찾아보기

그리스도교를 다시 묻다

– 부정 신학의 눈으로 바라본 그리스도교

초판 1쇄 | 2020년 7월 30일
　　2쇄 | 2022년 11월 15일

지은이 | 더글라스 존 홀
옮긴이 | 이민희

발행처 | 비아
발행인 | 이길호
편집인 | 이현은
편　집 | 민경찬
검　토 | 김준철 · 손승우 · 양지우
제　작 | 김진식 · 김진현 · 이난영
재　무 | 강상원 · 이남구 · 김규리
마케팅 | 유병준 · 김미성
디자인 | 손승우

출판등록 | 2020년 7월 14일 제2020-000187호
주　소 | 서울시 강남구 봉은사로 442 75th Avenue 빌딩 7층
주문전화 | 010-3210-7834
이메일 | viapublisher@gmail.com

ISBN | 979-11-971201-1-4 93230
한국어판 저작권 ⓒ 2020 ㈜타임교육C&P